中国水文化
发展前沿问题研究

朱海风 靳怀堉 饶明奇 等著

人民出版社

目 录

第三章

提升水工程文化内涵和品位研究

第四章

水文化资源信息数据库规划研究

第五章
水文化普及与认同研究

绪　论

党的十八大以来，以习近平同志为核心的党中央，领导全党全国各族人民阔步跨入了新时代。新时代要有新创见、新创举，习近平总书记提出了"人与自然和谐共生""绿水青山就是金山银山""山水林田湖草生命共同体""治水要良治"等一系列新思路，提出了对中华传统优秀文化要进行"创造性转换、创新性发展"的新要求，这不仅为我们正确处理人水矛盾、科学对待人水关系指明了方向，同时也为我们开展水文化科学研究，推动当代中国水文化创新发展发出了动员令。研究中国水文化发展前沿问题，对于贯彻习近平新时代中国特色社会主义思想，以新发展理念和新发展方略引导和促进传统水治理向现代水治理转型发展，实现包括"人水和谐共生"在内的"人与自然和谐共生"，对于弘扬传承包括水文化优秀元素在内的中华优秀传统文化，构建和完善新时代水文化理论框架体系，进一步推动水文化建设实践活动，具有不容忽视的积极作用。

从宏观上看，随着中国特色社会主义进入新时代，随着经济建设、政治建设、文化建设、社会建设和生态文明建设"五位一体"纵深行进，随着社会主要矛盾的变化和人们对美好生活多样化需求的提升，生态文明建设的指导思想、共铸人类生命共同体的宏伟愿景、坚持人与自然和谐共生的理念势必日益彰显而引人注目，其中如何把握人水关系机理，构建人水和谐发展机制和水治理科学范式及其文化体系等问题势必成为当务之急和长远大计。

从微观上看，在当代中国，水生态文明建设、水治理体系构建不仅是生态文明建设的重要组成部分，而且正在融通于经济建设、政治建设、文化建设、社会建设全过程之中。事实上，水生态文明建设、水治理体系构建本身也是一个亟待协同创新、共建共享的系统工程，不仅依赖政府和市场"两手"适合性发力，还需要借助水文化的参与调节即文化治理①，而且其建设与治理愿景目标越宏远，任务越繁重，时间越紧迫，对水文化参与水治理体系、水生态文明建设乃至整个生态文明建设的现实需求就会越旺盛。国内外水文化研究表明，文化用水和文化治水日益成为人类企望解决当今水危机的一个新的思路与正确抉择。②

当代中国水文化发展，既关乎并益于文化建设，也关乎并益于生态

---

① 参见厉以宁《中国经济发展需要注意的几个问题》，文中专门列出"重视'第三种调节——文化调节'"一小节。其中提到，资源配置的第一种调节方式是市场调节。市场是一只无形的手，靠市场规律进行调节。第二种调节式是政府调节。政府调节是有形的，用法律法规和政策调节。在市场调节和政府调节出现之前，主要靠道德力量进行调节。有了市场调节和政府调节后，道德调节也发挥作用。因此，厉以宁提出，我们要重视第三种调节，即通过道德力量来调节，也就是文化调节。文化调节是指每个人都自律，每个人都遵守公共规则。社区文化建设、企业文化建设、校园文化建设等，都在促进人们加强自律。这对以后的社会经济发展有好处。厉以宁：《改革开放以来的中国经济：1978—2018》，中国大百科全书出版社 2018 年版。

② 杨曾辉：《文化用水与文化治水：西部文化经验在缓解城镇化进程中水资源匮乏的启示》，《中央民族大学学报》2016 年第 4 期。

建设和经济建设，还关乎并益于社会建设和政治建设。水文化研究之所以在最近 30 年迅速兴起，正是缘于此；中国水文化发展前沿问题研究的启动，同样也缘于此。

中国水文化，简明扼要地说就是关于人水关系构建、维护、改良和完善的文化。研究中国水文化，注定要从人水关系说起。人与水既是物质存在又是关系存在，人水因缘际会源远流长。从历史形态上看，人与水曾演绎过依赖与被依赖、开发与被开发、掠夺与被掠夺、冲击与反冲击，从低度和谐、高度冲突逐步转变渐入和谐等多幕历史活剧，并由此构成了相冲突与相和谐变动不居的基本关系。正因为如此，和谐与冲突成了人水关系存在的对立统一的两个方面，人水关系臻于和谐成了人类追求的理想目标，人水和谐的物质存在和关系存在成了水文化的研究对象。从静态式看，人水关系大致分为人与水的物质关系、人与水的精神关系两个方面，具有非同一般的恒久性、广博性、多样性、地域性和复杂性。人与水的物质关系，包括由"水是生命之源"而构成的生命生理关系、由"水是生产之要"而构成的生产消费关系、由"水是生态之基"而构成的生态生活关系等。人与水的精神关系，包括以水为凭借的消遣娱乐关系、科学研究关系、审美欣赏关系、宗教信仰关系等。从动态式看，人水关系还可以分为人与水的既往关系和人与水的现实关系。这些更多地体现在人们对人水关系的哲学思考、伦理考量、科学认知的生成结果中，体现在人们对人水和谐的美好前景的理想追求和情感付出的因缘联结中，体现在人们为构建人水和谐共处格局而不懈奋斗的实践活动中。

实现人水和谐共生是人水关系的真善美境界，是人类的共同价值理想，是中国水文化的精髓所在、灵魂所系。中国水文化之精髓、灵魂，是能够融入生态文明建设及水治理事务中的品质滋养，是能够促使全面实现人与自然和谐共生的精神力量，必将在促进绿色发展和生产生活方式变革中发挥巨大的正能量作用。因此，深入开展对中国水文化发展前沿问题的研究，既是参与重大现实问题讨论，回应社会重大关切的科学优先选择，也是顺应时代发展情势和文化发展规律的具体行动标识。

一、研究对象

开展这一研究的重要前提，首先应从理论上弄清楚什么是中国水文化发展的前沿问题，这些问题何以称之为"前沿"，作为前沿问题有哪些特征，如何选择前沿问题和确定研究对象等。

（一）什么是中国水文化发展前沿问题

任何理论研究都一定会指向其特定的研究对象。同样，中国水文化发展前沿问题，无疑是当代中国水文化建设发展的客观反映，一般是指该领域内能够引领未来发展的方向性问题，或者从另一面说是指某些正在制约现实发展、如不予以突破就不能前进的关键性问题。随着人们对水文化研究与建设的不断加深和推进，水文化理论研究与建设实务肯定会遇到一些带有方向性、关键性的重大问题即前沿性问题。这些事关重大的前沿性问题，往往既是中国水文化与新时代、新情况的结合点，又是新时代中国水文化创新发展的生长点。从经验上讲，这些事关重大的前沿性问题，也会时常聚集和显露在那些引人关注的热点、焦点和难点"三个点"上。

中国水文化发展前沿问题，也是有规可循的，我们可以从它所产生形成的"热点""焦点"和"难点"中去寻找。当然，这并不意味着所有的"热点""焦点"和"难点"都是前沿性或关键性问题。

（二）中国水文化发展前沿问题有什么特点

中国水文化伴随人与水的矛盾运动（包括直接矛盾与间接矛盾、主要矛盾与次要矛盾、原在矛盾与新生矛盾等）发生进展，是人水关系发生发展的产物。中国水文化研究，不仅需要关注人与水的既往关系，历史考察中华民族与周围水自然之间的作用反作用，而且需要更多地凝视和剖析人与水的现实关系，进一步探寻当代中国水自然系统与经济生产系统、社会生活系统以及人文伦理心理系统的复杂机制，深入揭示人水彼此长期结缘、时和时对、亦友亦敌的深层次原因或来龙去脉，重新审视人水物质关系与精神关系发生演变的历史轨迹、成败得失和未来发展方向，从而为当今社会提供一定的资治参考和借鉴。

2018 年，美国国家科学院发布《美国未来水资源科学优先研究方向》的研究报告，提出要深入"了解水在地球系统中的作用"，把"量化大气、地表水和地下水的质量和总量，以及它们在空间和时间上的变化"，"增加对人类活动与水资源关系的关注"等，作为最优先级别的研究方向，其方式方法包括加强数据收集、开发高效工具、各方数据协同对接、健全核算系统、建立动态模型、强化专家队伍建设等。[①] 这些建议很有见地和新意，在一定意义上反映了美国对当代水科学研究优先事项的安排与我国对水文化研究核心问题的考虑在思维上的同步性。

中国水文化发展，与时代发展同向，与文化发展同行，与生态文明

---

① 美国国家科学院：《美国未来水资源科学优先研究方向》，《资源环境科学动态监测快报》2018 年第 20 期。

建设和水治理实践同步。随着人们对文化整体认识水平的逐步提高、对人水关系的文化精髓的理解不断深化，人们对水文化建设发展的需求也会不断强化。水文化的内容、形式、载体也会得以逐步充实完善，自不待言，其"发展"中的"前沿问题"也处于发展变化之中。

中国水文化发展的前沿问题，产生于继往开来的新时代，链接于"五位一体"的新格局，对应于文化建设和生态文明建设以及水治理实践的新要求。因此，中国水文化发展前沿问题，是一个具有现代性、集聚性和流变性等特征的问题。所谓现代性，是基于发展阶段，相对于此前而言的、相对于已有研究而言的；所谓集聚性，是基于发展状态，相对于分散性而言的，有其焦点和重点的；所谓流变性，是基于发展过程，随着时间的推移而变化变迁，相对于一成不变而言的。现在不是前沿的东西，可能将来会成为前沿。由现代而新颖，由集聚而凸显，由流变而争鸣。中国水文化前沿问题往往呈现出"两高"特点：关注度较高、争鸣度较高。如此则更加凸显了这一课题的重要意义。

（三）怎样理解"发展"和怎样把握"发展"中的"前沿问题"

本书研究"发展前沿问题"，目的是为了发展、定位发展、推动发展、引领发展。前提是弄清为什么要发展，向着什么方向发展。

就其发展内涵来看，中国水文化的发展，是指全面、协调、可持续的发展，是指其总体提升与分类推进的统一，既包括方向正确、定位高远、政策得力等，也包括内涵明晰、功能齐全、载体丰富等，同时还涉及遗产保护利用、产业孵化开发以及教育传播、社会参与、公民认同、精神传承、学术创新、成果应用等。与之相对应，各项内容和每个范畴均有其更为具体而鲜明的前沿问题。所以，分门别类地对各项内容和每个范畴的前沿问题进行分析与综合，并从中选择最为关键性的问题，是本课题的首要工作。

就其发展外延来看，中国水文化发展前沿问题，大体上可分为两类：水文化学术研究领域前沿问题和水文化建设实务领域前沿问题。水文化学术研究领域前沿问题又可分为基础理论领域前沿问题与应用理论领域前沿问题两个部分；水文化建设实务领域前沿问题也可分为顶层设计领域前沿问题与基层首创领域前沿问题两个部分。当然还可以作其他区分。中国水文化发展领域的学术问题与实践问题，属于辩证统一的关系，二者既有密切的联系和相通性，也有明显的区别和差异性。

从文化分类来看，中国水文化既是中华传统江河文化的一大源头，也是中国当代文化体系的一大分支。由人水关系历史发展所决定，中国水文化既属于传统文化又属于现代文化；既属于子体文化又带有母体文化性质；既属于官方文化又属于民间文化；既属于精英文化又属于大众文化；既属于（两种）生产文化又属于生态文化。中国水文化与其他类别文化，既有普遍的共性，又有突出的个性。基于此，研究中国水文化发展发展前沿，应统筹兼顾，突出个性，眼观六路，选准"结合点"和"生长点"。

二、研究内容选择

推动中国水文化不断创新和发展，必须掌握好中国水文化领域创新发展的主动权。而掌握好中国水文化领域创新发展的主动权，则必须以科学的视野明察其总体发展趋势，以战略高度预见未来，认真遴选和持续加强水文化前沿问题研究，为推动中国水文化领域创新发展提供前瞻性参考。

从中国水文化发展的前沿选择研究内容，应坚持需求导向、问题导向和规律导向，其力在"前沿"，其心系"发展"。

（一）从水文化历史发展逻辑和目前学术讨论中选择

水文化历史悠久，有着深厚的历史渊源，水文化历史发展与文化的发展历史有着内在统一性。目前学术界关于如何深化水文化概念、理论与范畴研究，深刻把握水文化核心理念，精心打造水文化建设品牌和开展水文化宣传教育等问题，虽然在认知上尚未达成高度一致，但是在讨论和争辩中，关注的问题越来越集中，研思的课题越来越聚焦，选择和力挺的思想理念越来越接近。这就为我们确定前沿问题提供了启迪。

（二）从水文化发展战略定位和宏观规划中选择

水文化的发展战略定位事关水文化的研究方向、研究问题领域和发展成果以及建设成效。因此对水文化前沿问题的研究，理应围绕聚焦贯彻新时代中国特色社会主义文化建设、生态文明建设指导思想以及治水新思路，结合新时代文化建设实际和水治理实践，注重在顶层设计、宏观规划中选择课题，以期深入开展研究。

（三）从水文化建设实践难题中选择

水文化建设是文化事业的重要组成部分，在文化事业发展全局中具有重要地位，发挥着不可替代的作用。在实践中，水文化建设也存在思想认识急待提升、缺乏常规考核及评价标准、人员队伍相对薄弱、开展活动和组织动员冷热不均等问题。水文化建设也面临诸多瓶颈问题，有效破解建设实践中的难题，迫切需要文化引领。水文化前沿问题的研究，理应迎难而上，抓住不放。理论只有和实践相结合，才能够真正发挥其文化引导的重要作用。

（四）从人民群众特别关切中选择

人民群众期待有更好的文化获得感。人民群众关心的文化问题，都应该成为重点加以研究的前沿问题。重点围绕人民群众关心的文化选择，满足人民群众对美好生活的文化期待，及时回应人民群众的重要文化关切，满足人们多层次、多方面、多样化的精神文化需求，切实增强和提升人民群众的文化获得感和幸福感。

基于如上考虑，我们遴选了以下五个前沿性问题作为本书研究的内容：

其一，"中国水文化发展理论前沿热点问题研究"；

其二，"人水和谐思想理念及其实现路径方式研究"；

其三，"提升水工程文化内涵和品位研究"；

其四，"水文化资源信息数据库规划研究"；

其五，"水文化普及与认同研究"。

三、研究内容

（一）中国水文化发展理论前沿热点问题研究

本专题研究主要包括三个方面：一是对水文化研究中形成的一些基本概念、基本观点和体系构成进行系统的梳理和分析；二是通过整体把据中国水文化理论研究的现状，摸清制约水文化建设发展中的实际问题；三是就中国水文化发展理论前沿热点问题开展专题分析。中国水文化发展理论前沿热点问题研究，对于完善具有中国特色的水文化理论体系，促进中国水文化发展繁荣和"水文化学"学科的建立具有重要意义。

（二）人水和谐思想理念及其实现路径方式研究

本专题研究旨在提出人水和谐共生的现代生产生活方式变革途径。针对我国水资源开发、利用、保护所存在的一系列问题，紧紧抓住改进人水关系、促进人水和谐共生这一时代命题，认真梳理人水关系演变发展过程，揭示存在于物态水文化、行为水文化、精神水文化以及制度水文化载体中的人水关系演变脉络；在科学总结历史经验教训的基础上开展现代人水和谐共生理论体系研究；在对人水关系概念内涵、动力机制、评价体系、文化价值研究的基础上，提出实现人水和谐共生的主要途径；进而根据人水和谐共生的内在要求提出现代生产生活方式变革的方向标与路线图。

（三）提升水工程文化内涵和品位研究

本专题研究针对的是中国水文化发展的一个重点实践环节，对于指导水利工程建设、丰富人民群众的物质文化生活具有重要意义：一是在研究水工程、水文化、水工程文化内涵及品位等基本概念的基础上，以国内外典型的文化内涵丰富、文化品位高上的水工程作为个案，从中探讨提升水工程文化内涵及品位的理论依据与实践经验；二是根据水工程的决策、规划、设计、施工、管理等环节的不同特点，构建水工程文化评价标准指标体系，进而指明提升水工程不同环节文化品位的主要措施；三是以水生态文明建设为目标，以国家水利风景区建设为典型，通过不同类型国家水利风景区的深入剖析，探索高品位文化水工程的建设与开发和利用途径；四是从国家和政府层面，从全国水利建设的全局出发，研究提出提升水工程文化内涵及品位的原则、指导思想、政策措施及相关体制机制等。

（四）水文化资源信息数据库规划研究

建设水文化资源信息数据库，理应规划先行。水文化资源信息数据库规划，作为数据库建设方案的顶层设计，包括：确立建设目标与原则、明确建设内容与环节、提供建设依据与步骤、理清建设手段与方式等。水文化资源信息数据库的规划设计，既要科学又要实用，既要顶天又要立地，既要立足现实又要着眼未来，既需要在题内显智慧下功夫还需要在题外下功夫。这既是本专题研究的特点亦是难点，不能不说有其客观必然性。

（五）水文化普及与认同研究

围绕水文化普及和传播这一主线，重点研究水文化教育和传播的内容、对象、载体、方法、手段、体制机制等；从学校教育的角度，重点研究各级各类学校有关水文化课程建设、学科建设、师资队伍建设、专业建设的思路和方法；从职工水文化培训的角度，重点研究涉水单位干部职工水文化培训的内容、对象、载体、方法、体制机制、手段等；通过水文化传播传统媒体与新媒体融合机制研究，提出水文化传播手段的创新思路。本专题研究内容对于扩大水文化影响，拓展水文化教育广度和深度提供重要手段，具有重要的现实意义。

四、研究重点

中国水文化发展涉及的因素很多，本书研究的重中之重有以下几方面：

（一）中国水文化发展创新的方向和学术优先事项

迄今为止的水文化研究，关注历史水文化现象的多，研究现代水文化发展问题的少；个案研究多，整体研究少；水文化资源整理性成果多，水文化理论建树和原创性成果少。目前水文化通论方面的著作，多侧重于中国物态水文化、精神形态水文化、制度形态水文化以及地域水文化、不同历史阶段水文化等方面的研究，但对中国水文化发展创新的方向和优先事项却重视不够，较少论及。因此，亟待从理论与实践的结合上，对中国水文化发展创新的方向和优先事项进行深入研究。本书选择的研究内容，在一定程度上回应了中国水文化发展创新的基本诉求。如在"中国水文化理论前沿热点问题研究"中，针对水文化在当代中国的创新发展、水文化与新时代中国特色社会主义精神文明建设、水文化与新时代中国特色社会主义生态文明建设等重大问题，做了深入的辨析。其他四个专题研究也亦是如此。当然，中国水文化发展创新的方向和优先事项，不只是这几个专题研究，也不一定都集聚在这几个方面，肯定在其他诸方面和各领域内，还有不少关乎中国水文化发展创新的方向的重大理论问题和重大现实问题可以作为学术研究优先事项内容。

（二）人水关系理论、人水和谐共生理念和水文化价值体系

水文化的主体是人，水文化建设的主体也是人，水文化的所有，无

一不内在地洇渗着人的知情意行。人与水，既是各自独立的物质存在，也是相互作用的关系存在。人水关系是水文化研究的中心问题，人水和谐共生是人水关系的最高境界。当前我国存在的水资源问题，既是长期以来人们对水的开发利用行为不当的结果，也是水文化缺失的重要表现。从文化角度认识人与自然的关系、人与水的关系，有利于转变观念，突破传统观念对人们思想的束缚，冲破制约和影响水利科学发展的体制机制性障碍。开展水文化研究和加强水文化建设，其根本目的是发现和掌握人水关系的发展变化规律，尤其是发现和掌握人们在处理与水关系的过程中形成的思想认识和情感体验，是如何塑造着人们的主观世界，改变着人们与水相处的方式以及相关生产生活方式的规律，从而有所遵循、有所弘扬、有所创新，做到"以文化人"。人水关系的构建、维护、改良和完善的过程，就是水文化形成发展的过程；人水关系的构建、维护、改良和完善的成果，就是水文化建设发展的成果。既往历史和现实实践告诉我们，人们对于人水关系的维系，不是为维系而维系，而是有其自身的价值理想和利益追求，并且在不同历史时期、不同发展阶段有着不同的选择。但从总的发展趋势来看，人水关系的构建、维护、改良和完善呈现出一个螺旋上升的趋势，是一个由低层次和谐共生到高裂度冲突再到渐进性和谐共生的曲折前行的动态演变过程。在这一过程中，我们不难看出，人水关系包括人水物质关系和人水精神关系，由简单趋于广博，由多样趋于复杂，由冲突趋于缓和，由缓和趋于和谐，是其主流方向。人水关系理论、人水和谐共生理念和水文化价值体系的提出，的确是时代的呼唤，可谓是应运而生，规律使然。人水关系理论和人水和谐共生理念在整个水文化价值体系当中的核心地位及重要作用，也就不言而喻了。但人水关系和人水和谐共生理念的内涵、组成要素、演变规律、发展动力是什么，人水关系理论、人水和谐共生理念和水文化价值体系之间的关系是什么，以人水和谐共生理念为核心的社会主义先进水文化的实现路径是什么，对这些问题的定性、定向、定位，至为关键，必须认真探讨，有一个明晰的判断。

（三）水文化的价值认同共享和水文化教育传播机制

我国人民在长期水事活动中，在治水、用水、管水、护水、乐水的实践活动中，形成的优秀水文化成果，不只是哪一个行业系统的精神财富，而是中华民族伟大精神的重要组成部分和重要体现，是社会主义核心价值体系的重要组成部分。在发展现代水利事业、促进中国特色社会主义文化大发展、大繁荣的今天，水文化的理论研究和实践活动都正在深入持久地进行，中国特色社会主义水文化的重要性、科学性、先进性正在不断凸显。问题是，水文化建设发展不仅是一个理论问题，更是一个实践问题，这种先进水文化的价值如何才能被各级政府及其管理部门和各行各业的人民群众内化于心、外化于行，增强践行先进水文化的自信心、自觉性、主动性，如何从生产生活方式变革、水工程建设、政策法规等不同方面建立健全水文化价值认同共享和水文化教育传播机制，这是中国水文化是否能得到大繁荣、大发展的关键环节，也是本书必须深入研究的关键问题。本书综合运用经济学、管理学、传播学、法学等多学科的理论与方法，对此做了具体而深入的分析，基于研究结论，提出了分类构建水文化认同共享、水文化教育传播机制，共同推动先进水文化融入树人塑魂事业的思路建议。

（四）水工程文化内涵及品位评价指标体系

水工程是水文化的重要载体，提升水工程文化内涵及品位是发展中国水文化的重要任务和主要途径。但是目前这项工作尚未真正进入水利工程设计、规划、审批、建设等部门的工作规程中。主要原因除了实践中的不够重视、资金不足、水文化规划设计人才缺乏等之外，也在于理论研究还不够深入。主要表现在研究成果少，还没有一个权威的水工程文化品位评价指标体系。这是实践中的重点难点问题，也是本书研究中的重点难点问题。我们选择了分类、分级建立考评指标的路径，根据不同类型的水工程，分别确立了必备文化要素，设若干一级指标，其下再设若干二级、三级指标，使得同一类水工程，都有一个统一的水文化指标要求。统一指标之外，还要留足特色创意的空间，赋予一定的分值。这项研究成果如能运用到审批、考核工作中，将大大推动水工程文化内涵建设，有效地提升水工程文化品位，更好地满足人们日益增长的对美好水工程文化审美的需要。

五、主要成果观点

本书通过相关文献梳理和实地考察，采取文献研究法与多学科综合研究相结合的方法，注意吸收哲学、历史学、文化学、生态学、水科学、经济学等学科的研究成果和方法，集中论证阐述了中国水文化精髓"人水和谐共生"的理论依据及其实践贯彻路径方式，论证阐述了水文化学的框架建构和学科建设的总体设计，为新时代中国特色的水文化创新发展提供了理论支持，进一步丰富完善了水文化理论体系和核心内容；研究提出了我国水文化建设与新时代精神文明建设相融通、与生态文明建设相结合的理论依据和可操作路径，提出了提升水工程文化内涵品位的评价标准及指标体系，提出了水文化普及认同的途径方式，提出了水文化资源信息数据库建设规划的原则导向和方法步骤，提出了破解当前一些困扰我国水文化建设发展的瓶颈问题的对策建议，旨在为新形势下水文化参与水治理、生态文明建设和精神文明建设夯实理论基础，拓展空间与通道，有助于推动当代中国水文化的繁荣发展。

1.本书坚持需求导向、问题导向和规律导向，针对单一学科难以解决的复杂性、战略性、前沿性重大问题，运用跨学科的交叉融合的视角、知识和方法，就中国水文化的基本概念界定、内涵与属性、实质与精髓、功能与价值、地位与作用、学科建设与创新发展等重大理论问题进行了系统梳理和总结反思，从理论与实践的结合点指出了中国水文化发展进程中所面临的主要问题："水文化"内涵与外延界定虽已接近形成多数共识，但深究起来尚存在概念不够精准问题；在水文化概念、属性、功能、结构、范畴等问题上目前仍有明显的分歧，不少深层次理论问题需要回答；水文化发展的理论基础和指导思想研究相对薄弱；水文化发展的关键性问题研究仍不够充分；对当代中国党和国家治水兴水战略的文化内涵研究不够深入；水文化研究的行业局限性比较明显等。

2.对水文化的概念进行了梳理和重新界定，提出"水文化"是指在与水打交道过程中，人类以水和涉水活动为载体所创造的物质财富和精神财富的总和，其实质在于涉水活动中所产生的人水关系，以及人水关系下的人人关系。水文化有其深刻的含义：第一，人与水发生"关系"是水文化产生的根本前提。只有当人类在与水相伴、相争、相和的过程中，与水发生了物质关系和精神关系，诸如利用水、治理水、保护水以及鉴赏水、崇拜水等方面的交往关系，才会产生文化。第二，人与水的关系，必然扩展为人与人、人与社会之间的多方关系。水文化内涵丰富而外延广泛看，涉及经济、政治、科技、文学、宗教、民俗等社会生产生活的各个领域。第三，人类在对待和构建人水关系的过程中，有能动性的一面，同时也有受动性一面；人水关系的构建、维护、改良和完善，是人的主观能动性与客观受动性的链接、权衡或博弈。人们在人水关系的构建、维护、改良和完善的实践中，在能动—受动的链接、权衡或博弈中，自觉不自觉地形成、产生和创造了形式丰富多样内涵复杂广博的水文化。追根溯源，水文化就是基于人的能动—受动的链接、权衡或博弈之上的，涉及人水关系的构建、维护、改良和完善的实践活动创造的结果。只有人们自觉遵循人水和谐共处的客观规律和文化自身发展规律，去实际地构建、维护、改良和完善人水关系，才能实现人水关系的全面协调可持续发展。

3. 水文化学就是一门以水文化的存在及发展规律为研究对象的科学。构建中华水文化学，既要坚持学科特性又要注意与其他相关学科交叉整合，既要注重水利文化或行业文化在整个水文化体系中的支柱作用，又要注意避免将水文化学研究局限于水利文化或行业文化的范畴；既要立于前人研究的基础，更要紧盯学科发展前沿，着力推陈出新。要重点围绕人水关系的正向维系、人水和谐共处的价值意义和实现路径这个水文化核心问题，揭示水文化发展演变的规律和影响，争取达到"基础理论有创新、前沿问题有突破、热点问题有回应、难点领域有原创性成果"的期望目的。

4. "人水和谐共生"是中国水文化之精髓和灵魂。"水是生命之源、生产之要、生态之基"，是我们党对人水关系作出的科学的精准论断；

"坚持人水和谐"，是我们党对当代水治理提出的核心理念。这是中国水文化创新发展的理论源泉和重大命题。"人水和谐共生"是"人与自然和谐共生"的重要组成和根本体现，是新时代人水关系的实质所在、灵魂所系和完美诉求。构建完善新时代人水关系，必须以人水和谐理念为引领。主动践行人水和谐共生理念，应当深刻把握"人水和谐共生"在"经济—政治—文化—社会—生态"五位一体总体布局中的定位及作用，明了其在中国特色社会主义新时代话语体系里所具有的地位，真正实现人水和谐共生，必须注重发挥"水文化智慧"，坚持"节水优先、空间均衡、系统治理、两手发力"的治水新思路，重新审视和完善水治理制度安排，建立健全人水和谐共生科学评价指标体系，有效推进以节水、高效、低污为目标进行生产生活方式的社会变革。

5.中华民族在与水共处、与水周旋、与水时和时对或亦友亦敌的历史演变发展进程中，与水结下了欲说无尽的因果情缘，不仅创造了大量的物质文化产品，而且引发了对水的敬畏与膜拜、感悟与思考、认识与理解，乃至科学的探索与终极的反思，并由此而迸发形成了许多充满智慧的哲理、贯穿伦理的教导和色彩斑斓的文学艺术，积淀了一系列优秀的水文化思想观念、行为规范、认知体系和价值标准。这些形式丰富内容深邃的物质文化产品和精神文化产品，构成了中华水文化的厚重底蕴和丰富内涵。中华水文化的精神产品，既包括在思考人与自然的关系和人与水的关系时形成的"道法自然""天人合一"的思维方式，"上善若水，水利万物而不争"伦理思想，"水能载舟，亦能覆舟"的政治智慧，"芳林新叶催陈叶，流水前波让后波"的创新之道，"不积小流，无以成江海"的宽阔胸襟等优秀传统部分，也包括现代社会展现出来的"献身、负责、求实"水利行业精神、"团结、务实、开拓、拼搏、奉献"的黄河精神、"万众一心、众志成城，不怕困难、顽强拼搏，坚韧不拔、敢于胜利"的抗洪精神等时代精神内容，还包括基于人水关系和人水情缘所创造的大量的神话传说、诗词歌赋、音乐戏曲、绘画摄影、科学著作等文化资源，它们以繁复多样、光辉璀璨的表现形态，让中华水文化拥有了生生不息的生命力，成为我们取之不尽用之不竭的文化宝藏。

6."水"是中西文化中常见的本体，是一个可以类比的符号。中西水文化比较是开展文化交流的需要，是人类文明互鉴共享的需要，也是创建水文化学的需要。在中国，儒家以"水"比"德"，道家以"水"喻"道"，佛教以"水"观"佛"；在西方，基督教则以"水"见"圣"，"水"为上帝所赐，既象征纯洁又象征新生。中华水文化的形成离不开黄河、长江等大江大河的赐予，大江大河是孕育中华文化的摇篮；大规模治水活动促成了中华文明的"早熟"并对中华民族独特文化性格的形成产生巨大影响。西方水文化的形成离不开大海大洋的厚爱，是蓝色文明的产物。波涛诡谲的大海给西方人带来给强烈的生存忧患，激发了他们征服和驾驭大海的雄心壮志。西方民族在与海洋的博弈过程中，养成了崇尚智慧、兼容开放、开拓进取的共同性格特征及价值取向。中西水文化比较，有助于相互取长补短和扬长避短，有助于增强我们的文化自信心和自豪感。

7.加强水文化建设，是新时代中国特色社会主义精神文明建设的题中应有之义。水文化建设已经拓展和正在拓展新时代中国特色社会主义精神文明建设领域与阵地。比如，越来越多的以水为主题的景观水利工程、水域生态景观等，彰显出人类的创造力和驾驭自然及与自然和谐相处的能力。比如，水文化展览馆、水工程博物馆、水文化墙、水幕电影，以及以水和水域为平台的垂钓、冰雕、赛诗会、龙舟赛、泼水节等健身怡情活动，"最美家乡河""美丽河湖，美好生活"等评选活动，这些都较好体现了水文化与社会主义精神文明建设的无缝对接。建议把水文化作为人、水、社会、经济、文化之间的结合点和支撑点，充分利用水文化丰富多彩的表现形式来拓展新时代社会主义精神文明建设的阵地和空间，以更好地推动社会主义精神文明建设的进一步繁荣发展。

8.生态文明建设的核心元素是水。尊重自然，关注生态，追求人与自然和谐相处是生态文明时代最显著的标志。在人与自然的诸多关系中，人与水的关系最为密切、最为关键。因此，水文化完全可以依赖其独特的方式、内涵和作用，融入社会生产生活的各领域各方面各环节，对生态文明建设中发挥应有的积极作用。生态文明建设的核心理念与水文化的核心价值观是相通的，"人水和谐共生"是"人与自然和谐共生"的核心内容和基本要求。水文化优秀成果对新时代中国特色社会主义生态文明建设具有重要的支撑应用作用。以推动当代中国生态文明建设为目标构建完善水文化新体系，是中国水文化发展的重大使命和责任义务。

9.水工程文化是先进水文化的重要组成部分，提升水工程文化内涵和品位是当代水文化建设发展的重要任务。进入新时代，水工程文化建设将会在理念、机制、技术和保障等层面提出新的目标要求，同时也会遇到更加复杂的挑战。水工程文化内涵品位提升必须坚持以习近平新时代中国特色社会主义思想为指导，着力充实水工程向真向善向美的文化内涵，把水工程文化品位提升到更具影响力的新境界。

10.水文化资源信息数据库建设，理应"规划先行""先行规划"，理应针对"建设"的特点难点来进行。"建设"的特点难点就在于它既是"技术活"，又是"学术活"，必须以学术研究为前提，以技术应用为支撑，以科学论证为基础。"技术活"，主要是指水文化资源信息普查与入库遴选，组织搭建多功能软件支撑平台，建设水文化资源信息数据网站，数据库的发布开放等。"学术活"，主要是包括制定建设目标与标准，确定资源信息的文化属性、功能和分类依据，研究提出数据库框架设计，确定数据库建设的形式，预测数据库未来可持续发展前景等。先行开展水文化资源信息数据库建设规划研究的目的，一是要在理论上确保"建设导则"的系统性、合理性、规范性、前瞻性、实效性；二是要在应用上确保"实施方案"的内容完整、形式具体、程序合理、操作规范、方法得当、使用便捷。

11. 水文化的普及与认同，是中国水文化建设发展的时代呼唤，是在水文化建设领域贯彻党的群众路线的"路径依赖"。首先应从整体上把握水文化教育和传播的特点、理念、内容、方式和载体，充分考虑受众群体的差异性，根据文化认同规律和不同受众群体自身接受能力水平及特点，开展水文化核心价值观教育和相关理论知识的传播。其次要推进媒介要素整合，发挥多种传播媒介融合的整体优势，在充分发挥好传统媒体的主导作用的同时，积极推进新技术的应用，开发利用手机信息推送技术、多媒体立体画演示、幻影成像等现代传播手段。第三要持续开展水文化主题普及认同活动。依据人水关系和人水情缘，围绕节水、管水、治水、用水、利水、净水、亲水、嬉水、敬水、乐水、美水等内容，设立一批新的水文化节日。在各地重大水利工程的开工日、竣工日、通水日、重要涉水法律法规文件颁布纪念日、重要涉水事件纪念日，组织开展相关主题教育活动。要不断扩大宣传教育覆盖面，增强社会认可度，从而将先进的水文化理念固化到各种仪式、形式中，渗透到人们的日常行为习惯中。最后要大力发展水文化创意产业。积极倡导文化产业创意融合水文化内容，将水文化资源纳入文化产业链中，使其在与旅游、环境、流通等的交融中产生边际效应；积极立项建设水文化创意产业园区，可通过招商引资、本土孵化、创意设计等方式，重点发展以水文化数字化、信息化、网络化为特征的创意产业，培育出具有中国水文化特色的文化创意产业新业态，促使水文化普及与认同向纵深处延伸，从隐性到显性多个层面落地生根。

总之，开展中国水文化发展前沿问题的研究，是中国水文化理论创新重大任务，是中国水文化建设实务的动力之源，是中国水文化"存量"与"增量"梯度提升、协调发展的必由之路。中国水文化发展前沿问题的研究，必须坚持一切从中国水文化发展的实际状况出发，坚持实事求是、知行统一的原则，站在新时代中国特色社会主义文化制高点上，从理论与实践、历史与现实、继承与创新这三个层面进行深入探讨。

中国水文化发展前沿问题作为一个考察对象和研究课题，应运而生，与时俱进，其学术意义之深厚、应用前景之宽阔，毋庸置疑。

第一章

中国水文化发展理论前沿热点问题研究

水文化从提出到现在 30 多年来，围绕水文化内涵、特征、属性、类别、地位、功能、价值、核心、精髓、体系、学科归属、建设发展等理论问题和现实问题，由水利系统尤其是文化宣传教育部门及有关专家发起，学术界广泛参与，展开了一系列的专门研究，形成了一个理论研究和文化建设的热潮。经过 30 年来的持续不断的探讨，不仅已经相继取得了一批标志性的研究成果，而且对推动水文化研究和学科建设起到很好的引领作用。但与此同时，也产生了一些引人关注的热点问题和争议未休的焦点难点问题。

我国水文化博大精深，源远流长。然而，水文化概念的提出和学术研究则始于1998年。历经30多年的发展，特别是随着水利部《水文化建设规划纲要（2011—2020年）》的颁布实施，水文化理论研究不仅对水文化的概念、内涵、外延以及研究对象等有了更深的认识，而且在理论与实践相结合，大力推进水文化建设方面也取得了丰硕的成果。学术界对水文化研究主要体现在水文化的概念、研究范围、研究意义、研究重点、研究方法以及水文化的分类、水文化的功能等方面，其研究成果非常集中和丰富。其中，《中国水利报》2012年以来，刊发李宗新、靳怀堉、彦橹、李志荣、张保祥、闫彦、周魁一和高立洪等所著的一系列文章，对水文化理论进行研讨，影响广泛。

为贯彻落实水利部《水文化建设规划纲要（2011—2020年）》，2015年，中国水利水电出版社组织编撰出版了由《水文化教育读本丛书》、《图说中华水文化丛书》和《中华水文化专题丛书》构成的《中华水文化书系》①。该书系既有思想性、理论性、学术性，又兼顾了基础性、普及性、可读性，三套丛书各有特色优长又在内容上相互补充，构成了较为系统的三个体系，即水文化理论研究体系、涵盖大中小学的水文化教材体系和普及社会公众的水文化传播体系。

---

① 该书系总计26个分册，约720万字组成。其中，《水文化教育读本丛书》由《水文化小学生读本（低年级）》《水文化小学生读本（高年级）》《水文化中学生读本（初中版）》《水文化中学生读本（高中版）》《中华水文化通论（水文化大学生读本）》《水文化研究生读本》《水文化大众读本》和《水文化职工培训读本》组成，分别面向小学、中学、大学、研究生和水利职工及社会大众等不同层面的读者群；《图说中华水文化丛书》由《图说治水与中华文明》《图说古代水利工程》《图说水利名人》《图说水与文学艺术》《图说水与风俗礼仪》《图说水与衣食住行》《图说中华水崇拜》《图说水与战争》《图说诸子论水》组成，采用图文并茂形式对水文化治水进行全面梳理；《中华水文化专题丛书》由《水与水工程文化》《水与民风习俗》《水与生态环境》《水与制度文化》《中外水文化比较》《水与文学艺术》《水与治国理政》《水与流域文化》《水与哲学思想》组成，从理论层面分专题对传统水文化进行深刻解读。——作者注

第一节　中国水文化研究态势与进程

一、水文化理论热点主要研究进展

（一）水文化概念的研究

关于水文化概念，水文化专家学者李宗新、靳怀堾、赵爱国（彦橹）、郑晓云、孟亚明、朱海风、史鸿文等都有相关论述。归纳起来主要有以下几种：

（1）总和论。以李宗新、闫彦等为代表。认为水文化是人们在从事水事活动中创造的以水为载体的各种文化现象的总和。[①]

（2）关系论。以朱海风、孟亚明、史鸿文等为代表，认为水文化的实质是通过人与水的关系反映人与人关系的文化。[②] 朱海风提出："作

[①]　李宗新：《生命之源的精灵——水文化》，《华北水利水电大学学报（社会科学版）》2000年第1期；李宗新、闫彦：《中华水文化文集》，中国水利水电出版社2012年版，第3页。

[②]　孟亚明等：《浅谈水文化内涵、研究方法和意义》，《江南大学学报（人文社会科学版）》2008年第4期；史鸿文：《论中华水文化精髓的生成逻辑及其发展》，《中州学刊》2017年第5期。

为文化分支的水文化是人水关系形成演变发展的产物，是人类肉体生命系统、精神生命系统和社会生命系统同水的自然生命联结互动耦合的产物，水文化既是基于人类生命之源意义上的文化、生产之要意义上的文化、生态之基意义上的文化，也是基于人类社会生活之侣意义上的文化。"①

（3）结构论。以郑晓云等为代表，认为水文化的构成包括了精神、制度、行为、物质等不同文化层面。②

（4）载体分层论。以赵爱国等为代表，认为水文化应是"以水利实践为载体"的水利文化、水利行业文化和水生态建设文化，而不应是"以水为载体"的"泛社会的水文化"。③ 以靳怀堾等为代表，认为"以水和涉水活动为载体"的水文化涵盖了"以水利实践为载体"的水利文化、水利行业文化和水生态文化，是"以水和涉水活动"为载体的水文化的重要组成，并不是直接对立的两极，因而不存在"泛化"问题。④

（5）内涵合成论。在水文化概念的界定上，基于对"文化"内涵的理解的分歧，多数专家学者倾向于广义论，部分专家学者坚持狭义论。鉴于此，靳怀堾则从水文化的广义和狭义两方面统一界定水文化，认为广义的水文化是指人类在与水打交道过程中所创造的物质财富和精神财富的总和，是人类认识水、开发水、利用水、治理水、保护水、鉴赏水等方面的社会实践产物；狭义的水文化则是指精神层面而言，是指人类

---

① 朱海风：《文化与水科学融通共振是当代中国治水兴水的重要路径》，《中州学刊》2017 第 8 期。

② 郑晓云：《水文化的理论与前景》，《思想战线》2013 年 4 期。

③ 彦橹：《水文化为何走向边缘化?》，《中国水利报》2013 年 6 月 27 日；彦橹：《重新定义"水文化"》，《中国水利报》2013 年 7 月 25 日。

④ 靳怀堾：《试论水文化遗产的保护与利用》，《2013 年中国水利学会水利史研究会学术年会暨中国大运河水利遗产保护与利用战略论坛论文》，第 144—154 页。

在与水打交道的过程中创造的精神成果，包括与水相关的价值观念、思维方式、文学艺术、宗教信仰、科学技术、伦理道德、风俗习惯等。水文化的实质是人与水的关系以及人水关系影响下人与人之间、人与社会之间的关系。① 从某种意义上看，内涵广义狭义合成论试图对总和论、关系论、结构论和载体分层论进行某种调和或整合。

关于水文化概念的分析、界定，在诸多专门著作已有诸多论述，如张耀南、吴铭能的《水文化》②，靳怀堾的《中华文化与水》《中华水文化通论（水文化大学生读本）》③，李宗新等的《中华水文化概论》④《漫谈中华水文化》⑤，朱海风等的《水文化研究》丛书、《中外水文化研究》论丛，郑国铨的《水文化》⑥，吴蔚的《中国的水文化》⑦，谭林的《水文化文集》⑧，等等，都发表了各自的见解和理会。总体上看，对水文化概念界定已逐步形成和接近达成了基本共识，尽管目前还有一定的分歧，甚或深究起来尚存在概念不够精准、在水文化概念、属性、功能、结构、范畴等深层次理论问题需要再研究新回答。

（二）水文化学科属性研究

2011 年最新颁布的《学位授予和人才培养学科目录（2011 年）》中，

① 靳怀堾：《漫谈水文化内涵》，《中国水利》2016 年第 11 期。
② 张耀南、吴铭能：《水文化》，中国经济出版社 1995 年版。
③ 靳怀堾：《中华文化与水》，长江出版社 2005 年版；靳怀堾：《中华水文化通论（水文化大学生读本）》，中国水利水电出版社 2015 年版。
④ 李宗新等：《中华水文化概论》，黄河水利出版社 2008 年版。
⑤ 李宗新：《漫谈中华水文化》，中国水利水电出版社 1997 年版。
⑥ 郑国铨：《水文化》，中国人民大学出版社 1998 年版。
⑦ 吴蔚：《中国的水文化》，中国发展出版社 2005 年版。
⑧ 谭林：《水文化文集》，长江出版社 2005 年版。

全部学科门类分为哲学、经济学、法学等 13 大门类，一级学科 110 个。至于水文化归属上述哪一个学科，认识不尽统一。

（1）社会科学论。程得中的《水文化内涵探析及学科体系建设》一文，提出水文化是以与水相关的知识、信仰、道德、法律、习俗等精神产品为研究对象，由精神信仰、知识成果、实践应用三个层面构成的有机整体，属于人文社会科学领域的学科体系。[①] 蔡萍在《环境治理背景下的水文化社会学探究》一文，从社会学的角度阐述水文化社会学研究的基本主题和基本思路，建构水文化—结构—人行动的分析路径，探讨了水文化社会学研究的意义。[②]

（2）相关学科论。通览《学位授予和人才培养学科目录（2011 年）》中，有两个一级学科"科学技术史"、"管理科学与工程"不设"二级学科（专业）"，可以根据学科研究方向授予相应的理学、工学、农学、历史学等学位。根据上述论文学科分析，水文化可以在现有文学门类下的三个一级学科（中国语言文学、外国语言文学、新闻传播学）中，增设新的一级学科水文化学，该一级学科下暂不设"二级学科（专业）"，可以根据学科研究方向授予文学、理学、工学、农学、历史学等不同学位。

尽管中国水文化的研究已进行近 30 年，产生了较为丰富的理论研究成果，但在一些基本问题上仍未形成高度共识。水文化是一个既有综合性又有独立性的研究领域，与很多学科有着交叉和联系，随着研究的深入和实践的发展，需要研究的对象不断增多，理论问题的研究需要进一步深化。

---

① 程得中：《水文化内涵探析及学科体系建设》，《黑龙江史志》2014 年第 9 期。

② 蔡萍：《环境治理背景下的水文化社会学探究》，《安徽农业科学》2016 年第 6 期。

（三）水工程文化研究

水工程文化是在水工程实践中积累的各种文化，刘冠美的《当代水工程文化的鉴赏》以及《水工程文化的综合开发》对此有较为详细的论述。① 朱海风针对南水北调三线工程的命名提出了五种命名方法和十组名称。② 郑大俊等在《基于水生态文明视角的都江堰水文化内涵与启示》一文，从人与自然、人与水的关系视角，分析了都江堰工程的治水理念、工程方案、综合效益以及其蕴含的哲学观、思想观、发展观、文化观，说明了都江堰水文化的内核要义与当今时代生态文化发展总体要求基本一致，提出了其对现代水文化建设的启示。③ 水工程文化代表性著作还有董文虎、刘冠美的《水工程文化内涵与品位的提升途径》一书，提出提升水工程文化内涵品位应从规划、设计、施工、管理等环节着手；须以诗心、文蕴、书骨、园趣、乐感、哲理、创新的思维去营造；还须抓住发掘、鉴赏、开发、保护、利用和传播各环节方能实现。这些研究成果提出了城市规划、水工程、水景观中的文化内涵的理念，结合实际规划设计工作提出了水工程中的文化内涵、文化品位具体操作方案。④

---

① 刘冠美：《中西水工程文化内涵比较初探》，《华北水利水电大学学报（社会科学版）》2013 年第 3 期。

② 朱海风：《关于南水北调工程命名的思考与建议》，《华北水利水电大学学报（社会科学版）》2014 年第 1 期。

③ 郑大俊等：《基于水生态文明视角的都江堰水文化内涵与启示》，《河海大学学报（哲学社会科学版）》2015 年第 5 期。

④ 董文虎、刘冠美：《水工程文化内涵与品位的提升途径》，苏州大学出版社 2012 年版。

（四）水生态文明研究

2013 年 1 月水利部印发了《关于加快推进水生态文明建设工作的意见》，把生态文明理念融入水资源开发、利用、治理、配置、节约、保护的各方面和水利规划、建设、管理的各环节，加快推进水生态文明建设。在水文化学术界，对水生态文明建设非常关注。左其亭认为，水生态文明是指人类遵循人水和谐理念，以实现水资源可持续利用，支撑经济社会和谐发展，保障生态系统良性循环为主体的人水和谐文化伦理形态，是生态文明的重要部分和基础内容。[1] 李璨、颜恒认为，水文化建设作为水生态建设的重要组成部分，其提出符合生态文明的建设要求，体现了人与自然和谐相处的生态价值观。[2] 陈超在《气候变化视野下的中国城市发展与城市水文化》一文，指出城市水文化在当前城市应对气候变化的重要价值，探讨了传统城市水文化在疏导、调蓄、管理方面独特价值。[3] 王浩等在《水生态文明建设规划理论与实践》一书，阐述了水生态文明的概念、内涵、水生态文明建设的总体思路，提出了有防洪减灾体系、供水保障体系、水环境修复体系、水生态保护体系、水文化建设体系和水管理建设体系构成的水生态文明建设规划体系，还以此开展了实例研究。[4]

---

[1]　左其亭：《水生态文明建设几个关键问题探讨》，《中国水利》2013 年第 4 期。

[2]　李璨、颜恒：《基于生态文明理念下的水文化建设框架构建》，《治淮》2015 年第 12 期。

[3]　陈超：《气候变化视野下的中国城市发展与城市水文化》，《城市发展研究》2016 年第 11 期。

[4]　王浩等著：《水生态文明建设规划理论与实践》，中国环境科学出版社 2016 年版。

（五）水与文学艺术研究

关于水文学，尉天骄认为，水在中国文学中的审美意义主要表现在历史久远、浩瀚博大、温柔多情和纯洁无瑕等。[①] 戴锐、周波在《溱洧水文化与〈诗经〉》一文，对溱水和洧水流域的农业习俗和民间习俗进行描述。[②] 李程锦在《浅论〈诗经〉中的水文化》一文，对《国风》中水的抒情意义、《大雅》和《小雅》中水的政治意义和《颂》里祭祀诗中水的民俗意义进行解读，《诗经》中的水文化是其自然属性和人文属性共同作用的产物。[③]

李婷在《汉味小说中的武汉水文化研究》一文，认为汉味小说不仅将水作为小说的背景环境与情感寄托，还讲述与水有关的故事，刻画人物如水的性情。汉味小说中将水的秉性和文化哲思巧妙融入作品底色，使之成为汉味小说独有的地域文化特色。[④] 苗润洁等在《秦汉印章封泥中的水文化》一文，以传世留存和考古发现的秦汉玺印、封泥中涉及水文化史料为研究对象，对秦汉水利职官的演变、城市命名规律以及崇尚水德等方面的秦汉水文化体系进行研究。[⑤]

少数民族水文化在神话故事和民俗文化方面呈现出多维度研究。黄龙光在《彝族水神话创世与灭世母题生态叙事》一文，认为彝族水神话的创世母题将水祖等同于人祖而共享尊崇，人水同一的血缘关系生成了

---

① 尉天骄：《水在中国文学中的审美意义》，《江苏社会科学》1998 年第 5 期。

② 周波：《溱洧水文化与〈诗经〉》，《中国水利报》2016 年 8 月 25 日。

③ 李程锦：《浅论〈诗经〉中的水文化》，《大众文艺》2016 年第 13 期。

④ 李婷：《汉味小说中的武汉水文化研究》，《武汉职业技术学院学报》2016 年第 3 期。

⑤ 苗润洁、后晓荣：《秦汉印章封泥中的水文化》，《南昌工程学院学报》2016 年第 5 期。

彝族自古崇水、亲水、爱水、护水的水文化逻辑源头。彝族水神话的灭世母题通过自然（神）与人之间关系的调整，演述了一个关于自然生态和社会生态隐喻的神圣叙事，对当代处于水困境的人类社会生态重建具有重要的现实意义。① 黄龙光在《试论彝族水文化及其内涵》一文，彝族水文化是彝族人民不断创造和传承的以水为载体的各种社会文化现象总和，具有"逐水而徙""缘水而生""崇水而敬""取水而净""治水用水"与"因水而治"等主要内涵。② 陈启霞在《傣族水文化的现实意义》一文，认为水文化是傣族文化的重要组成部分。传承傣族的水文化，有助于维系傣族的内在凝聚力，强化本民族的身份认同并加以传承，同时也能让更多民族进一步认识到水的重要性，从而对生态环境保护起到积极的作用。③

孙平在《水题材纪录片创作的文化审视》一文中，通过回顾我国以水为题材的大型纪录片诸如《话说长江》《话说运河》《再说长江》《点击黄河》《西湖》《江南》《大三峡》《水问》《海洋》《走向海洋》等，认为水文化表述方式主要有现实中的水文化诠释、历史中的文化传承和跨文化传播中的文化认同等。④

（六）水文化学术动态

加强水文化的理论研究及其平台建设，是为了适应现实社会的客观

---

① 黄龙光：《彝族水神话创世与灭世母题生态叙事》，《广西师范大学学报（哲学社会科学版）》2015 年第 6 期。

② 黄龙光：《试论彝族水文化及其内涵》，《贵州工程应用技术学院学报》2016 年第 4 期。

③ 陈启霞：《傣族水文化的现实意义》，《滇西科技师范学院学报》2016 年第 3 期。

④ 孙平：《水题材纪录片创作的文化审视》，《青年记者》2013 年第 6 期。

需要。大力加强水文化研究，不断开创文化建设新局面，不仅可以发挥水文化的凝聚和教育功能，提高水行业职工和水利院校的师生员工的综合素养，而且还可以借鉴历史上的治水经验，有利于推动我国水利事业的发展和建设环境友好节约型社会。我国水文化学术研究大致可以分为两个阶段：第一个阶段是 2008 年至 2012 年（党的十八大之前）；第二个阶段是 2012 年至今（党的十八大以来）。

1. 第一阶段

2009 年 9 月 6 日，由国际水历史学会（总部设在挪威）、云南省社会科学院主办，昆明市西山区人民政府、云南省社会科学院国际生态文化研究中心、昆明市滇池管理局承办的水文化与水环境保护国际学术会议在昆明召开。中外专家以水文化和水环境保护为主题，围绕世界各地水文化的内涵与水环境的关系、水文化与环境保护的关系、云南各民族的水文化、水与地方文明的形成以及当代水文化建设等问题，进行了积极探讨和广泛交流。[1]

2010 年 10 月 13—14 日，水利部黄河管理委员会在河南省洛阳市举办首届黄河水文化论坛。与会人员从不同层面、不同角度揭示了黄河水文化的深刻内涵和广博外延，阐述了黄河水文化在当代经济社会发展中的积极作用和现实意义，为黄河文化把脉、献策，畅想未来。[2]

2012 年 8 月 8 日，《中国水利史典》编纂委员会扩大会议在京召开，标志着编纂工作全面启动。《中国水利史典》是"十二五"国家出版规划重点图书项目、国家出版基金首批支持的重大出版项目。按照编纂方

---

① 和光亚、周杰：《水文化与水环境保护国际会在昆召开》，《云南日报》2005 年 9 月 7 日。

② 胡志扬：《黄河年鉴（2011）》，黄河水利出版社 2011 年版，第 178 页。

案，全书总计 10 卷，约 50 个分册，近 5000 万字，可谓鸿篇巨制，编纂工作预计 5 年完成。①

2. 第二个阶段

2013 年以来，学术界深入贯彻落实党的十八大、十九大和习近平总书记关于新时代治水的系列重要讲话精神，坚持"节水优先、空间均衡、系统治理、两手发力"的思路，积极主办、承办、协办、联办和参与国内外学术会议，有利于推动我国国情水情教育和水生态文明建设，推进水文化学科的繁荣发展，而且还大大提高我国水文化研究在国际上的话语权，为把我国建设成为社会主义文化强国做出贡献。

一是关于"水在历史上的角色"的研究。2013 年 1 月 28 日，由国际水历史学会、昆明学院和云南省社科院主办，以"水在历史上的角色：历史智慧与当代水治理"为主题的国际学术会议在云南省昆明市召开。本次国际学术会议期 3 天，来自 20 多个国家和地区的 100 多位专家学者就水在历史上的角色与人类管理水的历史智慧展开深入探讨，内容涵盖水和人类进程、水科学技术发展史、水灾害史、城市水环境、水文化研究、水历史和当代水治理等，有力地促进水历史学科的学术交流和水文化的传播，从而为有效地应对当前水危机、消除贫困及应对气候变化等全球挑战提供智力支撑。②

二是关于"水灾害与水治理"的研究。2013 年 5 月 23—26 日，"旱

---

① 杨潘：《〈中国水利史典〉编纂工作全面启动》，《中国水利报》2012 年 8 月 21 日。

② 刘艳飞：《探寻水在历史上的角色：2013 年国际水历史学会区域国际学术会议在滇召开》，2013 年 1 月 28 日，见 http：//www.chinawater.com.cn/newscenter/slyw/201301/t20130128_257627.html。

暵水溢：世界历史上的河流、洪涝与旱灾"国际学术研讨会在京举行，来自世界各国的 70 余位专家学者参加了会议。学者们就历史上的黄河、旱涝灾害及其防治等有关问题进行了热烈讨论，内容涉及黄河的沙化与治理、历史上的治水经验、现代科学技术介入水污染治理的评价、世界不同地区的干旱问题、水利设施建设对河流控制的成败经验及其社会影响等。①

三是关于"中国大运河水利遗产保护与利用"研究。2013 年 11 月 30 日，由中国水利学会等承办的"中国大运河水利遗产保护与利用战略"论坛在绍兴召开，来自全国相关系统等的专家就"中国大运河水利遗产保护与利用"展开讨论，大会对大运河水利遗产的科学和文化价值、大运河水利遗产保护与利用的战略与技术、水利工程可持续性与大运河保护与开发利用的对策等进行了深入的探讨和交流。会议期间，与会专家学者还对古纤道、太平桥、三江闸等浙东运河绍兴段文化遗存开展走访和考察。② 2015 年 8 月 23—25 日，由国际历史科学大会主办，中国史学会、山东大学、聊城市人民政府、聊城大学共同承办第 22 届国际历史科学大会聊城卫星会议在山东聊城举行，大会主题是"运河文化和世界遗产保护利用"，首次在我国举办。与会人员围绕"运河文化的内涵和学术价值""运河遗产保护景观、文化产业""运河工程、河道变迁"三个主题进行了学术交流，总结了中国运河开发与城镇变迁的经验教训，多角度分析运河遗产保护利

---

① 王瓒玮：《"旱暵水溢：世界历史上的河流、洪涝与旱灾"国际学术研讨会在京举行》，《光明日报》2013 年 6 月 13 日。

② 周国勇：《中国大运河水利遗产保护与利用战略论坛在绍举行》，《绍兴日报》2013 年 12 月 1 日。

用中亟待解决的问题以及未来发展需要突破的环境。① 2018 年 5 月 26—27 日，由中国水利学会水利史研究会、中国国家灌溉排水委员、中共兴安县委员会、兴安县人民政府主办的灵渠保护与申遗暨水利遗产保护利用学术论坛在兴安召开。国内外的 100 多名领导、专家通过主旨报告、专题论坛、学术交流、现场考察等形式，围绕灵渠保护与申遗、灌溉工程遗产保护发展、水利史与社会发展、水利遗产及保护利用的关键问题进行专题研讨。②

四是关于"中国—希腊古代文明中的水智慧与成就"研究。2015 年 7 月 7—8 日，由云南民族大学与希腊亚里士多德大学联合举办的"中国—希腊古代文明中的水智慧与成就"国际学术研讨会在昆明举行。来自希腊、意大利、法国、越南、泰国等国家以及水利部水情教育中心、中国水利水电科学研究院和国内高校的 60 余名专家学者围绕"中国和希腊两大文明对水管理的智慧"主题，分 3 个平行会议进行深入研讨和广泛交流，有力地促进了两国古代水文明的理解与交流。③

五是关于"水利的历史与未来"研究。2016 年 10 月 25—26 日，由中国水利水电科学研究院和中国水利学会主办的"水利的历史与未来"水利史学术研讨会在北京召开。来自国内外的 100 余家单位、机构的 200 余名专家学者参加了研讨会。与会人员就古代水利史与水系环境

---

① 左新新:《中外专家集聚聊城 为运河遗产保护利用"传经"》，2015 年 8 月 24 日，见 http://news.iqilu.com/shandong/yuanchuang/2015/0824/2528463.shtml。

② 蒋子鸣、周玉祝:《灵渠保护与申遗暨水利遗产保护利用学术论坛在兴安开幕》，2018 年 4 月 27 日，见 http://www.sohu.com/a/229715224_504157。

③ 和金光:《60 余海内外专家昆明研讨水文化》，2015 年 7 月 7 日，见 http://www.chinanews.com/df/2015/07—07/7390442.shtml。

演变、当代水利史研究、古代水利管理及水利社会、水旱灾害史及传统治水策略与科技、水利文化研究与建设实践等 5 个议题进行分组讨论交流，推动了水利史研究的合作和发展。①

六是关于"大运河文化带建设"研究。2018 年 4 月 14—15 日，由中国国土经济学会、河南省社会科学院、北京物资学院和洛阳师范学院联合举办的大运河文化论坛在洛阳举行，来自运河沿线八省市 150 多位专家学者参加会议。本次论坛旨在落实国家对大运河文化带建设的重要指示精神，统筹保护好、传承好、利用好大运河。专家们围绕隋唐运河洛阳城市与商业变迁研究、隋唐大运河历史遗产保护与生态文明建设、大运河沿岸城市可持续发展研究和大运河文化产业带发展研究四个主题展开深入交流，针对运河历史研究、遗产保护、生态建设、可持续发展等具体问题展开研讨。② 2018 年 4 月 26—27 日，由聊城大学运河学研究院主办的"第五届运河学论坛：文化视野下的大运河研究暨《运河学研究》首发仪式"在聊城举行。来自中国社科院、中国水利水电科学研究院、中山大学、浙江大学、山东大学、江苏省大运河文化带建设研究院、首都师范大学、山西大学、山东省文物考古研究院等单位以及国家档案局、社科文献出版社、人民出版社、中国网等国家行政机关和媒体的领导、专家共 80 余人围绕文化视野下的大运河研究主题，就漕运、河工与河政，运河区域经济与社会，运河文化，运河遗产与大运河文化

---

① 高立洪、吴頔：《"水利的历史与未来"水利史学术研讨会在京召开》，2016 年 10 月 27 日，见 http：//www.chinawater.com.cn/newscenter/kx/201610/t20161027_450573. html。

② 于涌：《百余位专家共聚我校探讨交流大运河文化》，2018 年 4 月 15 日，见 http：//www.heluowenhua.net/xinwenzixun/dongtaizixun/2018—04—17/861.html。

带等议题进行了深入广泛的交流。① 2018 年 9 月 28—29 日，由河海大学和江苏省水利厅共同主办的"2018（第六届）中国水生态大会"在南京举行。来自国内数十所高校和科研院所的近 200 位学者参会，通过主旨报告、特邀主题报告和小组主题报告就海绵城市建设中的关键问题与技术应用、贯彻习近平生态文明思想——全力推进江苏生态河湖建设以及河湖综合治理的时代机遇——全面推行河长制等进行了深入交流研讨。②

二、中国水文化发展理论研究存在的问题

中国水文化研究表明：学术界对水文化研究取得了令人瞩目的研究成果。目前在水文化研究与水文化建设中仍存在以下亟待解决的问题。

（一）"水文化"内涵与外延界定"先天不足"

由文化概念的跨学科性、复杂性、不确定性，在学术领域带来的突出问题就是对文化概念理解上缺乏共识性，并且已成为各类分支文化的"家族遗传病"，正所谓"大文化嘈嘈，小文化切切"是也。一直以来，在我国对水文化概念及内涵的界定上也同样不可避免地陷入概念套取之"窠臼"。所有在水文化概念理解阐释问题上的意见分歧及其争议，也就不难理解了。"水文化"及其相关概念范畴的科学界定，是开展水文化

---

① 许文豪：《第五届运河学论坛暨〈运河学研究〉首发仪式举行》，2018 年 5 月 28 日，见 http://yh.lcu.edu.cn/content/5724.html。

② 沈金霞：《第二届中国大运河智库论坛在我校举行》，《南京邮电大学报》2018 年 10 月 1 日。

研究的基础性深层次工作。"基础不牢，地动山摇。"解决"水文化"内涵与外延界定"先天不足"问题，必须加强深层文化理论的研究。尽管这项任务相当艰巨，但"迎难而上"则是学术研究的唯一选择。

（二）水文化建设缺乏奠基性研究

目前，中国水文化研究主要集中在水文化理论体系资源整理、水文化现象分析、水文化建设及应用等问题，对水文化发展的"元理论"（马克思主义文化建设理论）和我们党的"新思想"（中国特色社会主义文化建设思想）重视不够、研究不力、成果不多。毋庸置疑，中国水文化发展应当以马克思主义发展观、文化观、价值观、矛盾论、实践论为理论基础，以习近平新时代中国特色社会主义思想为指导，吸纳当代中国文化建设发展理论研究最新成果，科学分析当代中国水文化发展过程中的各种矛盾及制约因素，把中国水文化发展的理论框架和实践推动体系建立在坚实的理论基石上。

（三）水文化发展的关键性问题研究不够系统

目前，我国水文化研究虽然涉及面广、成果丰硕，但是对一些至关重要的关键性问题往往浅尝辄止。如对于"人水关系"问题，到底人水关系组成的要素是什么，人水关系的产生与发展机制是什么，人水关系演变规律以及制约因素是什么，现实的人水关系到底是一个什么样的存在状态等一系列涉及水文化的核心问题，学术理论界还没有深度涉及。很显然，发展中国水文化，需要进一步对水文化的研究对象及相关问题进行系统的学术探讨和理论建设；需要对水文化的一些基本概念、基本观点和体系构成进行系统的梳理和分析研究；需要尽早开展水文化资源普查和水文化遗产保护利用的相关研究工作；需要深入研究水文化与人类生产生活方式的关系问题；需要将水文化建设渗透到水工程的规划、设计、建设、管理之中的有效途径；需要研究水工程文化品位的提升问题及其评价标准问题等。但是，这些必须加以解决的关键性问题，目前还未能得到水文化学术理论界的充分回应。

（四）对当代中国党和国家治水兴水战略的文化内涵研究不够深入

近年来，党和国家在治水兴水问题上做出了一系列重大决策和总体部署，形成了"节水优先、空间均衡、系统治理、两手发力"新时代治水兴水的新思路，其中蕴含着深厚的水文化内涵和最新成果。但学术界还没有把当代中国我们党和国家方面的水文化当作水治理水安全重要组成部分，对党和国家水治理、水生态文明建设的总体思路及其政策、法规、制度的理论研究比较薄弱。

（五）水文化研究的行业局限性比较明显

目前，我国水文化的研究仍然是以水利系统内部人员研究为主力军，研究内容多集中在水利文化领域。但这种状况，既是优势同时也是劣势。就水文化发展的现实需求而言，水文化研究应形成多方协同、公共参与、多科交叉的新格局。2004 年至 2013 年，水文化论文发文较多的期刊如表 1—1 所示。1989 年以来，水文化论文发文 3 篇以上的研究机构如表 1—2 所示。

表 1-1 发文较多的期刊(2004—2013)

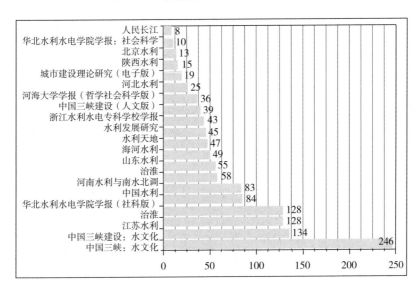

表 1-2 发文 3 篇及以上研究机构（1989—2014）

单位	发文数量
河海大学	44
浙江水利水电专科学校	18
南昌工程学院	15
中国水利文学艺术协会	14
三峡大学	11
河南省水利厅 / 重庆水利电力职业技术学院	8
云南省社会科学院 / 安徽水利水电职业技术学院 / 中国水利水电科学研究院 / 石家庄经济学院	7
江苏省淮安市水利局 / 云南大学 / 江苏省水利信息中心 / 福建省水利电力职业技术学院 / 江苏省泰州市水利局	6
西南大学 / 江苏省水利厅 / 中国水利博物馆 / 郑州大学 / 淮河水利委员会 / 中南林业科技大学	5
华中师范大学 / 西安建筑科技大学 / 湖北大学 / 苏州大学 / 广西民族大学 / 华北水利水电学院 / 山东省水利厅 / 武汉大学 / 武汉理工大学 / 水利部水利文协 / 扬州大学 / 水利部发展研究中心 / 中央民族大学	4
广东水利电力职业技术学院 / 楚雄师范学院 / 广西大学 / 北京师范大学 / 浙江同济科技职业学院	3

当前我国水文化理论研究存在的主要问题是对水文化研究对象、研究方法、研究内容和学科属性等基础性理论研究略显不足，对新常态下我国水文化理论体系缺乏系统、综合、深入研究。

研究表明，水文化是一个既有综合性又有独立性的研究领域，与很多学科有着交叉和联系，随着研究的深入和实践的发展，需要研究的对象不断增多，理论问题的研究需要进一步深化。从整体上看，学术界对水文化理论的认识尚处在初级阶段，这与社会主义先进文化建设和弘扬中华优秀传统文化的要求相距甚远，构建具有中国特色的水文化发展理论框架体系是当前需要解决的首要问题，从而勾勒出中国水文化发展理论体系的基本框架，促进"水文化学"学科的建立，并为中国水文化发展繁荣提供理论依据和决策咨询。

第二节　水文化内涵

"内涵"，作为哲学名词，是指事物内在因素或元素的总和。"水文化内涵"，是指由人与水发生关系所生成的各种社会事物内在蕴含的文化意味。论及水文化的内涵，必须从文化与水文化的关系说起。

一、文化与水文化

水文化是文化的一个子概念，是文化这一总体性概念范围内的一个支概念，如果说文化是一个总范畴，水文化则是其中的一个亚范畴。

（一）文化概说

人类社会发展史就是一部文化史。当今社会，无论是口头上还是书面上，"文化"这个词极为普遍，已经成为一个到处可以看到、听到的词汇。不过，如果要深究一下"文化"概念的内涵与外延，似乎又很难说清楚。迄今为止，世界上的文化研究著述数以万计，有关文化的解释不下千种。据不完全统计，仅正式的文化定义就有二三百个。而且这些定义中对文化的理解五花八门，视角不一，阐述各异，仁者见仁，智者见智，足可以成为一门"文化定义学"。

据考证，"文化"一词在中国语系中古已有之，属于精神领域的范畴。"文化"的本义乃"以文教化"，主要表示陶冶人的情操和锤炼人的品德。

从文字本身内涵来看，"文"字本身具有两层意义："亠"是个象形符号，表示火苗或太阳刚从地平线升起。"乂"是个会意字，意为治理，引申为使天下稳定与安宁。"化"字是个意象化的符号，意指"人的武器"（匕首）或"折服人的武器"。将"文"与"化"组合成"文化"，其含义为某种光芒普照的思想是人类治理世界的有力武器。

在我国先秦时，"文"与"化"还没有合成一个整词。

——"物相杂，故曰文。"（《易·系辞下》）"五色成文而不乱。"（《礼记·乐记》）这里的文，指各色交错的纹理。

"周监于二代，郁郁乎文哉。"（《论语·八佾》）"文王既没，文不在兹乎？"（《论语·子罕》）这里的"文"，指文物典籍、礼乐制度。

"经天纬地曰文"（《尚书·舜典》），"质胜文则野，文胜质则史，文质彬彬，然后君子"（《论语·雍也》），这里的"文"，指人文修养。

"礼减而进，以进为文。"（减，犹倦也；进，促进、增强，意思是说，礼节、礼数上有厌倦了，就应该促进增强；促进增强了，就完善了）郑玄注曰"文犹美也，善也"，这里的"文"，指美、善。"化"指事物的形态或性质改变，即改易、生成、造化，引申为教化迁善之义。如："化而为鸟，其名曰鹏"（《庄子·逍遥游》），"男女构精，万物化成"（《易·系辞》）。

在我国古代文化经典之一的《周易》中最早出现了"文"与"化"的并联使用，是书《贲卦·象传》说："刚柔交错，天文也；文明以止，人文也。观乎天文，以察时变，观乎人文，以化成天下。""天文"即刚柔交互错杂形成天的文饰，或者指日月往来交错文饰于天，引申为天道自然规律。"人文"则是内心光明而言行合乎礼义文饰于人，引申为人伦社会秩序。这段话的"以文教化"思想已十分明确。

西汉时，"文"与"化"方组合在一起。在刘向《说苑·指武篇》中，最早出现"文化"一词："圣人之治天下，先文德而武力。凡武之兴，为不服也；文化不改，然后加诛。"可以说，中国最早的"文化"是指"文治与教化"，其传统内涵偏重于精神方面，与"武化"概念相对，强调以伦理道德教化世人。

西方人的"文化"源自拉丁文 culture，原义为农耕及对植物的栽培。在 1690 年编纂的《通用词典》中，法国学者安托万·菲雷蒂埃将"文化"定义为"人类为使土地肥沃，种植树木和栽培植物所采取的耕耘和改良措施"。后逐渐引申为培养人的兴趣、品德与能力。

（二）水文化

1.水文化的基本概念

水养育了人，给人类带来恩惠。而人繁衍生息、创造文化，离不开水的滋润和哺育。水文化作为文化形态，既非常古老又十分新颖。它的古老就在于它产生自人类与水打交道的"第一次"；它的新颖则体现在我国是从 20 世纪 80 年代末以后才将水文化作为一种相对独立的文化形态来进行研究。

那么，何谓水文化呢？

广义的水文化是人类在与水打交道过程中所创造的物质财富和精神财富的总和，是人类认识水、利用水、治理水、保护水和鉴赏水等涉水活动的产物。狭义的水文化是指人类在与水打交道的过程创造的精神财富的总和，包括水观念、水科学、水哲学、水文学、水艺术以及与水相关的伦理道德、风俗习惯等。

由上述水文化的概念可以看出，水文化的本质特征是人与水之间的关系，以及人水关系影响下的人与人、人与社会间的关系。理解这一本质特征的含义，应着重从以下三个方面加以把握：

第一，人与水发生"关系"是水文化产生的根本前提。

大家知道，作为自然资源的水自身并不能生成文化，只有当人类在与水相伴、相争、相和的过程中，与水发生了诸如亲近、崇拜、利用、治理、保护、节约以及鉴赏等方面的观念和行为，才会产生文化。

需要强调的是，创造水文化的主体是人，产生水文化的源泉是涉水活动。只有当人类与水发生了关系，有了对认识和开发利用等方面的实践活动，才会产生文化。同时，作为自然物的水，通过"人化"打上人文的烙印后，才能构成丰富的文化资源，包括物质的——经过人工打造的水工程、水环境、水工具等；制度的——水法律法规以及组织形态、运行机制、管理体制等；精神的——水哲学、水科学、水宗教、水文艺等。同时，这些产生于人水关系中的张力十足、特色鲜明的文化成果，又反过来发挥"化人"的作用，人们从这些文化成果中不断汲取水文化的养分。

第二，人与水的关系必然会扩展为人与人、人与社会之间的多方关系。

由于水与人类的生产生活息息相关，而水资源在时空分布上又不均匀，往往水多形成洪涝，水少导致旱渴，水脏引起污染等问题，因而在处理水多、水少、水脏等矛盾和问题时，所秉持的观念、采取的手段必然会影响人与人、人与社会的关系。比如在防洪上，面对特大洪水，通过科学调度向蓄滞洪区分洪，牺牲小我、保全大局，以最大限度减少洪灾损失。再如在水资源开发利用上，量力而行、取之有度，既统筹兼顾江河上下游左右岸生产、生活用水之需，又给江河留出足够的生态流量，以维持其健康生命；既满足当下用水的需求，又不对后世可持续利用水资源造成伤害和影响。上述这些情况无疑是良好的、友善的人水关系及人与人、人与社会间的关系。而在防洪上筑"曲防"以邻为壑，在灌溉供水上"东周欲为稻，西周不下水"等行为，表现出的则是恶意的、敌对的人水关系及人与人、人与社会间的关系。

由此看来，人在构建人水关系的过程中，有能动性的一面，同时也有受动性一面；人水关系的构建、维护、改良和完善，是人的主观能动性与客观受动性的连接、权衡或博弈。人们在人水关系的构建、维护、改良和完善的实践中，在能动—受动的连接、权衡或博弈中，自觉不自觉地形成产生和创造了形式丰富多样内涵复杂广博的水文化。反过来说，水文化，追根溯源，就是基于人的能动—受动的连接、权衡或博弈之上的，涉及人水关系的构建、维护、改良和完善的实践活动创造的结果。只有人们自觉地遵循人水和谐共处的客观规律和文化发展规律，才能实现人水关系的全面协调可持续发展。

第三，人与水的关系具有丰富性和广泛性。

水是生命之源、生活之需、生产之要、生态之基，与人类的繁衍生息关系十分密切。水文化历史悠久并将贯穿于人类社会发展的始终——人类早期的历史可以没有钢铁、煤炭、石油等资源，但须臾离不开水——没有水，人类就失去了生存与发展的物质基础，也就谈不上繁衍生息和创造文明了。与此同时，相对于水而言，钢铁、煤炭、机械、石油等与人类生产生活的关联面不但比较狭窄，而且其蕴含的文化内涵也相对简单，不能衍生出丰富多彩、摇曳多姿的文化现象。人类在与水相依相争相和的过程中，创造出丰富多彩的水文化，举凡政治、经济、哲学、文艺、科技、军事、体育以及宗教信仰、民风民俗等各种文化现象中，无一不蕴含着水文化的元素；而人类创造的诸如农耕文化、茶文化、酒文化、垂钓文化等方面中，亦或多或少烙上了水文化的印迹。从上述意义上讲，水文化具有"母体文化"的性质。

2. 水文化有先进与落后之分

同其他文化现象一样，传统水文化也有先进和落后之分。先进的水文化，如古人推崇上善若水、智者乐水，以水比德君子，要人们"以水为师"，效法水的勇敢、坚定、包容、公平、处下等品质，以塑造自己的"君子"人格；再如大禹治水"劳身焦思，居外十三年，三过家门而不敢入"的担当和奉献精神，不论是过去、现在还是将来，都是激励人向上的正能量。但也要承认，水文化中也有一些糟粕的东西。如中国古代"借助神力治水"：干旱祈雨拜龙王、以铸铁牛镇洪水等意识与做法，积淀成了颇为流行的文化传统。因此，我们对待传统水文化同样要采取"取其精华，去其糟粕"的"扬弃"态度。

3. 水文化与中华文化

水文化的光芒闪耀在中华文化的许多方面。纵观中华民族文化的发展史，水与我们民族文化的孕育与发展密切相关。

首先，水是哺育中华文明的源泉。

在自然界的各种水体中，人类与江河的关系最为密切。远古时代，中华先民"缘水而居，不耕不稼"，往往选择丘陵地带的江河两岸为"家"。因为，江河本身蕴含着鱼虾茨藕之类的"吃食"；且江河两岸水丰土肥、草木茂盛，适合各种动植物繁衍生息，更为先民们"采食"提供了丰富的食场。

距今1万年左右，人类进入了新石器时代。伴随着生产力水平的提高，先民们学会了在土壤肥沃的江河冲积平原间开荒种地和灌溉农田，变"采食经济"为"产食经济"——这是历史上具有决定意义的变革，使人类摆脱了单纯依靠大自然赐予的生存状态，为文明进步开辟了广阔的道路。

"黄河是中华民族的摇篮。"中华文化和中华文明最早的足迹都可以在黄河流域特别是中下游一带的大小支流两岸找到。这一区域长期处在稳定、先进的文化氛围中。这里有丰富的史前文化。如旧石器时期的"蓝田文化""河套文化"，新石器时期的"裴李岗文化""磁山文化""仰韶文化""龙山文化"等。自夏朝开始，中国进入文明社会，从三代至秦汉隋唐，这一区域一直是各代王朝都城所在地，是政治、经济和文化的中心区域。

黄河文明的形成期大体为公元前4000年至公元前2000年之间。这一时期，神州大地到处燃烧着区域文明火焰，但随着岁月的涤荡，有的文明中断了，有的文明走向低谷；只有黄河文明，就像来自天边的黄河之水，尽管发轫之初不过涓涓细流，但在愈行愈远的过程中，吸纳百川，愈流愈宽，终成汪洋浩荡之势。可以说，中华文明最终是在黄河流域的中原地区集大成的。

中华大地江河纵横，滋养中华民族的大河除了黄河外，还有长江、淮河、珠江、海河、辽河等。中华民族世世代代离不开这些大河，以之为衣食之源、交通之孔道、灌溉之源泉。可以说，滔滔的黄河和长江等河流给中华民族带来了无尽的恩惠，也成为哺育中华文明的摇篮。与此同时，不同的水土环境和气候特点，也造就了中华独特的人文历史和地域文化，如黄河流域的中州、三秦、齐鲁、燕赵文化，长江流域的巴蜀、荆州、吴越文化等，正所谓：一方水土养一方人，一方水土孕育一方文化。

其次，水文化尤其是治水文化对中华文化的形成发展具有特别重要意义。

相传距今 4000 年前的尧舜时期，整个世界到处"汤汤洪水方割，荡荡怀山襄陵，浩浩滔天"（《尚书·尧典》）。在西方，面对滔滔洪水，传说是靠神恩赐的"诺亚方舟"才使少数人摆脱洪水的劫难。在东方，正如大禹治水，中华民族的祖先以自身的智慧、力量与百折不挠的精神，与洪水斗智斗勇，并最终战胜洪水。中华民族的祖先在与自然灾害如水旱等的斗争中兴利避害，不仅获得了基本的生活条件，更奠定了创造中华文明的物质基础。纵观我国历史，治水与国家的兴衰、统一与分裂息息相关，善治国者必先治水。历代王朝的统治者，从来把"治水"不仅仅作为技术问题，而是作为重大的政治问题来对待。特别是那些有作为的君主、官员，无一不把水利作为治国理政的要务。如汉武帝于元封二年（前 109 年），亲率文武百官到瓠子决口处，指挥封堵战役。以开"康乾盛世"著称的康熙皇帝，一度将平叛三藩、河务与漕运并列视作最为要紧的三件施政大事，重视水利达到了前所未有的程度。春秋时楚国令尹（宰相）孙叔敖筑芍陂，战国时邺令西门豹凿引漳十二渠，战国末蜀郡郡守李冰修都江堰，东汉会稽郡守马臻筑鉴湖，北宋杭州太守苏轼浚治西湖……这些都是为官一任、造福一方的贤牧良守。

中华民族所创造的一切物质与精神财富都蕴含着治水的成果。治水活动参与精神文明的创造，创造出的如大禹治水精神、红旗渠精神、98

抗洪精神等，不仅成为水利人的精神支柱，更是成为中华民族精神的重要组成部分。

最后，水文化丰富着中华民族的精神世界。

在与水打交道的长期过程中，中华民族通过对水的认识、感悟、理解和思考，留下了许多充满智慧的哲思。老子说："上善若水，水利万物而不争，处众人之所恶，故几于道。"孔子说："知者乐水，仁者乐山。"荀子说："不积细流，无以成江海。"……在中华民族的眼里，水已升华为哲学之水、人格之水、文化之水。而这些内涵丰富的精神产品，已成为民族特有的文化心理。中国的诗歌、词、赋、神话、楹联、成语等各种古代文学形式，中国的绘画、书法、音乐等艺术，都与水有不解之缘，并在水的滋润和熏陶下体现着独一无二的"中国特色"。

综上所述，我们可以得出这样的结论：中华民族在认识自然、利用自然、改造自然过程中，在与水相伴、相争、相和的实践中，形成了积淀深厚的水文化，它是中华民族传统文化的重要组成部分。

（三）水利文化

1.水利

"水利"一词为中国所特有。词汇"水利"可见于《吕氏春秋》。我国的古代文献中最早提出"水利"一词，《吕氏春秋·慎人》："舜之耕渔……以其徒属掘地财、取水利、编蒲苇、结罘网，手足胼胝，然后免冻馁之患。"不同于现在的"水利"，这里的"取水利"指汲取地下水和捕捞鱼虾等水产品。

作为"水利"专有名词的发明者，西汉史学家司马迁真正赋予"水利"以丰富的内涵。《史记·河渠书》记载："自是之后，用事者争言水利。"

表明了他之所以作《河渠书》的原因。司马迁所言的水利，具有蕴含兴利与除害两方面较为完整的概念。

传统的中国水利主要包括防治水患以确保生存安全、建设灌溉工程以补雨养农业不足以及开挖运河以利航运等三个方面。

18世纪后期，在第一次科技革命（又称工业革命）浪潮的激荡下，随着水文学、水力学、结构力学、土力学等学科的创立，电气设备、动力机械和爆破技术等的发明和应用，以及水泥、钢材等新建筑材料的出现，人们已有能力建设较大规模和较为复杂的水工程，使水利又有了长足的发展和进步。19世纪末，人类开始建造水电站和大型水库以及综合利用水利枢纽，大规模、高速度和多目标开发的水利建设发展方向，也促使水利学科在20世纪上半叶逐渐成为独立的学科。1934年，中国工程学会第三届年会的决议中，对水利的概念进行了重新界定，指出："水利范围应包括防洪、排涝、灌溉、水力、水道、给水、污渠、港工八种工程在内。"其中的"水力"指水能利用，"污渠"指城镇排水。

随着经济社会的发展，现代水利的含义更加丰富和宽广，除了上述内容外，还包括水资源保护、水环境整治、水土保持、水利渔业和水景观打造等方面的内容。2011年中央"一号文件"对水利作用与功能的表述是："水利是现代农业建设不可或缺的首要条件，是经济社会发展不可替代的基础支撑，是生态环境改善不可分割的保障系统，具有很强的公益性、基础性、战略性。"

2. 水利文化

在漫长的旧石器时代，人类"缘水而居，不耕不稼"，靠渔猎和采集为生，对自然界的水只能趋利避害，消极适应，根本无法出现能动地除水害兴水利的实践。到了新石器时期，尤其是农业起源后，人类开始在江河两岸的肥沃平原上发展农业，建设聚落和城邑，遂产生了防洪、排涝、灌溉、航运等方面的需求，从而开创和发展了水利事业。

可以说，人类开始形成除水患、兴水利意识之时，就已经产生水利文化。水利文化是人类的生存文化（是为了活下来、活得更好而展开的），它是人类为了更好地生存与发展而能动地改造水环境、开发利用水资源的一切活动及其成果总和。

3. 水文化同水利文化的区别与联系

水文化与水利文化之间既有联系又有区别。

其联系表现在：第一，水文化和水利文化都是人类文化有机组成部分。第二，水文化和水利文化都是生成于人与水发生关系的文化，尽管生成数量有多有少，涵盖面积有大有小。第三，水文化和水利文化都以"人与水打交道"的活动为载体。

其区别表现在：第一，形成的时代不同。"水文化"的产生可追溯人类的起源阶段，距今约200万年左右的旧石器时代开始的时候。距今1万年左右的新石器时代以后，人类进入了农耕定居社会，有了防洪、灌溉、凿井等实践活动之时。第二，涵盖的内容不同。作为具有"母体文化"性质的水文化，包罗"人水关系"的万象。而水利文化内涵比水文化小得多，外延也窄得多，只是指除水害、兴水利的意识和行为。需要指出，作为水文化的重要组成部分，水利文化以除水害兴水利为主要内容，对经济社会发展影响深远、意义重大，是"水文化"的特殊形态，在水文化中处于"重中之重"的地位。我们通常所称的"水文化"有时特指"水利文化"。

（四）水利行业文化

1. 水利行业文化

水利行业文化指逐步形成于经济文化、社会文化和人类文化大背景中的与本行业相关的行业标准、行业规范、价值观念、基本信念等，以及由此产生的行为方式、思维方式等方面的综合体现，是水利行业内部成文或不成文的习惯、规则、规定等。

2. 水利文化同水利行业文化的联系与区别

如同水文化和水利文化这对概念一样，水利文化与水利行业文化同样是一对既有联系、又有区别的概念。与水利行业文化相比，水利文化源于水利又高于水利，包含着水利行业文化；而作为水利文化重要组成部分的水利行业文化远不是水利文化的全部。

（五）水利企业文化

1. 水利企业文化

水利企业文化是指被企业全体员工普遍认同和遵循的逐步形成于企业长期生产经营活动中的经营理念、价值观念和行为规范。

水利企业文化也分广义和狭义两种，广义的是指水利企业所创造的具有自身特点的物质和精神文化的总和；狭义的是指水利企业所形成的具有自身个性经营宗旨、价值观和道德行为的总和。

2. 水利行业文化与水利企业文化的区别

行业文化与企业文化都各自局限在其内部，都必须符合行业或企业的特定要求。企业文化以行业文化为基础，注重经营理念，即所谓"理念制胜"。而行业文化注重一般的规范。

总之，水文化、水利文化、水利行业文化、水利企业文化四者之间是"大文化"与"小文化"的关系，水文化包含着水利文化及水利行业文化，水利文化包含水利行业文化，水利行业文化包含水利企业文化，是从大到小的隶属关系。

二、水文化的功能与属性

（一）水文化的功能

所谓功能，是指某一事物或某种方法所发挥的有利作用或效能。和文化一样，水文化主要有以下几个方面的功能，即价值导向功能、社会教育功能、行为规范功能等。

1. 价值导向功能

水文化作为一份逐步积淀起来的物质和精神财富，一旦形成，便蕴含着自己独特的价值体系和规范标准，对人们涉水活动的价值取向和行为方式产生导向作用。

比如，工业文明登堂入室后，伴随着人类改造自然能力的空前提高，逐渐形成了以人类自我为中心、人定胜天的治理、开发和利用水资源的价值观念。在这种文化思想的主导下，人们为了满足人类急剧膨胀的物欲，疯狂向自然进军，"征服自然、改造自然"，"让高山低头，让河水让路"，不惜以破坏水生态环境为代价。20世纪末以来，经过深刻反思，有识之士意识到：要化解中国的水问题，不仅需要从技术上寻找办法，更要从文化观念上寻找答案。通过向中国传统文化的精髓——"道法自然"和"天人合一"的宇宙观和哲学观回复，逐渐树立起"人与自然和谐共处"、绿色发展等的先进理念，并据此提出了可持续发展的治水新思路，即从传统水利向现代水利转变，以水资源的可持续利用保障经济社会的可持续发展。可持续发展水利是对传统治水思路的扬弃，基于对人与自然关系的深刻认识，针对以往水利建设中存在的问题，转变人水观念和实践方式并形成新的治水思路，有着深刻的哲学内涵和现实指导意义。经过多年的探索，这一治水思路不但得到了丰富和完善，而且在实践中收到了良好的效果，对重构人水和谐的生产生活方式和经济社会的可持续发展起到了重要的支撑和保障作用。

2. 社会教育功能

作为一种观念形态的文化，水文化既反映一定的社会政治经济，同时又对一定的社会政治与经济产生作用，是人们精神需求的反映。

水文化作为中华传统文化的重要组成部分，具有不可忽视的"以文化人"的社会教育功能，对人们的思想观念、道德情操、意志品质、智慧能力等方面，有着潜移默化的影响。比如，大禹"三过家门而不入"的奉献精神，已成为中华民族弥足珍贵的精神财富。再如，道家的"上善若水"和儒家的"智者乐水""君子以水比德"（水具有德、仁、义、智、勇、察、贞、善、正等"品质"）等思想，已成为中国人"以水为师"，培育高尚德操的圭臬。又如，由治水实践产生的"疏堵结合，以疏为主"的治水思路，由借水行船过程中产生的"载舟亦覆舟"等哲学思想，后来被政治家升华为治国理政的智慧。

3. 行为规范功能

同其他文化一样，水文化一经形成，便会以一种客观力量规范和约束着人们的思维方式和生产生活方式。如果说涉水的法律法规是一种非情感、超意志的外在强制的话，那么观念形态的水文化则是一种有情感、有意识的"软强制"，不过，其作用却如滴水穿石，不可低估。

一些缺水地区经过千百年的积淀形成的节水文化，潜移默化地规范着人们的用水行为。如河南林县（今林州市）山区，旧时由于极度缺水，那里的许多村庄养成了惜水如命的习惯——洗脸时全家共用一个盆，大人洗完小孩洗，洗罢还要把脏水澄清下次再用；洗成了泥汤，还要留给牲口饮用。

中国人视水为财富的价值观念根深蒂固。中国传统观念认为，"水为气之母，逆则聚而不散。水又属财，曲则留而不去也"（《相宅经纂》卷三"放水定法"）。这种"集体无意识"却在很大程度上引导着人们的建筑行为。如，我国江南地区民居"四水归堂"的天井结构和山西、陕西一带民居"房子半边盖"的习俗，其目的是为了使降到屋顶的雨（雪）水全部流入自家院中。万里长城的檐水，也都设在关内一方，以免城墙上的雨水流向关外异邦。这些建筑样式无疑都是"肥水不流外人田"——视水为财富文化心理的表现。

（二）水文化的属性

所谓属性，是指某种事物所具有的性质和特点。从认识论的角度而言，对属性的认知就是对事物本质的认知。就水文化的属性而言，至少有社会属性、地域属性、民族属性、时代属性、政治属性等方面。

1.水文化的社会属性

在大千世界中，水作为生命之源，与人类的生产生活关系最密切，由人类涉水活动而生的水文化，可谓色彩斑斓，洋洋大观。可以说，水文化具有广泛的社会性。举凡生产生活中无不直接或间接蕴含着水文化。

在经济领域，水的重要性不言而喻。水是农业的命脉——雨露滋润禾苗壮，风调雨顺的结果是五谷丰登；干旱缺水，粮食产量就会大降低，严重时甚至会颗粒无收。水是工业的血液——现代工业，水是不可或缺的介质或"原料"，特别是电力、冶金、化工、纺织、造纸等，无一不是用水的大户。水是交通的载体——水运自古以来就是交通的重要方式，尤其是陆路不发达的古代，水运占有半壁江山。中国古代为了发展水运，不惜动用大量的人力物力和财力来开凿运河，以满足漕运和商品流通的需要。

在军事领域，江河（护城河）等水体具有重要的军事防御功能，以水防守、绝水御敌、以水代兵的战例可谓屡见不鲜。在以水防守方面，典型的以水防守形式是在筑城的同时开濠（护城河），因而中国古代的城大多是城池并重。绝水困敌方面，主要是通过筑坝拦断河水或开渠将河水改道以断绝敌军水源或凿暗道泄放敌军用水等方式，使敌方因缺水无力抵抗时对其战而胜之。水攻的主要形式有"筑坝淹城""冲堤冲敌"等。无论是古代还是现代，以水代兵都产生过强大的冲击力，因为水攻——借助洪水的威力可以给敌方以致命的打击。

在医学领域，中国人视水为"百药之王"，认为饮水可以治疗某些病症，把水疗作为廉价、简单、实用的保健措施。汉代医学家张仲景在《伤寒论》中说："水入于经，其血乃成。"明代医学家李时珍则提出："水为万物之源，土为万物之母。饮资于水，食资于土，饮食者，人之命脉也，而营卫赖之。故曰：'水去则营竭，谷去则卫亡。'"把"饮"置于"食"之前，把"水"置于"谷"之先。他还创造了"小儿惊癫，磁石炼水饮之"的磁水治疗法。在现代社会，人们越来越重视"水疗""水补"及"水药"在养生和调治某些病中的作用。

在哲学领域，水在人类探索世界万物本源时扮演着十分重要的角色。如成书于春秋战国时代的《管子·水地篇》中说："水者何也，万物之本原，诸生之宗室也。"把水视为世界的本原、万物的始祖、生命的源头；中国春秋战国时期流行的"阴阳五行"学说，则认为宇宙万物分属水、火、木、金、土五种基本物质，水被赋予养育、润化、生机、财富等含义。春秋末期的老子，提出了著名的"水性哲学"，推崇"上善若水"，强调"天下莫柔弱于水，而攻坚强者莫之能胜"。

在宗教领域，水被赋予清洁身心、净化灵魂等寓意。如基督教，把洗礼即教徒加入教会的仪式作为新生的象征，施行方式主要有洒水（或称点水礼）和受浸（或称浸礼）；佛教中的观音菩萨的形象是一手执柳枝、一手执净瓶（内储甘露水，有起死回生的功效），表示观音能普施甘露，普度众生；道教视水为灵物，以画符箓或烧符箓于水中称之为符水，谓饮此水可以祛病驱邪。

在文学艺术领域，水是文学艺术表现的对象，也是启迪艺术匠心和文心的源泉。以诗为例。水入诗，应追溯到《诗经》时代。在中国文学史上第一部诗歌总集《诗经》中，记述古代劳动人民在江河两岸劳动生息的诗有六七十首之多。"坎坎伐檀兮，置之河之干兮，河水清且涟猗"；"蒹葭苍苍，白露为霜。所谓伊人，在水一方"；"关关雎鸠，在河之洲"；"淇水悠悠，桧楫松舟。驾言出游，以写我忧"，诸如此类的水之吟咏，真是不胜枚举。

在体育领域，与水相关的体育活动有游泳、滑冰、滑雪、赛龙舟、跳水等，体育与水文化在交融中迸发出神奇的魅力。

在风俗领域，由于古代中国是一个农业社会，而水又是农业的命脉，因此不少农事风俗的形成与水有着密切的关联。与水相关的民俗很多，如天旱祈雨、三月三水滨洗浴、端午节龙舟竞渡、七夕沐浴汲圣水、中元节（俗称鬼节、七月半，佛教称为盂兰盆节）放河灯，等等。

2. 水文化的地域属性

地域文化表现在特定区域的生态、传统、民俗、习惯等方面，指特定区域独具特色、源远流长并传承至今仍发挥作用的文化。人是环境的产物。生产生活环境如气候水文、地形地貌和生产方式等是形成区域文化的内在机制；特定的自然环境影响着当地人的性格行为、心理素质，甚至生活情态、风俗习惯。正所谓：一方水土养一方人、一方水土孕育一方文化。

水是自然环境的决定性要素之一。降水量的大小不仅是划分农耕区和游牧区的基本依据，同时也是划分东部季风气候区内南方水田与北方旱作区的基本依据。一般以 400 毫米等降水线为界，此线以东为东亚季风控制的湿润区，此线以西，基本不受季风影响，除新疆北部及一些山地降水稍多外，其余均为干旱地区，是中国主要的牧业区。与降雨稀少、干燥的西北部地区发展起来的游牧文化相比，在降水较丰沛、湿润的东南部地区发展起来的是农耕文化——前者过着"行国，随畜逐水草往来"（《汉书·西域传》）的流动生活；后者则过着"日出而作，日落而息，凿井而饮，耕田而食"（《帝王世纪·击壤歌》）的定居生活。而且，同在农耕区内，降雨大于 800 毫米的秦岭淮河以南与降雨小于 800 毫米的淮河以北人们的生产生活方式也不尽相同。

以南北方食、住、行等方面的差异为例，可以充分说明自然地理和气候水文环境对地域文化的影响：

在饮食习惯方面，进入农耕时代后，干旱缺水的中国北方和湿润多雨的中国南方，分别形成了以种粟饭粟和种稻饭稻的饮食习惯。距今 5000 年左右小麦从西亚传入中土后，在中国经历了由西向东、由北向南的扩张过程，也改变了中国人的饮食习惯。由于秦岭淮河以南的地区，湿润多雨，并不适合小麦的生长，因而水稻一直是南方农业的主打，这也造成南北方饮食的差别很大——北方人喜食面食，且种类丰富多彩；南方人喜食稻米，做法同样五花八门。

在民居建筑方面，古时流行于南方百越民族的干栏式民居，以竹木为主要建筑材料，主要分为两层，下层养动物和堆放杂物，上层住人。直到今天，江南水间的民居也多以小型的二三层楼房为主。这种民居方式的流行，与南方地区雨水多和气候潮湿有重要关系。而西北黄土高原的古代先民的住所，则利用地形、地势等自然条件，修成窑洞、地窖式住室，这与该区域气候干燥、地下水位低和黄土具有直立不塌（干燥状态下）的性质有关；而窑洞、地窖式住室的特点是省工省料，冬暖夏凉。在以打鱼为生的一些地方，则有船居为代表的"家"，这些漂泊在江河湖泊上的船屋，一般在底舱分隔为不同空间，按辈分及已婚、未婚分舱居住。

在交通运输方面，南方水多，河网密布，水道纵横，故适应水乡的船舶运输方式应运而生，可谓"不可一日无舟楫"。北方水少，河道发育不够，且不少为季节性河流，人们出行大多以陆路交通为主，故耐力好、速度快的马匹被北方人驯化为代步工具，有"南船北马"之说。

在用水习惯方面，我国西北一些极度干旱缺水地区，农民生活用水是将雨水储存到水窖里，一年四季就靠吃水窖的水度日。由于雨水稀少，窖水有限，人们惜水如命，饮水、用水十分节俭，甚至表现得非常悭吝。比如，每天早上从水窖中打出半桶水，先洗菜，澄清后倒到盆里洗脸，再用洗脸水擦桌子，最后用擦桌水拌饲料喂牲口。还有就是洗澡，对西北极度缺水的农村人而言洗澡是一件奢侈的事情，最极端的情形是，一辈子只洗三次澡：出生的时候，结婚的时候，还有去世的时候。与西北干旱地区形成鲜明对比的是南方丰水地区，由于降水丰沛，地表水地下水都很丰富，取用也比较方便，故生活在水乡的人们节水意识相对淡薄，用水大手大脚的现象比较普遍。

3. 水文化的民族属性

民族是指一群基于历史、文化、语言、宗教、行为、生物特征而与其他有所区别的群体。由于不同民族所处的特殊地理环境和生存方式，使他们在适应水、治理水、利用水的过程中，产生了一系列的亲水、爱水、敬水、祭水、护水行为，并以宗教、习俗、禁忌和乡规民约等形式表现出来。

傣族、纳西族、回族等少数民族在用水风俗习惯方面尽显不同的特色。泼水节是傣族最富民族特色的节日。泼水节这一天，人们要拜佛，姑娘们用漂着鲜花的水为佛洗尘，然后彼此泼水嬉戏，相互祝愿。纳西族人的庭院前有泉井，泉井旁设有三个连在一起的四方池，一池低于一池，第一个水池用来饮用，第二个水池用来淘米洗菜，第三个水池用来洗衣服——这是纳西族人世代相延的用水习俗。受《古兰经》教义的影响，沐浴成为回族最重要的风俗之一，既是爱清洁、讲卫生的需要，也是修养心性、德性的要求。回族的沐浴有三种，即大净、小净和土净。大净，就是指用清洁的水按程序洗遍周身；小净就是指洗四肢和下身；土净就是指只洗面和手。沐浴除了讲究卫生外，每洗一个部位，都要联想到一个实际行动。如洗手时，要想到戒偷盗、戒赌博和不拿不义之财等，要靠自己的双手勤劳致富。

4.水文化的时代属性

任何文化都是历史长河中不断继承、发展和积淀的产物，由于不同时代所处的世情、水情、民情等的不同，水文化在不同的时代必然会呈现出不同的样式和特征。

漫长的旧石器时代，原始人类只能依靠大自然的恩赐而生存，通过渔猎方式获得食物及维持生命的各种材料。这种"采食"方式特别是从水中取食的行为，使初民经常要与水打交道，一方面，江河湖海为供养初民提供了大量的食物；另一方面，它们又以强大而神秘的自然力让能力弱小的初民心存畏惧和感到不可思议，于是便产生了对水的种种神秘力量的崇拜（崇拜的对象是自然物和自然力本身）。后来在万物有灵的观念下，各种水体被神灵化了，逐渐变为对掌管水（包括雨、雪等）神灵的崇拜和相应的原始宗教活动。

新石器时代到来后，人类由"穴居野处"和渔猎采集的生存方式，逐渐进入了农耕定居生存方式。"神"的观念产生后，先民们认为江河湖海的形态和变化一定会有能力超强的"神"如雨神、河神、湖神、海神等主宰着。于是，人们崇拜江河湖海便转变成为崇拜主宰它们的相应的"神"，并在趋利避害的功利目和原始宗教意识下产生了对各方水神祭祀的活动，同时创造出了各种水的神话，如洪水再生、女娲补天、精卫填海等。

在人类文明的"轴心时代"，是人类精神文化的重大突破期。这个时代，正值中国的春秋战国时代，也是中华思想文化的奠基时期。耐人寻味的是，先秦诸子大都喜欢用水的特质和性格来阐释对宇宙、人生、社会和自我的抽象认识。于是，与中华文化一样，中华水文化也达到了具有里程碑意义的高峰期。战国末期，秦国建设的三大水利工程——都江堰、郑国渠、灵渠，充分体现了当时的治水能力。特别是都江堰水利工程，以无坝引水的巧妙构思，诠释着治水之道须合乎自然之道的真谛。

秦汉以降，水文化在中华文化的发展繁荣中不断前进，特别是在文学艺术的殿堂中呈现出百花齐放、丰富多彩的局面。在诗词歌赋和绘画、书法、音乐、造园等文学艺术中，充满了波光水韵。另外，在水利方面，这一时期，由于统一的帝国人力物力财力日益雄厚，在以往区域运河的基础上，开凿出了纵贯东西南北的隋唐运河和横贯南北的京杭运河，成为政治重心与经济中心连接的命脉，对国家的经济社会发展和政治统一起到了重要作用，特别是沿运河经济文化带的形成，对中华文明的走向产生了重大而深远的影响。

近现代，工业文明登陆古老的神州。在征服自然、改造自然观念的主导下，人们对水的侵害一度达到了无以复加的程度，"有河皆干，有水皆污"的现象普遍存在。进入 20 世纪末，人们在反思中开始调整天人关系，人与自然和谐相处、人水和谐正在成为人们对美好生活的新追求。比如，河流伦理、生态正义、生态责任等为主要内容的水生态文化价值体系的形成，对建设水生态文明，具有重大的现实意义和深远的历史意义。

5. 水文化的政治属性

政治是指对社会治理的行为，是人类历史发展到一定时期产生的一种重要社会现象，它起源于人类原始社会的氏族公社阶段，出现在产生阶级对立和产生国家的时候，并随着社会从低级到高级进程而发展。水与政治结缘，与治水、水神崇拜、水情状况息息相关。

古代中国的政治，是伴随着大规模的治水活动拉开序幕的。大约距今 4000 年前的大禹治水，促进了华夏各部族的团结与融合，推动了经济社会的发展；为适应大规模治水斗争，大禹建立起高度集权和组织严密的治水指挥机构，为催生中国历史上第一个君位世袭制的国家——夏王朝的建立奠定了坚实的组织基础。

历代王朝的统治者向来把"治水"作为重大的政治问题来对待。纵观中国数千年的历史，那些有作为的君主和官员，无不把兴水利、除水害作为施政的要务，并由中央政府来组织实施每一次大规模的治水活动。由中央政府主持规模宏大的水利工程，可谓是举全国之力而为之。

大规模的治水活动，对中国政治的走向特别是专制政治的形成产生了重大影响。正是政府依靠中央权威强有力地组织治水活动，逐渐强化和深化了这种集权的意识。这种"集体无意识"极大地渗透到了中国社会政治制度和人们的文化心理以及生活方式。

"国之大事，在祀与戎。"（《左传》）早在商周时代，祭祀与战争就成国家政治生活中的两件最为重要的大事，祭祀的对象是天地日月、名山大川、祖先等，祭祀的目的是祈求各路神灵保佑农业丰收、六畜兴旺、战争胜利、工程告成、健康长寿等。《周礼》说："天子祭名山大川，五岳视三公，四渎视诸侯，诸侯祭名山大川在其地者。四渎者，江、河、淮、济也。"这就反映了周天子与诸侯不但要举行祭祀活动，而且还要讲究祭祀等级，换言之，政治地位决定了祭祀的对象，乱来就是违礼和僭越，有时会引来杀身之祸。秦汉以降，祭祀依然是历代王朝的重要政事活动之一。在对水神的祭祀方面，除地位崇高的河神外，海神、湖神、泉神、井神等也成了人们祭祀的对象，官民同祭，一直延续至近代。

值得提出的是，在中国古代社会，水情一直是王朝政治好坏和国家兴衰的"晴雨表"。

《国语·周语》中记载了周大夫伯阳父的一番言论:"昔伊、洛竭而夏亡,河竭而商亡。今周德若二代之季矣,其川原又塞,塞必竭。夫国必依山川,山崩川竭,亡之征也。"夏朝的中心区域在今河南西部的"河洛之间",伊水、洛水枯竭而夏朝灭亡;距商末都城朝歌附近的黄河出现断流而商亡。显然,多年大旱引发的社会动荡,导致了夏、商的灭亡。本来,不论是伊水、洛水和黄河断流枯竭,还是黄河改道迁徙,都是一种自然现象,但古人却把它与夏、商的灭亡和河川枯竭联系起来,显然是受"天人感应"观念的影响。在中华先民看来,高高在上的天,不但和人一样具有喜怒哀乐等情感,而且还左右着人间的家国的兴衰与个人的祸福。君王受命于天,但如果君王不能顺天而为,出现政治昏暗、民不聊生等过失,那么上天就会以日食、月食、地震、水旱灾害等异象,给予警示和谴责。所以,古代不少帝王和臣下都非常重视"天意"。如果老天示警,帝王就会深刻反躬自省——"视天时而布政令""察灾祥而省得失",并采取斋戒、祭天、减膳、释放宫女、救济饥荒、申理冤屈、大赦天下、求直言甚至下"罪己诏"等措施,来弥补政治缺失,并求得老天的谅解和赦罪。老天示警,修德免灾,政治与水情就这样挂起钩来。

三、水文化的基本结构

水文化的基本结构由物质水文化、制度水文化、精神水文化等三个层次构成。

（一）物质水文化

物质水文化是人们水观念的外在具体表现形态，指人类在用水、治水、管水、赏水等实践中创造的物质财富的总和，主要包括经过人工打造的水形态、水环境、水工程、水工具以及治水机构衙署和涉水宗教建筑等。

所谓水形态是指经过人工影响而形成的各种水体的存在形式。如经过人类改造和干预的河流、池塘、湖泊、瀑布、水库、井泉等，这些水形态对人们的生活存在着物质和精神上的双重影响。

所谓水环境是指经过人工干预并广泛存在于人们周围的水体，它直接或间接影响着人类生产生活。好的水环境如人们常说的风水宝地，其产生的良好气场对动植物的生长发育大有裨益，正如"物华天宝，地杰人灵"；反之，水环境恶劣的地方，不但不利于人的身体健康，而且也会严重滞后经济社会的发展。

所谓水工程是指各种水资源进行开发、利用、控制、调配和保护的社会实践活动。水工程产生于除害兴利，著名的有：以都江堰为代表的灌溉工程，以黄河大堤为代表的防洪工程，以京杭大运河为代表的水运工程，以江浙海塘为代表的海塘工程等，以及当代的黄河小浪底工程、长江三峡工程、南水北调工程等。

所谓水工具，是指人们在涉水活动中所制造的各种器皿、工具。如早期的汲水工具有竹筒、木桶、葫芦、皮口袋、陶器等，后来发展为桔槔、铁筒等；早期的饮水用具有陶瓮、独木水槽、石水槽等，后来发展为水壶、水箱、水缸等；早期的煮水器具有陶罐、陶壶、陶釜、竹筒等，后来发展为铁锅、铁壶等；早期的饮水用具有陶碗、陶杯、陶壶、葫芦瓢、竹筒等，后来发展瓷（铁）碗、瓷（铁）杯等。

治水机构衙署是指国家及地方各级治水机构的办公场所。比如，江苏淮安的漕运总督部院，山东济宁河道总督部院，位于河北保定的清河道署，江苏苏州的太湖水利同知署等，都是清代治水机构的办公场所（其遗址或建筑保留至今）。

涉水宗教建筑是指由崇拜而形成的祭祀各种水神和治水名人的寺、观、祠、坛、塔等。如祭祀司水水神集大成者龙王的龙王庙、祭祀海神的海神庙（天妃庙）、祭祀黄河河神的河南武陟的嘉应观等，再如祭祀中华治水之祖的禹王庙、祭祀战国末期治水英雄李冰父子的都江堰伏龙观、祭祀元代水利科学家郭守敬的北京会通祠等。

（二）制度水文化

制度水文化是水文化的格式化和规范化。根据文献记载，最早的水法规是公元前 651 年，齐桓公在葵丘（地今河南民权县境）与诸侯会盟时，针对一些诸侯国间以邻为壑，修建曲防即挑水坝将洪水引到别国的情况，将"毋曲防"作为盟约的条文之一。专门的水利法律法规出现于秦汉以后，是汉代的《水令》。漕运是自秦开始，历代王朝将赋税（主要是粮食）通过水路解往京师和其他指定地点的运输方式。与此相联系，漕运制度也应运而生。作为一项重要的经济制度，漕运受到了各封建王朝的高度重视，尤其是明清两代，为了保障漕运的安全和时效，建立了一套完善的漕运制度，还专门设立了管理漕运的管理机构——漕运总督署，专司漕运的各项事宜，保证从各省征集的漕粮能顺利运抵京师，同时兼有巡抚地方并兼管河道维护治理职能。

我国民间以乡规民约形式实施的用水分配与管理，也是水制度文化的重要组成方面。典型的有哈尼族创立的"木刻分水"制度。坐落于云南红河流域的哈尼梯田，需要水的灌溉才能保证庄稼的丰收。为了保证千百亩梯田都能充分合理有效地利用水资源，避免村寨、村民之间发生纠纷，聪明的哈尼族人发明了一套严密有效的"木刻分水"制度。所谓"木刻分水"，是为了保证分水的公平公正，计量准确，选用质地坚硬的木材刻出开口宽度大小不同的横木，制成了明渠流量计——"木刻分水"器，将其安放在渠道的分水口处，让水按照开口大小分别流入各条水沟。依此类推，进行再次乃至多次分水。为了保证木刻分水制度的实施，与此相配套，还建立了沟长管理制度。所谓沟长，就是哈尼寨专门维护木刻分水机制的人员。木刻分水制度千百年来在哈尼族地区一直延续至今。

（三）精神水文化

精神水文化是人类在与水长期打交道过程中创造的非实在性财富，包括水观念、水思想、水哲学、水伦理、水风俗、水文艺等。

成书于周代、被誉为"大道之源"的《易经》说："润万物者莫润乎水。"成书于战国至秦汉的《管子》一书的作者更是将水视为"万物的本源"，说："水者，何也，万物之本原，诸生之宗室也。"儒家的创始人孔子曾感喟道："逝者如斯夫，不舍昼夜！"时光（天地人事）像流水一样，日夜间不停地逝去！这是孔子站在河边望着滔滔流逝的河水发出的深沉感慨，旨在勉励自己和学生要珍惜大好光阴。孔子云："知者乐水，仁者乐山。"水除了具有审美感染作用外，还可以"比德"——"智者达于事理而周流无滞，有似于水，故乐水"（《四书集注》）。

古人也从水中悟出了许多做人做事的道理，诸如："流水不腐，户枢不蠹";"海纳百川,有容乃大";"防民之口,甚于防川";"水可载舟,亦能覆舟";"毋临渴而掘井,宜未雨而绸缪";"易涨易落山溪水,易反易复小人心";"水至清则无鱼,人至察则无徒";"出淤泥而不染,濯清涟而不妖";"落花有意,流水无情";"受人滴水之恩,自当涌泉相报"……

第三节　水文化与新时代中国特色社会主义
精神文明建设

党的十九大报告论述了文化事业在中国特色社会主义事业总体布局中的定位，新时代文化建设的目标、着力点和基本要求。在此背景下，深入研究水文化与社会主义精神文明建设的关系，理清它们之间的内在联系，不断加强水文化建设，丰富社会主义精神文明建设的阵地和空间就显得尤为重要。

中国特色社会主义文化，就其主要内容来说，同社会主义精神文明是一致的。文化相对于经济、政治而言，精神文明相对于物质文明而言。广义上的文化是指人类在社会历史实践中所创造的物质文明和精神文明的总和。狭义上的文化是指与经济、政治并列的，即有关人类社会生活的思想理论、道德风尚、文学艺术、教育和科学等精神方面的内容。

水文化是一种具有水特征的文化形态，是中国特色社会主义文化中最具历史性、最具生命力、最具特色，包罗最广泛的部分。水文化建设是中国特色社会主义精神文明建设的重要内容，特别是随着水文化研究的不断深入和发展，诸多水文化研究的理论成果正在逐步转化为水文化建设的生动实践，对推进社会主义精神文明建设起到了积极的带动作用。反之，由于社会主义精神文明建设载体广泛、特设鲜明、内容丰富，兼容中华传统文化、中华文明、世界先进文化和人类先进科学技术成果，具有与时俱进的优良品质，这也引导水文化建设朝着更具中华民族特性、更加彰显中国特色社会主义文化特性和时代特征的方向发展。

一、水文化优秀元素是新时代中国特色社会主义精神文明体系的重要组成部分

2017 年 1 月，中共中央办公厅、国务院办公厅印发了《关于实施中华优秀传统文化传承创新发展工程的意见》，文件提出到 2025 年，实现中华优秀传统文化传承发展体系基本形成的奋斗目标，要在研究阐发、教育普及、保护传承、创新发展、传播交流等方面协同推进取得重要成果。这不仅为中华水文化的传承发展指明了方向，而且提出了水文化建设要为新时代中国特色社会主义精神文明建设服务的工作目标和工作任务。

中华民族作为中华水文化的创造主体，在千百年改造自然的过程中，通过对各类水事活动的理性思考，积累沉淀了一系列优秀的水文化思想观念、行为规范、认知体系和价值标准。从某种意义上来讲，水文化研究的就是人与水、人与自然的关系，也就是人类面对水和自然的时候所表现出来的思维方式、生存方式和行为方式，以及在此基础上产生的一系列精神的、制度的和物质的成果。

中国先哲在思考人与自然的关系时，形成了"道法自然""天人合一"的思维方式。老子云："上善若水，水利万物而不争。"《易经》说：

"天行健，君子以自强不息；地势坤，君子以厚德载物。"其中体现的是高尚的道德情操和崇高的人格力量。此外，诸如"水能载舟，亦能覆舟"的政治智慧，"芳林新叶催陈叶，流水前波让后波"的创新之道，"不积小流，无以成江海"的可贵品质、"汇聚百川而滋养万物，奔流入海而义无反顾"的广阔胸襟，等等，都是通过对水的认识而升华成非常质朴的哲学思想。

同时，在中华民族发展的历史长河中，我们的祖先以水为题材，通过对水本质的深刻理解，创造了大量的神话传说、诗词歌赋、音乐戏曲、绘画摄影、科学著作等。这些五千年华夏文明的底蕴和积淀，蕴含着优良的治水思想和治水理念，是对水文化的其他层次含义的延伸，让中华水文化拥有了生生不息的生命力和繁复多样的表现形态，成为光辉璀璨的不竭文化宝藏。

翻开中华民族悠久的治水史，大禹精神、都江堰精神、红旗渠精神、九八抗洪精神，以及"忠诚、干净、担当，科学、求实、创新"的新时代水利精神等优秀治水传统和宝贵精神财富熠熠生辉。这些精神和品质，已经在整个社会产生了广泛深入的影响，对于启示和激励我们加强思想道德修养，规范行为、提升修为，培育和树立正确的世界观、人生观、价值观，建设社会主义精神文明具有重要的现实意义。

二、新时代中国特色社会主义精神文明建设
为水文化发展指明了方向

社会主义精神文明是人类精神文明发展的新阶段，是人类社会发展的思想基础和精神动力。建设高度发达的社会主义精神文明有助于依靠

高度发达的科学技术、教育和文化事业为物质文明、政治文明、社会文明和生态文明建设提供科学的理论指导和智力支撑。

在社会主义精神文明建设不断繁荣发展的框架内，水文化也需要不断发展创新，体现与时俱进的特色。要在社会主义精神文明建设的指引下，坚持人与自然和谐相处的主流价值观，积极践行可持续发展的治水思路，营造高雅优美的水环境，实现治水兴水新跨越，创造内涵丰富、特色鲜明的中国水文化、促进经济发展和社会进步，造福社会，造福人类。

三、水文化建设拓展了新时代中国特色社会主义精神文明建设领域和阵地

水文化作为一门大科学文化，已不仅仅是贴上水利标签的行业化文化，而是成为跨越多个学科门类、具有广泛社会性的公众文化，它涉及的学科和领域不断扩大，从研究与水有关的建筑学、化学、物理学、地球科学、生物学、生态学等学科拓展到了经济学、管理学、理学、法学、人类学、市场学等领域，水文化作为独立学科和领域已成大势所趋。

目前，不同国家的学者和组织从不同角度、不同学科关注水和相关文化的关系，注重文化在水资源管理、水环境建设、生态文明建设以及通过文化建设应对水危机、气候变化、环境变化等问题中的价值和作用，世界各国对水文化建设已经到了相当重视的地步。

水文化建设作为一项系统工程，影响对象涉及每一个人以及整个自然环境。而随着社会的发展，水文化从物质层面和精神层面渗透到人类

生活的方方面面。比如，越来越多的以水为主题的工民建筑、景观水利工程、水域生态景观、城市水生态景观等，彰显出人类的创造力和驾驭自然及与自然和谐相处的能力。再比如，中国古代的水神崇拜，官方民间祈雨止雨的祭祀风俗，放荷灯、泛舟游湖的市井风情；水展览馆、水工程博物馆、水文化墙、水道德讲堂、水幕电影；以水和水域为平台的垂钓、冰雕、赛诗会、龙舟赛、泼水节、文艺演出、演讲比赛等多种健身怡情活动，都较好地体现了水文化与社会主义精神文明建设的无缝对接。

目前，水文化建设的任务和措施还在不断丰富和发展，我们要把水文化作为人、水、社会、经济、文化之间的结合点和支撑点，将优秀水文化的传承发展成为社会主义精神文明的拓展和弘扬，成为社会公众强烈的自觉倾向、愿望和要求。

同时，我们要充分利用水文化丰富多彩的表现形式拓展新时代社会主义精神文明建设的阵地和空间。例如，新时代社会主义精神文明建设可以采取以文明城市创建、美丽乡村建设为龙头的方式，配合"最美家乡河""美丽河湖，美好生活"等主题活动，打造生态良好、环境优美的民生工程，使社会主义精神文明建设更加贴近民生、走向基层；也可以以典型示范为引领，让更多的时代楷模、道德模范、中国好人、最美人物，教育、激励和引导人们培育良好的道德风尚和道德情感，促进社会公德、职业道德、家庭美德、个人品德的全面提升；还可以有效利用多媒体、网络这个社会主义精神文明建设和中国先进文化发展的前沿阵地，探索网络时代社会主义精神文明建设的发展新思路，建立新机制，实现网络文化发展与社会主义精神文明建设的互动"双赢"等，诸如此类的新方式和新途径，将社会主义精神文明建设推向更高水平。

进入新时代，社会主义精神文明建设的战略地位显得愈加重要和突出。水文化建设要充分利用社会主义精神文明建设重要战略地位这一优势，适应新形势，开创新境界，实现水文化建设和社会主义精神文明建设的共同繁荣发展。

第四节　水文化与新时代中国特色社会主义
生态文明建设

水，作为一种自然资源，不仅是自然生态系统的控制因子，也是生命元素、文明源泉和经济社会发展的基础和载体。古往今来，中华民族在长期与水抗争、改造和利用水的过程中，积累和创造了厚重的与水有关的物质和精神财富，这就是博大精深的水文化。水文化是以水为对象展现在人们面前的一种文化形态，反映的是人与水、水与自然的关系，也是人与人、人与自然的关系。

随着社会的不断发展和进步，人类已经进入生态文明时代。生态文明建设的核心元素是水，其终极目标是在遵循自然法则的基础上，实现自然资源的永续利用。关注自然，关注生态，追求人与自然和谐相处是生态文明时代最显著的标志。在人与自然的诸多关系中，人与水的关系最为基础，最为密切，也最为关键。因此，水文化完全可以以其独特的方式、内涵和作用，融入社会生产生活的各领域各方面各环节，对生态文明建设起着至关重要的推动作用。

生态文明建设的核心理念与水文化的核心价值观是相通的，即人水和谐、人与自然和谐，加强水文化建设将对推动生态文明建设有着积极的促进作用。

一、水文化优秀成果对新时代中国特色生态文明建设具有重要的借鉴支撑作用

从古至今，优秀的水文化思想对生态文明建设具有积极的借鉴作用。比如说儒家的"以水喻德"的尚水思想、道家"无为而治"的治国理念、庄子"天人合一"的思想以及大禹疏导洪水、都江堰借力自然、南水北调工程中"南水北用"的理念，成了中国水文化的思想宝库的亮点。再加上人类在水与自然和社会关系的哲学思考及总结水利建设的经验教训中，产生了许多具有真知灼见的治水观念，如"河流辩证法"思想、"河流伦理"，水权与水市场理论、水资源承载能力和水环境承载能力理论等等。这些优秀的水文化思想精髓，以及这种先进的治水观念所体现出来的"利万物而不争"的文化价值观、通水性（谦卑）、识水德（宽容）的文化品德、"因势利导、惠泽万民"的治水精神，对社会公众道德教育、品行养成、素质提升，特别是对生态文明理念的培育和行为习惯的养成具有积极的借鉴作用。

生命离不开水。人类的生存、生产、生活以及文明的发展自然也离不开水。因此，人类没有一刻离开过利用水、关注水、评价水，也就是一刻也没有停止过对水的思考。其实，这种利用、关注和思考的过程，以及积累起来的物资、精神和制度财富就是水文化。中华文明史，从某种意义上讲，就是一部治水的历史。在灿若星河的中华文化宝库中，水文化的光芒熠熠生辉。《山海经》《周易》《河图洛书》《道德经》中均对水文化有所研究，形成了对水的感悟和科学的价值观，对生态文明建设可以起到借鉴作用。

近年来，水文化研究得到了较快发展，成立水利文协水文化研究

会，举办水文化论坛，出版大量包括水文化理论探讨、水文化和中国传统文化、地方文化之间的关系研究、水文化应用问题研究及国际交流方面的学术著作，拓展了水文化的外延，不仅为水文化研究和建设奠定了良好基础，也为生态文明建设提供了先进的文化支撑。

二、水文化建设对新时代中国特色社会主义生态文明建设具有强大的推动作用

水文化建设的实践涉及物质形态、精神形态、制度形态三个方面，对当代中国生态文明建设具有强大的推动作用。

（一）物质形态水文化的推动作用

纵古观今，我国一些水利工程中都蕴含着丰富的水文化，凝聚着不同时代人们的知识、智慧和创造，像古代李冰父子修建的都江堰，郑国修建的郑国渠，历经几千年风雨仍在造福人类。现代的三峡工程、小浪底工程、南水北调工程是众多新建水利工程中的佼佼者，它们所展现的文化韵味，能帮助我们站在文化的视野和高度进行思考借鉴。还有一些生产生活工程，像浙江鄞县的它山堰、丽水的通济堰、福建莆田的木兰坡等，为农业带来了良好的拒咸蓄淡、排水泄洪、农业灌溉等综合效益。新疆坎儿井通过地下渠道使地下水自流到地面的供水系统，有效减少水资源的渗透和蒸发，达到节水目的，对我国当今生态文明建设有着很好的应用价值。

（二）精神形态水文化的推动作用

人类在治水实践中形成了不同的文化观念和治水精神，这是集文化精神和民族精神于一体的抗洪精神。像大禹精神，是中国古代水文化的精华，辐射于水文化各个结构层面，对于后人的治水实践起着指导和影响作用。尽管中华水文化和水事价值观在历史发展进程中曾发生过各种形式的变化和演进，但其基本内容却经久不衰，像新中国成立初期"先治坡、后垒窝""吃三睡五干十六""献了青春献终身，献了终身献儿孙"的口号；20 世纪 60 年代焦裕禄带领兰考人民挖河、修闸、除涝、清淤，进行水患治理的水利情怀；1998 年长江特大洪水，人民大众表现出"万众一心、众志成城、不怕困难、顽强拼搏、坚韧不拔、敢于胜利"的抗洪精神；2002 年开工建设的南水北调工程，在工程建设中形成"甘于寂寞、乐于奉献，团结协作、艰苦奋斗，不怕困难、勇往直前"的"调水精神"，无一不闪烁着水文化的光芒，这些水文化精神为一代又一代人提供了丰富的精神食粮。

（三）制度形态水文化的推动作用

我国的水利法规已有 2000 多年历史，自远古时代"除水患""治理水害"等潜在的规则以来，各种水法规水制度相继出台，像春秋时期"无曲防"的条约、汉《水令》和《均水均束》、唐《水部式》、明《明会典》、清《大清律》，近代《水利法》《水法》《水土保持法》《防洪法》《河道管理条例》等，均属于水法规水制度，这些水法规水制度虽然展现的是社会对水事活动的强制规定，但从根本上规范了人们的行为，为培养全社会爱水、敬水、亲水、护水和节水意识及良好用水习惯，为建设优美水生态起到了强大的推动作用。

目前，生态环境在人类生活幸福指数中的地位日益凸显，人们对干净的水、清新的空气、优美的环境的要求越来越高。人们渴望鸟语花香、蓝天白云、水美鱼肥的自然美景，由原来的"盼温饱"到现在的"盼环保"，由过去的"求生存"到如今的"求生态"，这美好愿景的实现归根结底都需要运用"文化软实力"来支撑。当然，不管是水文化丰富的内涵，还是水文化建设的实践，最终都是为了实现人与自然和谐关系的理性回归，为了助推生态文明建设，只有这样，才能拥有和谐美好的自然生态环境，才能让绿水青山变成金山银山，才能拥有最美好的家园。

三、以推动当代中国生态文明建设为目标构建完善水文化建设新体系

2014年，打造长江经济带、汉江生态经济带上升为国家战略，打造湖北经济发展新的增长带的发展构想也相继出台。2016年9月，《长江经济带发展规划纲要》的正式印发，进一步将水文化发展建设提到了生态高度。2018年4月，习近平总书记在视察湖北时的讲话，进一步明确了长江经济带发展的历史责任，为守护绿水青山，永葆长江母亲河的生机活力把好了脉，定好了向。所以，水文化发展体系必须顺应时代潮流，更要顺应人民共同期待，从而实现水资源的可持续利用。

（一）完善水资源统一管理体制

1988年国家颁布的原《水法》规定，"国家对水资源实行统一管理与分级，分部门管理相结合的制度"，为推进我国水资源的统一管理迈

出了重要一步，但由于对水资源的权属管理部门与开发利用部门之间的关系和职责划分不清，存在像河道、航运、环保、渔政、交通、电力等多个部门分别管理水资源的相关事务，导致部门之间职责交叉和职能错位，甚至出现区域分割、各自为战的现象。所以，必须打破"瓶颈"，实现水资源的统一管理，建立有效的流域管理与行政区域管理相结合的水资源管理体制。2016年7月，国家修订了新《水法》，明确了水资源所有权，使水资源的所有权和使用权相分离；打破了过去地表水、地下水以及城乡水资源分散管理，实现了水资源管理体制上的重大突破；规定了水功能区划制度和限制排污总量制度，加强了水资源保护；增加了水资源配置和节约使用的有关内容等。这些具体有效的措施让水资源的管理由"多龙管水"变成了"一龙管水"，使管理更加科学化、规范化、法制化。但在实施过程中，会凸显诸多问题，就需要在摸索中不断完善，进一步实现水资源的统一管理和监督。

（二）健全依法治水法律制度

我国的治水过程可以说是水制度文化建设的过程，悠久的治水历史总体上来说都是人与水之间的博弈，通过这种博弈找到均衡点来解决水问题或水危机，逐步发展、完善水文化，达到人与自然和谐相处。

虽然我国现有一些诸如《防洪法》《水法》《水污染防治法》《生活饮用水卫生标准》《污水综合排放标准》等各种与水资源有关的法律法规，但要解决日益复杂的水资源问题，实现水资源高效利用和有效保护，就需要根据水利改革发展的新形势新要求，在实行最严格水资源管理制度，确立水资源开发利用控制、用水效率控制和水功能区限制纳污"三条红线"的基础上，不断完善补充与水利发展相适应的水利政策法规体系和良性的水利发展机制。诸如水资源总量控制和定额管理制度、水资源有偿使用制度、水功能区和入河排污口管理制度等。再像如今全国推广的"河长制",作为河湖管理工作的一项制度创新,是将水资源保护、水域岸线管理、水污染防治、水环境治理等方方面面纳入其中,能够有效弥补以往多部门分管、"九龙治水"造成的河流污染治理方面的不足,实现河流管护专职化。这一系列适合现代水利发展的制度都值得我们深深思考和研究,需要在实际操作中逐步健全、完善,使水资源得到优化配置、高效利用和节约保护。

（三）处理好水利工程与水生态的关系

水利工程建设是一项协调人与自然关系的措施。在兴建各类水利工程的时候,应注重考虑减少对河流原生态的改变,处理好与水域生态、湿地保护、动物多样性等的关系,避免破坏河流区域原有的自然环境、生态平衡,实现水利工程的科学管理和水资源的合理配置。如进行河道工程建设时,应多考虑疏浚,少围垦水面,多考虑保留河流自然走向,少进行截弯取直等工程措施,多保留河道生物生存的环境,少进行人工的开挖破坏。在进行水资源配置和水电站工程建设中,不能因为一味地开展工程建设而造成河道干枯和环境恶化,而应保证本流域生态和环境水量的需求,保护水生态环境。

（四）实现洪水管理中的人水和谐

2003年,国家提出了"防洪要从控制洪水向洪水管理转变"的治水新理念。因此,现在的防洪不仅只是和洪水做斗争,而应采用现代的发展理念理性地与洪水和谐共处,以工程措施与非工程措施并重的方式，构建现代防洪体系。

目前，虽然我国大多数流域已基本形成包括堤防、水库、分蓄洪区、分洪通道等多种工程类型，集蓄、滞、分、排多功能于一体的防洪工程体系，但防洪工程现状仍令人担忧，设计与实际之间仍存在一定落差。特别是经过大洪水检验之后，水利工程会暴露诸多不足，所以，要进一步强化防洪工程体系的建设与完善，比如说增加水利工程的蓄水能力、增加河道的排洪能力、减少人类活动对流域的影响等。

非工程防洪措施是一种"软手段"，包括洪水预警，洪泛区、蓄滞洪区管理，河道清障、行洪通道保护，洪水保险、洪灾救济，超标准洪水防御措施，等等。随着水利学科的发展及互联网技术的进步，人们获取各类水文气象信息和感知各类风险隐患变得快速和高效，可采取"互联网+"的方式，实现对洪水的预警、预测预防，像目前的防洪预报调度决策支持系统、山洪预报预警系统，都能利用数据技术和信息化手段，主动掌握洪水预测预警，从而减少洪水危害，实现人水和谐。

（五）强化水文化教育引导

在人水矛盾日渐突出的今天，我们要把水文化建设与生态文明建设紧密结合起来，进一步增强全民全社会的亲水、节水、爱水、保水意识，营造人水和谐的社会环境。

加强水文化的教育引导，首先要广泛汲取水文化中蕴含的生态文化内涵和生态文明成果，让水文化理念在人们心中生根发芽，导引提高人们用水、管水、治水的意识，实现人水和谐的生态文明。

在形式上，可利用各种丰富多彩的水主题活动，诸如水文化展览、水文化竞赛、水法制宣传、水科普讲座、水文化论坛等方式，普及饮用水水源地保护、水生态系统保护与修复、水资源合理开发利用和节约保护等水文化知识。继续利用"中国水周""世界水日""节水中国行""小手牵大手"等活动，开展系统宣传。配合各类报刊、电视、网络等媒体，并可融入影视业、游戏业、动漫业等行业，多角度宣传、互动水文化，进一步拓展水文化的传播渠道，让更多的人参与到水文化建设中来，让更多思想和观点推进水文化建设。

要充分发挥水利风景区的文化教育功能。目前我国有许多水利风景区就是通过自然或后天的人工打造，把文化的内涵寓于休闲娱乐之中，形成了一个又一个可以休闲、观光、旅游、度假的优美滨水景观，让人们在享受丰富水文化的同时，提升了文明的境界。像山东临沂市沂河风景区，将历史与现代文化有机结合，融汇众多历史名人风情于风景中，成了以水域为依托，以历史文化和水文化为灵魂的文化公园。三峡工程的修建，不仅改变了三峡地区的自然风光和文化风貌，还提供了新的文化景观。再如湖北汉江遥堤水利风景区，也是"泽善民生"的水文化价值趋向，坚持以公益性为主，经营性为辅，水文化作支撑的原则而打造的"亲水文化"，让人们在体验汉江水利工程、防汛文化、风景苗木经济林带、传统农耕文化、休闲垂钓、汉水古镇等亲水平台乐趣的同时，享受浓郁的文化教育和熏陶。

在宣传重点上应以节水文化教育为载体，以示范典型为抓手，按照中央关于建设资源节约型，环境友好型社会总体要求，大力推进节水型社会建设，改变人们的用水观，让"水尽其用"成为全社会的共识乃至习惯。同时，组织成立专门机构，负责节水建设的规划、协调、组织、宣传、监督与考核，提升各类用水单位和个人节水的自觉性，营造全民参与节水型社会创建的新局面。

（六）落实水文化建设工作责任

水利部《水文化建设规划纲要（2011—2020）》为水文化建设发展制定了行动纲领，所以，在水利工作实际中，要进一步加重水文化建设的砝码，将节水、用水、监督、环境补偿等水文化建设绩效评估体系纳入各级水利工作考核指标体系中，建立完善的层级目标责任制，实行问责制、"一票否决"制，使水文化建设由"软约束"变成"硬杠杠"。

同时，《水文化建设规划纲要（2011—2020）》要求，"要大力表彰在水文化建设中业绩突出的先进单位和在人文社科、文学艺术、新闻出版、广播影视等领域做出突出贡献的水文化工作者"。因此，水文化建设中可采取树立典型，表彰先进，利用奖惩制度的方式，对节约用水进行经济奖励，对超计划用水进行经济处罚，以激励机制促进高效用水、管水，使水文化建设真正成为生态文明建设的助推器。

第五节　中西水文化比较

人与自然休戚与共，水在人类社会发展中居特殊地位，起重要作用。可以说，不同地区和民族在水的影响和塑造下，所彰显的文化特质各有不同，比如中国文化的主基调是"大河—农耕文明"，西方文化的主基调是"海洋—工商文明"，正所谓：一方水土养一方人，一方水土孕育一方文化。

一、中华文化的形成离不开江河的赐予

（一）黄河、长江等大江大河是孕育中华文化的摇篮

考古学成果证实，在北起内蒙古、黑龙江，南至广东、云南、台湾，西达新疆、西藏，东至山东、浙江的区域内，出现了红山文化、三星堆文化、曲贡文化、龙山文化、良渚文化、河姆渡文化、大汶口文化、仰韶文化、马家窑文化等数量众多的新石器文明。如果在地图上将这些文明遗址标记出来，就会发现这些古老的文明大多分布在江河纵横的河谷地带和冲积平原上。从辽河流域到海河、黄河、淮河流域，再到

长江、珠江流域，都有星星点点的文明火种在燃烧。特别是黄河流域，由于远古时代温暖湿润的气候和厚重疏松的黄土，为中华先民繁衍生息和文化创造提供了得天独厚的条件，有"中华民族和文明摇篮"的盛誉。

黄河文明影响深远，犹如太阳把光芒照射到四方，不但周边地区"近水楼台先得月"，而且翻山越岭，漂洋过海，泽被世界各地。中国离不开黄河，黄河也与中华民族、中华文明、东亚文明乃至世界文明的进步有着紧密联系。

黄河是中华文明的摇篮，但黄河流域并不是中华文化的唯一发源地。在春秋战国时期，分别位于黄河、长江、淮河、海河等流域的三晋、齐鲁、燕赵、三秦、荆楚、吴越六大文化区，在秦汉以后融合为汉文化，之后经过民族交汇融合和漫长的历史发展，终于奠定了庞博深邃、包容开放的中华民族文化体系。[①] 这一体系的形成，离不开大规模治水活动的生动实践。

（二）大规模治水活动促成了中华文明的"早熟"

水滋养、塑造了文明，同时也牵制着文明，给中华大地上的民族带来了生存考验。因为我们的河流并不总是以慈善的面目出现在我们面前，有时候还会相当的暴虐和狰狞。因此，与江河洪水作斗争的治水活动成为几千年来中国历史政治的永恒主题，中华文明的孕育和形成与治理江河水患有着密不可分的关联，为中华文化的"早熟"贡献了重要力量。

据考证，公元前 2000 年左右是一段特别的历史时期，它是全球地

---

① 冯天瑜等：《中华文化史》，上海人民出版社 1990 年版，第 34—37 页。

质历史上的一个多雨期。诺亚方舟的传说，女娲补天、大禹治水的故事，都说明了这一时期人类生存环境的恶劣。与其他文明选择回避、等待不同，古老的中华文明选择的是直接挑战。大规模的洪水治理实践催化形成了中国奴隶制国家，并且对一直延续4000多年的君主专制政体的形成和发展起到了不容忽视的重要作用。

善治国者必先治水。历代王朝的统治者向来将单纯技术问题的"治水"作为重大的政治问题来对待。如春秋时的齐相管仲就说过这样的话：善为国者，必先除水旱之害。纵观中国数千年的历史，那些有作为的君主、官员，无不把兴修水利作为施政的要务。中国自秦汉以来基本沿袭中央集权的政治体制。历代王朝一向把治水活动视为治国安邦的要务，并由中央政府主持每一次的大规模治水活动，举全国之力，组织实施庞大的水利工程建设。

大规模的江河治理开发活动，对中华文化性格的塑造产生了巨大影响：一方面，大规模治水活动需要统一的认识与行动，动用全社会的财富和力量，因而必然会在实施中强化中央集权和政府权威。另一方面，治水活动离不开政府的权威领导和有力组织，这种国人"集体无意识"的集权意识逐渐深化强化，对中国社会政治制度和人们的文化心理以及生活方式产生了深远影响。

（三）持续不断的治水实践对中华民族独特文化性格的形成产生巨大影响

中华民族在治水过程中不仅创造了伟大的物质文明，产生了大量的便于防洪、灌溉和航运的古代水利工程，也创造了伟大的精神文明，留下了浩如烟海的水管理制度和水利文献，铸就了中华民族坚忍不拔、天下为公的精神品质，中华文化性格，因而独具特色①：

一是安土重迁。中华民族安土重迁习性的逐渐养成，离不开中华民族以农耕为主的生产生活方式，离不开中华民族在这一生产生活方式中对土地产生的浓厚情感和深深依恋。中国人一向反对侵略和穷兵黩武，并自豪于耕读传家，中国人这种固土重迁的观念不仅体现在追求安宁稳定的生活上，还体现在对边疆少数民族多采取"和亲"政策，对他们的进攻以防范为主。

二是安分务实。在与土地打交道的过程中，长期的治水实践让中华民族发现了天道酬勤，一分耕耘一分收获的真理，并形成了"重实际而黜玄想"的民族性格。表现在观念上，推崇"信言不美，美言不信"而"不语怪乱力神"；表现在行为上，"君子敏于行而讷于言"，实用为主，重内容而轻形式，脚踏实地；表现在思维方法上，注重切实领会；表现在科学技术上，注重积累和总结经验，形成的科技成果多为经验技术性，如数学的《周髀算经》，中医的"望闻问切"四诊法等。正是这种务实精神以及由此生发的非宗教理性，使得中华科技在 15 世纪以前一直领先于世界科技，并由此创造了世界上最辉煌的古代文化。

三是处事中庸。"中庸"作为中华民族的文化性格之一，其思想的形成与治水斗争的实践有着直接关系。农业型自然经济条件下的平和心态和人格理想正是中庸之道的体现。但到了思想家与政治家那里，中庸之道又演化成为一种将社会矛盾调节至中和状态的政治思想方法。在政治上，中庸之道是杀富济贫，不患寡而患不均；在文化上，中庸之道则能求同存异，包罗万象；在为人处事上，中庸之道则是不卑不亢，入情入

---

① 靳怀堾：《中华文化与水》（上卷），长江出版社 2005 年版，第 41—43 页。

理；在对自然的态度上，中庸之道又主张要顺应自然规律，"天人合一"。

四是重农抑商。中国自古以来对农业有着极深厚而特殊的感情，甚至以农业立国。在历代经典文献中，几近倡导以农为本、以工商为末，特别在中国古代诗文中常吟咏的理想生活方式就是农家"男耕女织"的田园生活。历代统治者也将农业视为定国安邦之本，并抑制工商行业发展。直到现代，许多人头脑中的农本商末思想仍根深蒂固。

集权主义与民本思想相反相成。中国集权主义和专制政体的建立，与中华农业社会强调社会安定密切相关，也离不开为有效抵御游牧民族侵袭和防治水旱等自然灾害，必须建立富有权威、强大统一的帝国作为保障的思想影响。在中国历史上，"君权神授""君为臣纲"一度被视为"天理"，原因就在于多数政治家和思想家都有着不同程度的尊君倾向。在这种集权的政治体制下，朝廷和君王牢牢掌握着军政财文及思想大权，这正是马克思所说的"亚细亚生产方式"土壤中生长出来的"东方专制主义"。与集权制相伴相生的民本思想则是重农主义的产物。农民安居乐业是农业社会存在的前提，再强大的王朝也难逃因民不聊生逼得人民揭竿而起，进而土崩瓦解的命运。王朝的更替使有识之士充分看到强大的人民力量，因而得出了民本主义命题如"载舟亦覆舟""民为贵，君为轻"以及民为邦本等，并由此派生出"王道""仁政"学说。君主专制主义与民本主义作为矛盾统一体，共同成为中华农业社会政治思想的主体，而中国政治的理想境界正是"明君顺民"。

水和治水活动以其与人类生存和发展的密切关系，在稳定社会政治及发展经济文化中发挥着重要作用。再加上其自身具有重要的文化意义和价值，能够在更高的层次、更广的范围上参与创造中华文明。所以，从根本上说，古老的中华文明离不开江河的赐予，是"大河"文明的产物。

二、西方文化的形成离不开大海的厚爱

（一）蓝色海洋的恩赐

产生西方文化的水环境与产生中华文化的水环境有着较大的差异，其中最根本的区别在于海陆关系的变化——中华文明根植于江河纵横的大陆，西方文化则诞生于蔚蓝的大海，是海洋文明的产物。

西方文明最初的舞台在欧洲。欧洲大陆只有一面（东面）与亚洲接壤，另外三面（西面、南面和北面）则与大海相连，海岸线长达 3.8 万公里，平均每 260 平方公里就有 1 公里海岸。此外，在欧洲大陆的边缘，大大小小的岛屿星罗棋布，面积加起来占到了整个欧洲的 34%。其中，作为西方文化起源的古希腊罗马文明更与海洋有着千丝万缕的关系。

古希腊罗马文明的中心位于地中海地区——这一地区主要由狭长的半岛和沿海的岛屿组成，海岸线曲折。被称为"上帝遗忘在人间的脚盆"的地中海属于陆间海，处于欧、亚、非大陆之间。簇拥地中海的陆地丘陵遍布、森林茂密，但土地贫薄，农作物难以生长。但其地港湾纵横、陆海交错，直布罗陀海峡又隔开了大西洋的汹涌狂涛，故海面平静温和、潮差不大，可谓波平浪静，无疑创造了得天独厚的地理条件使地中海人得以航海并从事商贸活动。地中海上岛屿星罗棋布，半岛众多，岸线曲折，天然良港无数。"地中海是这样一个海，在这里用帆可能一连几天不能行驶，而用橹桨却很容易渡过平静的水域。"[①] 从上述诸方面看，上帝格外垂青地中海沿岸民族。地中海人的海上贸易和航海业

---

① 靳怀堾：《中华海洋文化探究》，《三峡论坛（三峡文学·理论版）》2013 年第 4 期。

也正是在这种地理条件下得以快速发展，并且形成一种向外拓展的文化类型。

地中海沿岸是人类文明的曙光最早升起的地区之一，在它的周围有安纳托利亚和约旦河畔最早的城市，有古老的埃及王朝、亚述帝国、赫梯帝国，早期的克里特—迈锡尼文化以及稍后的古希腊、罗马帝国，犹太教、基督教以及伊斯兰文化的圣地耶路撒冷……与它们交往频繁的还有相邻的美索不达米亚—巴比伦文明和波斯帝国。"可以说，人类上古文明的精华一半以上都诞生在地中海的怀抱。"① 地中海为这些民族提供了商业贸易、征伐、掠夺最便捷的通道和最广阔的战场，铸就了希腊人开放进取、崇力尚争的开放型文化性格，形成了鲜明的文化基因。

（二）工商业文明的媒介

受地域有限且多山的条件限制，西方文明的发源地克里特岛及希腊半岛的农业难以满足不断繁衍增多的人口需要，因此借助海洋，向外迁移和贸易、征伐、掠夺成为谋求生存发展的重要选择。从新石器时代开始，爱琴海诸岛的居民就与地中海沿岸的埃及、安纳托利亚等地区建立了海上联系。随着手工业的发展和航海技术的进步，这种联系更加紧密，他们甚至在埃及沿岸、亚细亚、腓尼基及塞浦路斯建立了商业基地。而位于希腊南端的克里特人，则建成了一个以工商业为主的国家，以商业和航海作为国家的经济支柱，拥有发达的城市经济。

以海洋为媒介，随着工商业文明的发展，文化的开放程度也进一步扩大。克里特—迈锡尼文明时代出土的文物显示，他们所使用的线形、

---

① 靳怀堾:《中华文化与水》（上卷），长江出版社 2005 年版，第 174 页。

象形文字和字母文字中，有埃及文字和腓尼基字母的痕迹。尽管这一文明遭到了毁灭性的打击，但是他们创造的经济模型和播撒的文明种子却在继之兴起的希腊—罗马文明中开花结果。橄榄油、葡萄酒的酿造，制陶业、纺织业的兴起，以及不断通过海上贸易和殖民侵略向外开拓和发展，这些希腊式的经济结构正是早期爱琴海文明的继承和发展。虽然后期的希腊工业述评和规模未超过克里特时代，但它的海外贸易和海上掠夺的触角却伸到了更远的地区，希腊人建立的商业据点不仅遍布地中海周围的大部分地区，而且还发展到了整个黑海沿岸。到马其顿王国称霸地中海世界的希腊化时期，希腊人的统治范围进一步扩大，涵盖了西亚、中亚和包括埃及在内的非洲东北部的广大地区。贸易范围也进一步扩大：希腊对东非、阿拉伯、中亚和印度的商业贸易出现了大发展，甚至与遥远的中国也有了商业贸易往来。

当然，并非所有城市都是"小国寡民"，也有一些"大块头"，最出名的当属亚历山大里亚，它拥有近百万人口，城市设施完善，工商业发达，也是当时世界上最壮观和最富有文化气息的城市。它的出现标志着希腊工商业文明已达到了鼎盛时期。继起的罗马帝国不仅全面继承了希腊文明的经济模式，而且进一步将其扩散到了欧洲大陆中西部的广大地区和不列颠群岛，奠定了近代西方工商业文明崛起的坚实基础。

（三）在西方工商业文明的发展中形成了别具一格的西方文化性格[①]

波涛诡谲的大海给古希腊人带来了强烈的生存忧患，一方面引起人

---

① 徐行言：《中西文化比较》，北京大学出版社 2014 年版，第 165—167 页；徐波：《中西文化基本精神之比较》，《重庆科技学院学报（社会科学版）》2010 年第 3 期。

们对自然神秘力量的畏惧与膜拜，另一方面也激发了他们征服和驾驭大海的雄心壮志。而要驾驭大海，首先就得了解大海，掌握包括大海在内很多自然界的规律，因此崇尚知识、热爱智慧成为希腊人乃至整个西方民族的共同价值取向。

——注重科学精神。突出表现为：一是强调理性精神，将思想凌驾于信仰至上，将逻辑和科学凌驾于迷信之上。二是强调试验和实证研究，西方人认为"不经过经验鉴定的学问，那些无论在开头、中间或者末尾都不通过任何感官的学问，都是虚妄无实、充满错误的"。① 三是具有怀疑精神，敢于用怀疑的眼光去审视旧有的一切观念和成就，甚至包括自己都可以怀疑。

——注重契约精神。在海洋贸易中，初期商品的交换对象是熟人，商品交换是通过不同商品的所有者之间协商认定交换比例，进而实现互相交换其产品的过程。在市场拓展初期，商品的交换对象更多是陌生人。陌生人之间的物品交换行为的完成，必须建立在双方达成共识的基础上，而这个共识就是对协商、所有权的认定、守约，即契约精神。这一交往过程相较于停滞的农耕文明，具有无限的带动性和扩展性。它产生了利润，使参与交换的各主体都能获益。一旦成为地中海沿岸乃至西欧各国文明的主流，就推动了各地区借助优势来进行分工，生产市场所需产品，催生出公平交易的制度文明；继而加快了人类治理结构由血缘政治（宗法制）向地缘政治（社区治理）的转变，进为建立起以地区自治为基础的古希腊城邦国家、罗马共和国及其协商民主制度奠定坚实基础，根据本国法律规范享有权利和承担义务的公民与自由民也就应运

---

① 刘亚敏：《学术自由概念的诞生与初步发展》，《国家教育行政学院学报》2008 年第 6 期。

而生。

——兼容开放。海洋的相连相通，孕育了西方人兼容开放的性格特征。欧洲人不仅善于从邻人文化中汲取营养，也善于向东方寻求智慧。他们注重积极向外开拓，在对外扩张和海外殖民过程中，西方的文化观念和生活方式流布甚广。他们不安于现状，喜欢求变创新，不太注重稳定的常态和传统价值的维系，与中国传统文化的崇古守常形成了鲜明对比。

——崇力尚争。以工商业和海洋贸易为经济基础的西方文化，鼓励人们积极追求正当利益和个人利益。海洋的波诡善变的环境、利己主义原则以及缺乏永久依赖的家族的支撑，这些外在的不利因素培育了西方人强烈的冒险精神和竞争意识。"欧洲是相邻的人们之间你死我活的拼杀，法国和英国的竞争，法国和奥地利的竞争，奥格斯堡大会战，西班牙战争……协议只是短暂的间歇，和平也只是一种怀念，民力耗尽了而战争还在继续。"[1]

三、中西物质水文化比较

物质水文化是一种有形可视、可触的客观存在，是人们水观念的外在具体表现形式，是人类创造的与水相关的物质成果，主要包括经过人工打造的水工程、水工具等。下面以水工程为例，可以进一步探讨中西物质水文化方面的差异。

---

[1] 阿萨尔：《欧洲意识危机》，载葛雷、齐彦芬：《西方文化概论》，中国文化书院1987年版，第213页。

（一）堤岸工程：荷兰拦海大坝与中国都江堰的比较

在历史上，荷兰人民深受北海之苦，海水内侵使千里沃野变成泽国。面对大自然的肆虐，荷兰人民修筑堤防并形成一整套防水系统，进而通过围海造陆以实现国土资源的开拓。13世纪以来，荷兰通过围海造田，共修建与围垦了几乎相当于荷兰今天陆地面积1/5的拦海大堤（总长达2400公里）与土地（7100多平方公里）。荷兰拦海大坝是人类征服自然、控制自然的杰作。它凸显人的力量，通过对自然的征服和改造，以求得自身更好的经济发展和社会进步。

与荷兰的拦海工程不同，中国的都江堰在改造自然方面却展现出别样的思路。都江堰建造于战国时期，由分水鱼嘴、飞沙堰、宝瓶口等部分组成，是世界文化遗产之一，也是当代中国现存最古老的水利工程之一，至今灌区已达30余县市，面积近千万亩，使成都平原成为沃野千里的"天府之国"。渠首三大主体工程——鱼嘴、飞沙堰、宝瓶口的设置，巧妙地利用了"凹岸取水"原理，以"鱼嘴"四六分水，并利用河流弯道"凸岸排沙"的水流姿态，筑"飞沙堰"泄洪排沙；凿"宝瓶口"限洪饮水。三大工程相辅相成，浑然一体。显示出人适应自然的水平，演绎出"道法自然、适度干预、生态平衡、人水和谐的模式"。[①]

（二）运河工程：法国米迪运河与中国京杭大运河

1666年，法国国王路易十四授权皮埃尔·保罗·德里凯（Pierr—Paul Riquet，1604—1680），率领1200名劳动力（内有600名妇女），

---

① 刘冠美：《中外水文化比较》，中国水利水电出版社2015年版，第90页。

历时 15 载，修通了从地中海边的吉伯诺到图卢兹，接上加龙河的米迪运河，使法国南部地中海边与大西洋边之间的贸易多了一条水路，从而避开直布罗陀海峡，避开西班牙海盗和国王的船队，在政治和经济上产生了巨大的效益。运河包括两段原有的小段河道和几条小支流，总长360 公里。1996 年米迪运河河道列入《世界遗产名录》。从入选原因来看，主要的一点在于运河本身的水利工程性质和技术特色，它代表着内陆水运技术在工业社会发展到新水平。

京杭大运河是世界上工程最大、里程最长的古代运河，是中国古代劳动人民创造并使用至今的，与长城、坎儿井并称的中国古代伟大工程之一。大运河全长约 1797 公里，南起余杭（今杭州），北至涿郡（今北京），贯通海河、黄河、淮河、长江、钱塘江五大水系，途经今浙江、江苏、山东、河北四省及天津、北京两市。京杭大运河加快南北经济的交流，促进国家的统一和稳定。为了满足实际生产使用，在运河边建有会馆、码头、河埠、船闸、桥梁及漕运衙门等各式建筑。同时，也产生了许多与生产相关的大运河号子等艺术形式，孕育了数量众多的文学作品，如《杜十娘怒沉百宝箱》就是以京杭大运河为背景。宋词"今宵酒醒何处？杨柳岸晓风残月"记录的情形与运河舟船旅行有密不可分的关系，可以说，京杭大运河是文化的瑰宝和集萃，它承载的功能价值、历史价值、审美价值等比欧美运河要丰富得多。

（三）湖泊工程：奥地利菲尔特湖与杭州西湖

新锡德尔湖面积 323 平方公里，湖面海拔 113 米，平均水深 1.5 米，是欧洲内陆最大的平原湖。湖位于多瑙河中游平原西部，匈牙利名"费尔特湖"，横跨奥地利和匈牙利两个国家，是奥地利东部和匈牙利西北部之间的湖泊。2001 年，新锡德尔湖和沿湖地区历史悠久的城镇与乡村建筑而形成独特的文化景观，作为文化遗产列入《世界遗产名录》。

　　世界遗产委员会这样描述它：八千年以来，新锡德尔湖与费尔特湖地区一直是多种文化的汇集地，既是其景观风格迥异的使然，也是人类活动和自然环境相互作用的结果。湖区周围乡村建筑奇异，还有几座 18 和 19 世纪的宫殿为当地增添了浓厚的文化色彩。此外，尽管新锡德尔湖是受保护的野生动物栖息地，但整个湖泊所在的地区，尤其是奥地利境内的水域吸引了大批的游客到此游玩。自然的生态环境给人们带来无尽的享受，人们在湖边运动、休闲，享受大自然的乐趣。夏季，他们在此进行游泳、帆船、风帆等运动，而冬季则开展溜冰及冰上划艇运动，一年四季游客不断。自 1957 年一个叫赫伯特·埃尔森的人发起创立"湖上音乐节"后，夏季一到，仅有 2300 多人的小镇便迎接着从世界各地慕名而来参加晚间湖上音乐会的游客，观看轻歌剧演出的观众人数仅在一天晚上就超过了两万人。可以说，新锡德尔湖的美是"视觉"和"听觉"之美，是一场视听盛宴。

　　与奥地利菲尔特湖不同，西湖的美则是一种全方位的立体之美。

　　西湖三面环山，面积约 6.39 平方千米，东西宽约 2.8 千米，南北长约 3.2 千米，绕湖一周近 15 千米，是中国现今唯一一个列于《世界遗产名录》中的湖泊类文化遗产。湖中被孤山、白堤、苏堤、杨公堤分隔，夕照山的雷峰塔与宝石山的保俶塔隔湖相映，由此形成了"一山、二塔、三岛、三堤、五湖"的基本格局。因此，西湖文化景观构成"两堤三岛"的景观格局、"西湖十景"题名景观。西湖展现了自南宋以来讲求"诗情画意"的东方景观设计艺术风格，是在深厚的中国造园艺术与技巧、古典文学、绘画美学传统背景下，历代文化精英秉承"天人合一"哲理所创造出的"中国山水美学"景观设计的最经典作品。

西湖是人与自然长期良性互动的产物，既是自然湖也是人文湖。"西湖本质上是一个不断演进、始终活着的自然文化形态。它的自然美折射出中国传统哲学、美学、人文、建筑等诸多文化理念，而它的人文美则渗透了许多自然的、物候的意象。"① 可以说，西湖是东方审美体系中最具经典性的文化景观，更是历史上最能体现中国传统文化核心价值的审美实体。西湖的唯一性、独特性，是一种自然加人文全方位的美，堪称自然美与人文美完美结合的典范。

四、中西精神形态水文化比较

精神文化是人类各种意识观念形态的集合，是一种人类所特有的产生于物质文化基础生产上的意识形态。在人类文明史上，水从来不仅仅是自然物质，它与人类的精神生活密切相关并产生重要影响，涉及哲学、文学、艺术、宗教、诗歌、民俗等诸多领域，内容丰富多彩。与水的物质形态相比，精神形态水文化是水文化最核心的部分。下面以中西哲学、诗歌、音乐为例，以管窥这些领域展示出来的中西水文化之别。

（一）中西哲学中的水文化诠释

"水"是中西文化中常见的本体，是一个可以类比的符号。"中西文化认识世界的独特思维方式"② 就反映在：在中国，儒家以"水"比"德"，道家以"水"喻"道"，佛教以"水"观"佛"；而在西方，基督教则以"水"

---

① 王国平：《西湖成功列入世界遗产名录》，《现代城市》2011 年第 3 期。
② 唐秀梅：《从一滴水看世界》，《求索》2003 年第 3 期。

见"圣"。

道家老子以水喻道:"道冲,而用之或不盈。渊兮似万物之宗。"(《老子·四章》)道虚空无形,但如同含容万有、深广难测的大水一般生养万物。庄子也以水来述"道":"夫道,覆载万物者也,洋洋乎大哉!"(《庄子·天地》)又说"道","注焉而不满,酌焉而不竭"。(《庄子·齐物论》)在庄子看来,道广大、渊博、无限和绝对。"道"正好相通于形而下的事物法,将它用于社会人事,就演化为与世无争、谦卑、宽容、无私,并达到"无为而无不为"效果的处世哲学。在老子看来,治理国家要像水一样同甘处下流,方能立于不败之地。个人处事,要像水一样不争、处下和虚怀若谷,就会受益无穷。可以说,这种思想观念对中国人的文化心理产生了很大的影响。

水同样影响着儒家的哲学思考,但主要是以一种"比附"(比物取象)的方式来说明水与儒家的思想关系,其实表现为其对伦理道德的感悟。孔子十分喜水,在《孟子》一书中有言孔子"亟称于水,曰'水哉,水哉!'""智者乐水,仁者乐山"是孔子传之后世的两句名言。孔子由水感悟哲学:"逝者如斯夫,不舍昼夜。"物质运动犹如流水,自然社会等一切都在变化。这种朴素的认识一直深深影响着中国哲学。孔子之后,后世儒家系统阐述孔子具有道德哲学的水观念,以水性比附人格道德,即"夫水者,君子比德焉"。后世大量的儒家经典在阐述和发挥孔子"智者乐水"、以水"比德"的观点大同小异。如董仲舒的《山川颂》集大成地阐发了儒家水的道德观,将水的自然特点同儒家抽象的"力""武""平""勇""察""知(智)""德""知命""善化"等道德概念进行比附,将儒家的"德水"观念被推向了新高度。

"水"在佛教文化中,象征着参悟佛理禅机的背景条件。唐朝末期隐居于浙东天台山的寒山子的《水清》一诗云："水清澄澄莹，彻底自然见。心中无一事，水清众兽现。心若不妄起，永劫无改变。若能如是知，是知无背面。""水清"，比喻心源空寂澄明，无染无著。"迷"与"悟"仅隔一层纸，参悟了真谛便豁然开朗。然而，参禅自悟是一种既非感性认识又非理性认识的直觉体验。它不能用语言阐述或逻辑推理证明，也不可居于客体之外进行思考与解释，只能深入其境与之合二为一，进行"以物观物"的亲自体验。正如英国诗人济慈所讲的，诗人独具"天然接受力"这一特质。换言之，诗人之所以能够以一种空灵的心境直觉顿悟真理的奥秘，是因为他们只考虑美感，禁得起迷惑与不安而不急于辨明道理。①

在西方的基督教文化中，"水"是生命之道的象征，上帝要将"生命的泉水"赐予世人，信徒也借着"水"的洗礼，不但与基督联合，归入他的受死，埋葬和复活，使其一举一动有新生的样式；也与圣父并圣灵联合，就像基督借着圣父的荣耀，从死里复活一样。

（二）中西艺术中的水意象比较

音乐是反映人类现实生活情感的一种艺术。优美的音乐能够抒发我们的情感，净化我们的心灵，释放我们的情怀。音乐的这种功能与水的功能极其相似，因此东西方音乐中"水"构成了一种重要的意象要素。

据刘冠美《中外水文化比较》研究，在西方音乐中，涉及水意象的音乐主要有：贝多芬的《第六交响曲》、斯美塔那的《伏尔塔瓦河》、小约翰·施特劳斯的《蓝色多瑙河》、舒曼的《莱茵》、柴可夫斯基的《六

---

① 唐秀梅：《从一滴水看世界》，《求索》2003 年第 3 期。

月·船歌》、门德尔松的《芬加尔洞穴序曲》、拉赫玛尼诺夫的《第二钢琴协奏曲》、德彪西的《大海》、柴可夫斯基的《暴风雨幻想曲》、瓦格纳的《漂泊的荷兰人》、科萨科夫的《大海与辛巴达的航船》等。我国的古典音乐中涉及水意象的主要有古琴曲《流水》《春江花月夜》《渔舟唱晚》《二泉映月》等。西方音乐中"河流与大海"的意象并存,而我国古典音乐中涉及的则更多的是"河流"意象。

东西方涉水音乐在表现手法上也有所不同,东方涉水音乐展示的是"深邃",在音乐中展示出来的感悟、情韵与意境,沉淀着华夏古老国度特有的民族情感和民族气质,体现着"天人合一"和"尚和"的审美理念,或给人以愉悦,或给人以慰藉,或给人以沉思,通过空灵的境界,使听众涤荡心灵,豁然开朗。如《流水》第一部分自由的旋律让人仿佛一下置身于潺潺流水的深山之中;第二部分细流冲破顽石,富有跳跃性,空谷流泉,惟妙惟肖;第三部分描摹涓涓细流汇成长河,一泻千里;第四部分水流汹涌澎湃,描写了水流的湍急;第五部分是冲破大浪,从容不迫,回归大海。在这首曲子里,水不再是单纯的物质,它仿佛拥有了生命,具有了百折不挠的人格魅力。在西方音乐中,展示的是"强度",追求紧凑厚实,使听众身心受到冲击,追求"旋律在线形游动时所作的抑扬起伏、强弱虚实、高低快慢等方面的变化所生的节律感,努力追求单纯婉曲、深邃渺远的富有韵律感的音响效果"。① 如柴可夫斯基的《六月·船歌》全曲旋律缓慢,由弱位起,力度逐渐强化。

在带给观众的冲击上面,西方音乐注重听众的直观感受,而东方音乐则更为婉转。如在《春江花月夜》中,作者设置模仿江水流动的音乐,

---

① 刘承华:《中西音乐美感特征的比较》,《中西音乐》1994年第2期。

而是用古筝乐器营造出一种美妙的意境，让人置身其中，细细品味，别有一番感受。这是一种柔顺的和谐之美，更加注重听众自我的感觉，是一种弦外之音，言外之意。而《蓝色多瑙河》则用六部分小圆舞曲的形式表现了对和平美好生活热切追求的信念、对故乡无限眷恋的痴情和不可遏制的、撼人心魄的生命冲动，率直而充实，可谓爱憎分明。

从音乐思维而言，西方的涉水音乐可以视为逻辑思维，环环相扣，引人入胜。而中国的涉水古典音乐则可以视为整体思维，在自然状态下渐变延伸，形成不可分割的音乐整体。可以说"西方音乐重技巧与娱乐，追求形象的真实和音响的强度与厚度，与中国音乐侧重情味、线条、追求韵味的深邃和音响的圆转无穷大相径庭"。①

---

① 刘燕：《中西音乐和谐审美观之比较》，《贵州民族学院学报》2012年第3期。

第六节　水文化学学科构建

水文化概念自 20 世纪 80 年代后期提出，历经 30 多年的发展，水文化研究在水文化的概念、内涵，研究范围、研究意义、研究重点、研究方法，水文化分类、水文化的功能等基本问题等方面，研究成果颇丰成果。

研究表明，水文化是一个既有综合性又有独立性的研究领域，与很多学科有着交叉和联系，随着研究的深入和实践的发展，需要研究的对象与需要进一步深化研究的理论问题不断增多。然而，对"为什么需要水文化学、什么是水文化学、怎样建设水文化学"的水文化学科理论的建构滞后于水文化理论研究与实践探索。从整体上看，学术界对水文化理论的认识尚处在初级阶段，这与社会主义先进文化建设和弘扬中华优秀传统文化的要求相距甚远，构建具有中国特色的水文化发展理论框架体系是当前急需解决的首要问题，从而才能勾勒出中国水文化发展理论体系的基本框架，促进"水文化学"学科的建立，并为中国水文化发展繁荣提供理论依据和决策咨询。因此，加强对水文化学科的理论研究不仅关乎水文化研究的内生动力，而且还有利于传承弘扬中华优秀传统文化，具有重要的学术价值和现实意义。

一、水文化学学科建设的实然与应然

实然与应然属于马克思主义认识论范畴，是对人类社会历史的起源、本质、规律、过程的揭示，包含以对理想社会状态的价值判断为指导，并体认人类社会演变发展的理想状态。① 简而言之，实然是当下现存实有的，已经实际存在的。而应然是尚未发生的，是人们追求的未来。正是出于这样的理解，水文化学科建设的实然是指水文化实际上是什么和实际怎样，是水文化学的基础和前提。与实然相对应，水文化学科建设应然就是指水文化应当是什么以及应当怎样，是对水文化建设的遵从。从实践经验上升为系统化的水文化学说，不可能一蹴而就，需要有一个累积的过程。因此，从中国实践、中国经验上升和提炼为系统化的中国水文化学理论，也需要有一个漫长的过程。从水文化研究历程来看，从1988年水文化提出至今，用了30多年时间才初步上说清了水文化的基本问题，包括基本概念、内涵外延、功能作用、研究对象等问题。因此，随着文化强国战略实施和水文化研究的推进，确立中国自己的水文化学正当其时。而构建中国水文化学的系统化理论，更需要的是提炼和总结中国发展经验，进而将其上升为"系统化的水文化学说"。

（一）中华民族创造的丰富水文化是构建水文化学的前提

中华文明是典型的"大河—农耕文明"，由于水和水利是农业的命脉，其文明的孕育与形成和发展与水关系密切。这里仅举两个例子。

其一，水滋养哺育了中国古代哲学。中华思想文化的奠基时期就是

---

① 姚军毅：《历史：实然、必然与应然——历史观与价值观关系探析》，《南昌大学学报（社会科学版）》1995年第1期。

百家争鸣的先秦时代。孔子、孟子、荀子、老子、庄子、墨子、孙子等这些在中华文化史上的巨擘，都是涌现于这个特殊的时代。值得一提的是，先秦诸子们常在水边思考问题，并从水中获得奇思妙想。《管子》指出："水者，何也，万物之本原，诸生之宗室也。"将水视为"万物的本源"。孔子站在河边望着滔滔流逝的河水发出"逝者如斯夫，不舍昼夜！"的深沉感慨。又云："知者乐水，仁者乐山。"孔夫子乐水，乐在水具有赏心悦目的审美情趣和洁净身心的作用，还乐在水堪与君子"比德"——"智者达于事理而周流无滞，有似于水，故乐水"（朱熹《四书集注》）。老子从哲学层面对水进行审视，以水之"柔弱"悟出以柔克刚，认为水充满着"上善若水，水利万物而不争，处众人之所恶，故几于道。"的人性色彩，这正是"道"的境界。"天下莫柔弱于水，而攻坚强者莫之能胜，以其无以易之。""天下之至柔，驰骋天下之至坚。"老子之道教会了许多人何以立身处世。

其二，治水活动对中华文明的肇始和创造产生了广泛而深刻的影响。中华民族是以农业立国的文明古国，而水利又是农业的命脉。从一定意义上说，中华民族悠久的文明史就是一部兴水利、除水患的历史，是中华民族与水旱灾害斗争而不断前进的历史。一位外国学者曾说："称中国为河川之国，其意义不仅在于它有众多的河流，而且在于因为对河川进行了治理而极大地影响了它的历史。"善治国者必先治水。历代王朝的统治者，从来不把"治水"作为技术问题，而是作为重大的政治问题来对待。那些有作为的君主、官员，无不把兴修水利作为施政的要务。秦汉以降，历代王朝无不把治水活动作为治国安邦的要务。如汉武帝指挥黄河瓠子堵口会战，隋炀帝主持开凿南北大运河，清康熙皇帝把"治河、漕运"作为执政要务，等等，都说明治水在国家治理中的极端重要性。

中华民族创造丰富厚重的水文化，是构建水文化学的基本前提和逻辑选择。

（二）我国已具备构建水文化学理论体系的现实基础和能力

首先，从 30 多年来的水文化研究成果来看，我国水文化研究在水文化的内涵与外延、功能与作用、水历史、水哲学、水文学、水艺术、水崇拜、水工程文化、水文化遗产、水文化教育与传播等方面取得了丰硕成果。其次，自水利部在 2011 年颁布《水文化建设规划纲要（2011—2020 年)》以来，学术界对我国水文化关注度和水文化研究深度空前，从而掀起新一轮的"水文化热"。水文化在实现中华民族伟大复兴的伟大历史征程中应当也有能力取得更大的"话语权"。为此，构建水文化学"不仅有可能，而且完全有必要，完全应该"。水文化学理论体系的确立能够为发展中国家提供发展借鉴，能够为世界贡献更多的中国智慧。

（三）构建中国水文化学理论体系是传承中华传统文化的内在诉求

水文化作为中华文化的重要组成部分，需要传承与创新，需要总结、提炼和升华，从而构建出自己独特的"理论体系"。马克思说："理论在一个国家实现的程度，总是决定于理论满足这个国家的需要的程度。"中国水文化研究的社会地位不断提升，其建制化和体系化的快速发展，必然体现在水文化学的理论和思想上，将中华民族识水、用水、治水、管水、赏水、亲水等社会活动中创造出来的文化加以挖掘和整理，并进行升华。否则，水文化只停留在"碎片"状态或留在经验层面，而不能上升到理论高度，就不能具有强大的"生命力"，自然也不能很好地指导和引领水文化的实践。

（四）水利文化是构成水文化学的基本内核

水文化的本质是人水关系的文化。而在人水关系中，如何做到兴水之利、除水之害，使水更好地为人类的生存与发展提供资源、环境、生态、安全等方面的保障，是重中之重。水文化与水利文化是既有联系又有区别。以除害兴利为主要内容的水利文化在水文化体系中居主体地位。当然，绝不等于说水利文化就是水文化的全部，当然还有研究人水关系的其他方面，如水与文明、水与崇拜、水与哲学、水与审美、水与风俗、水与文学、水与艺术、水与战争、水与农业、水与工业、水与交通、水与体育以及节水、护水、亲水、咏水等全面进行多维度、多层面的研究，从而揭示水文化的起源、演变的历史、特征、规律等。

二、水文化学的研究定位和研究方法

水文化作为人类与水相互关系中产生的文化，体现了人与水的关系状态，它是以水为纽带或者轴心的民族文化的文化集合体。水文化学就是一门研究水文化的存在及发展规律的科学。

（一）水文化学的研究定位

目前我国学术界从不同角度对水文化进行了分类。如刘星元在《浅议水文化分类结构大纲》一文中，将水文化分为水的自然文化、水的功能文化、水的利用文化、水的理念文化、水的环境文化、水的灾害文化、水的衍生文化七大类。① 靳怀堾在《中华文化与水》一书中，从水的具体表现形态将水文化分为江河文化、湖泊文化、海洋文化、泉文化、瀑布文化、雨文化、雪文化、茶文化、酒文化等种类。② 有学者还从物质形态方面对水文化进行了考察，如李雪松的《中国水资源制度研究》③、李宗新等的《中华水文化概论》④ 等。

应当说，作为文化学科的组成部分，水文化学还是一个新的成员。但是，从实质上看，水文化学的提出、研究的深化，并不是学术思维逻辑推演的结果，而是因应人类生存与发展对水资源、水环境、水生态、水安全、水审美等方面的总体需要，反映人与水和谐共处之现代追求的一种必然。更为重要的，水文化学作为一种特殊的文化现象与文化形态，它有着与人类共生共存的历史逻辑。

（1）水文化学一定是与水有密切关联的文化学。水是维系人类生存与发展的命脉，人类的生产生活须臾离不开水，当人类与水相互作用的过程积累起来各种各样的文化现象时，这些文化现象就是水文化。由于人与环境之间存在着多重互动关系，人与水的关系只是这些关系的一个方面，我们在界定水文化学时，一定要注意鉴别哪些属于水文化现象，哪些不属于水文化现象。简单地说，水文化学只是指人的生产生活与水有密切关联产生的文化并构成的学科。

（2）水文化学一定是指有深厚人文积淀的文化学。文化是人文化成

---

① 刘星原：《浅议水文化分类结构大纲》，《湖南水利水电》2005 年第 1 期。
② 靳怀堾：《中华文化与水》，长江出版社 2005 年版，第 107—246 页。
③ 李雪松：《中国水资源制度研究》，武汉大学出版社 2006 年版。
④ 李宗新等：《中华水文化概论》，黄河水利出版社 2008 年版。

的结果，它借助人类对环境的认识、改造和利用而加以表达。就水文化学而言，人类对自身所处水环境、水资源、水灾害的认识、改造和利用积累出丰富经验和成果，也积淀出深厚的文化内涵。我国的水文化实践源远流长，在不同时期都积累了丰硕的成果，这些成果也是整个水文化学的一个重要组成部分。

（3）水文化是人水发生关系产生积淀的文化。水文化学则能够表达和揭示出人水关系状态内在规律的学问。人类产生以前，水早就存在了，离开人及其活动，纯自然状态的水与文化是扯不上关系的。问题的实质就在于，水既有利的一面，比如饮用、舟楫、灌溉的恩赐；也有害的一面，比如洪水泛滥，淹没田园，伤人害稼。人类在与水打交道的过程，为了更好地繁衍生息，必须学会趋利避害，既与水相亲、相和，又与水旱灾害进行抗争，呈现出"亦友亦敌"的矛盾关系，并伴随着人类发展的全过程。人类正是在与水进行永无休止的周旋过程中，延续并创造着自己的历史文化的。人水关系就是这样产生、形成的，或由此而变化发展的。人水关系往往因人而变、因时而异、因地而别，呈现出不同的存在状态，甚至是错综复杂的局面。究其根本原因，就在于人与水"亦友亦敌"的矛盾关系是多维的、立体的。

所谓人水关系状态，就是指在不同历史时期和历史阶段，由于人与水互动的规模、质量、途径、特点的不同而导致不同的人水关系实际状况。影响人水关系状态的因素很多，概括而言，大致有以下几个方面：一是自然环境的水情变化对人类社会的影响；二是人类认识水、利用水、治理水的能力的提高；三是人类对水的生态完备性的认识和认同度。以上这些因素都会影响到人水关系的存在状态，并影响到人类水文化的形成、构建和发展。所以，水文化的建设状况实际上反映了人水关系的状态，在某种意义上其实就是人水关系状态的一种表征。从以上角度出发，我们可以把水文化学确定为人与水的关系状态及其文化积累的学科。在历史上会因为人与水关系的具体情况不同而生发出各种各样的文化积累，也就是说人与水的关系会表现出各种不同的文化状态。从历史发展的总趋势来看，人与水的关系是在矛盾中寻求和谐的过程。因此，水文化学最核心的内容是表现出一种对人水和谐的终极追求。

（二）水文化学的研究方法

水文化学是一门新兴的交叉学科，有独特的研究方法。运用理论研究、文献考察、实证调研、多学科综合研究相结合的方法，注意吸收哲学、地理学、考古学、生态学、水利学、图书情报学等学科的研究成果和方法，对历史上人类的水事实践活动、水人关系进行全面、科学、系统地研究。具体研究方法有：

综合研究法。水文化学是以水事活动及其人水关系为研究对象的学科。它以历史学为基础，利用历史学、社会学、人类学、地理学、生态学、环境学、水利学、文献学、考古学等多学科的理论和方法，进行综合性研究。同时，综合运用水利、环境、生态、经济、法律和哲学等多个学科研究方法和分析模式，组织人员进行跨学科联合攻关研究。

资料文献分析法。通过中国知网等电子资源库和综合类图书馆、阅览室等查阅水文化方面的历史典籍和近30多年来公开出版发表的相关论著，进行分析研究和借鉴使用。

田野调查法。如对古代水利工程、水工程遗迹、古代汲水工具、涉水宗教场所（如龙王庙、河神庙、海神庙等）等进行现场考察，就其文化内涵、历史价值等进行全面分析和总结，为课题研究提供线索及例证材料。

实地调研法。分别到水资源管理、环境保护、水政执法、水质监测、规划设计、工程建设、管理服务等涉水部门和有关研究单位，到城乡社区、各级各类学校、广播电视、新闻出版、文化场馆、自来水公司等，开展实地访谈调查，了解水情、民情、国情和节水、用水、护水等情况，获取第一手资料。

统计学方法。运用计算机数据处理技术和统计方法对水文化资源和水文化遗产归纳分析。

比较研究法。通过比较古今、中外水文化建设的主要做法及成败得失，总结经验教训。

定量与定性分析相结合。结合自然科学和人文科学的定量分析和定性分析结果，综合衡量水文化建设发展对人、水、自然相互关系的影响，提高分析的科学性、规范性。

专家咨询与对话交流。适时召开专家咨询和学术交流会，拜访国内外有关专家学者、管理人员及专业人士，充分听取他们的意见和建议。

三、水文化学学科特征

水文化学的特点不同于其他学科。

（一）水文化学具有学科交叉性

既有人文社科学、自然科学的交叉，又有学科内部之间的交叉。水文化学就是把上述学科的理论方法及相关内容加以整合，深入研究水文化学的综合性交叉学科。

（二）水文化学具有很强的应用性

水文化学的研究虽然偏重于研究历史上的人水关系及其发展规律、经验教训，属于一种纯学术的研究。但其研究成果可以为决策者在如南水北调、江河湖泊保护、水文化遗产保护利用、水利风景区规划、水利工程建设、水文化资源旅游开发等方面提供历史借鉴，具有重要的现实意义及实用价值。

（三）水文化学的研究资料具有多样性

除正史材料外，水文化学更加注重政书、地方志、政典、水利档案以及难以计数的文集笔记等搜集起来比较困难，还没有被开发使用的文献资料。另外，水文化学的研究宝库中还有大量丰富的民间文献、口述资料，大量的实物资料如非物质文化遗产资料等。还有利用自然科学方法进行湖泊水域采样分析和卫星遥感数据采集而获得的珍贵材料。

四、水文化学学科构建着力点

（一）注重水文化理论辨析

要从理论上探讨水文化的内涵外延、学科属性、水文化遗产开发利用、人才培养等，同时还要揭示水文化与人类文明、经济社会发展的关系，并上升到对水文化内在发展逻辑规律和生成机制，逐步构建具有中国特色的水文化理论体系。为此，要注重古为今用，洋为中用，并进一步把古今中外识水、利水、用水、咏水、惜水、爱水等实践中创造出来

的水事活动的丰富文化思想加以搜集、整理、研究，并加以学术研究和
学理构建。

（二）注重水文化理论创新

构建中华水文化学，要坚持学科特性、交叉整合，在前人研究的基
础上，推陈出新，从而实现水文化基础理论创新、前沿问题有突破、热
点问题有回应、难点领域有原创性成果。特别是要跳出传统水利文化或
行业文化观念，打破"狭隘的水利论文化"的思维定势，重点围绕水在
水事活动中作用和中华文明的地位，用多学科交叉研究的方法和现代技
术手段，力求揭示水文化发展演变的规律和影响。

（三）注重解决当代水问题

探索理论的目的是经世致用，而不是为构筑"象牙塔"而理论。因
此，水文化学在构建过程中要在解决当代水问题上下功夫，针对我国目
前存在的水资源紧缺、水污染严重、水生态损害、洪涝灾害频发等突出
问题，以历史为借鉴，以构建人水和谐的目标为出发点，以服务当代水
利实践和民生需求为导向，提出旨在解决当代水问题的理论设想和决策
建议。

（四）注重加强研究队伍和整合研究资源

水文化事业的成败，关键在人。在一定程度上可以这样说，水文化
的学科建设离不开专业化、复合型、学院派的高层次人才队伍和团队。
创造条件，营造氛围，建立机制，为水文化研究人才的脱颖而出创造条
件。广大水文化研究者，要进一步增强文化自觉，树立文化自信，肩负

使命，主动担当，努力为构建中华水文化的理论。

应整合各种水文化研究机构，通力协作，优势互补，资源互济，形成合力；广泛开展学术合作与交流；抓紧建立水文化研究的项目库；设置不同层次的水文化研究课题；充分发挥民间水文化研究机构的作用，积极组织开展水文化征文研讨和学术考察活动；组建水文化研究基地和创新团队，表彰水文化优秀科研成果。

第二章

人水和谐思想理念及其
实现路径方式研究

　　"人水和谐"是"人与自然和谐共生"的重要组成和根本体现，是新时代人水关系的实质所在、灵魂所系和完美诉求。构建完善新时代人水关系，践行人水和谐思想理念，评价人水和谐的情势和状况，必须以人水和谐思想理念为引领，深刻把握人水和谐在"经济—政治—文化—社会—生态"五位一体总体布局中的定位及作用，明了其在中国特色社会主义新时代话语体系里所具有的重要分量；必须以人水和谐的价值判断为导向，以推动生态文明建设，促进人水关系良性循环为着眼点，从维护水资源—生态系统健康生命、促进经济—社会系统可持续发展、引领水利事业改革发展等方面入手，建立完善整套评估指标体系。

"人水和谐"理念的提出，是对中国传统水文化思想精髓的创造性转换和创造性发展，是有效解决日渐突出的水资源危机，促进当代中国生态文明，建设美丽中国的必然要求和正确抉择。

第一节　人水关系的历史演变

人水之间的关系既源远流长，又错综复杂。一方面，人们缘水而居，依水而生，在与水相处过程中，利用水体水能改善生活生产条件、质量及环境，充分显示出人的主观能动性及主导力量。另一方面，人们在大水泛滥、山洪暴发、狂风骤雨等自然现象面前又显得苍白无力、一筹莫展。人在水面前，其能动性与被动性同时存在，伟大与渺小裸露无遗。一直以来，人们皆寄希望于能够对水进行改造与控制，使它服从于自己的指挥和安排，但不完全合意甚至无可奈何的情况却多之甚多。正是在这种发展不平衡不充分的情势下，衍生出不同的人水关系范式模型，演化形成了各具特色的世界各国各流域各区域的水文化历史。

管仲曾说："水者何也？万物之本原，诸生之宗室也。"印度教经典《吠陀经》（又译为韦达经、韦陀经、围陀经等）赞词说："水是我们的母亲，水渴望着参与各种奉献，水遵循着自己的道来到我们身边，给我们带来乳汁。"[①] 生命起源于浩渺无际的海洋，整个生态系统的生命都因水而生，缘水而成，水是整个自然界最为基础、最为重要和最为活跃的

[①]　转引自［法］加斯东·巴什拉：《水与梦：论物质的意象》，顾嘉琛译，河南大学出版社 2017 年版，第 199 页。

控制因素。从古至今，水参与甚或主导着人类的生产生活，影响着人类的历史进程。水与人类相互联系、相互依存、相互渗透、相互制约，人水关系随着人类社会的发展不断演化，大致经历了人依赖水生存、水主导人生产生活、人水冲突加剧以及人水渐入和谐等四个阶段。

一、人依赖水生存

在远古时代，人类的社会性没有充分得到彰显的时候，人和群居动物没有本质的区别，在河流的冲积扇平原逐水而居，以方便取食和饮水。面对不可预见的滔天洪水和严重干旱，除了选择逃避别无他法。早期的人类的生活用水不会改变水的自然状态，生活废水也会被水的自净功能处理得毫无痕迹，人对水的影响微乎其微。这时的人水关系主要体现在人体生理需求与水的天然关系，人依赖水生存，水决定着人类的命运。由此可见人类聚居和水源位置有直接关系，并且受当时人类能力的限制只能居住在常年河湖流经的范围内，大量考古发现证明，也只有这样的地区才能发现远古人的遗址。

在古代，人类主必须从事捕鱼和狩猎生产，生产力低，主要选择高居住地，生活在高处，避免水侵入领地。当水上涨时人类选择躲避，当水退却时人们再返回，当时想改变河道河流是不可能的。大约5000年前，我们的古代社会进入了原始公社的末期。农业开始成为社会的基本经济部门。为了促进生产和生活，人们集体生活在河流和湖泊的两边，但经常遭受水患。在这个时期，受人类繁衍和寿命的限制，当时聚居人口稀缺和社会生产力低下，先民认识自然、改造自然的能力仍然很低，像突发的水患只能选择撤退。生活在北京市西南区房山区周口店龙谷山的北京猿人采用临时离开聚居点的方法，当洪水浸入聚居点的入口时，移居到更高的地形，躲避水患。虽然这种方式似乎是消极的，但它实际上是防止灾难的好方法。《淮南子·齐俗》中"择丘陵而处之"，在洪水泛滥的时候也很容易避免。为了防止水患影响人类的生产生活，人们开始修建篱笆，形成早起的村落，但基本上不影响洪水泛滥，人与洪水之间仍然存在简单和谐的共处。

二、水主导人类的生产生活

自进入农耕时代，人类改变了获取食物的主要方式，"吃饭"问题得到基本解决，生存质量大幅提升，人口数量得到空前增长。

随着人类人口数量的不断增长，"刀耕火种"的生活方式消耗了大量自然资源，并很快"吃空"了土壤的肥力，使耕地日渐贫瘠，为寻求合适的生存环境，人类在生活方式上选择了以地点相对固定，群居为主的农业生产方式。农业生产方式既需要充足的水源，还需要肥沃的土地，正是这两个因素促成了四大文明古国的建立。四大文明古国的形成依赖于河流，故也称之为"大河文明"。当时，世界古文明中心共有5处：1.黄河流域的华夏文明；2.尼罗河流域的古埃及文明；3.印度河流域西北部的古印度文明；4.底格里斯河与幼发拉底河间的美索不达米亚古文明中心；5.以秘鲁、墨西哥高原、尤卡坦半岛为中心的美洲印第安古文明中心。前4个文明中心均位于地球北纬30°—40°的亚热带和暖温带的大河流域，文明沿河流方向持续扩大影响，远播他地。印第安古文明中心则沿大西洋东海岸线传播开去。

人类在享受充足水源和肥沃土地带来生活富足的间或也遭受着水患

带来的灾难。洪水和干旱周期性出现，财产甚至生命被残忍剥夺，通过水传播的瘟疫一旦蔓延有时甚至会夺取一个部落或一个城池的生命……正是在与水患抗争的过程中，人类积累了丰富的治水经验，鸿沟、郑国渠、都江堰、灵渠、通济堰、京杭大运河、坎儿井等，都是古代中国治水的成功范例。根据考古发现四大文明的发祥地的人类全都有一个共同点，那就是"治水"。农耕文明的本质就是利用水资源发展农业，每一次与水发生交际都使得传统农耕文明进步，也深化与转变了当代的人水关系，使得人水关系从人完全依赖水过渡到人对水的适度开发阶段。于是，人类已经不再完全被动地依附于水的"利"与"害"，人类的实践活动，对水已经起到一定的影响作用。当然，在这一时期，尽管说人类能够有意识地去改变水的自然状态，但受限于生产力低下及生产工具落后，还没有对水造成更大影响，很大程度上还是"靠天"吃饭。因此，水主导人的生产生活仍是这个阶段人水关系的显著特征。

三、人水冲突不断加剧

工业文明时代的人水关系发生了重大改变。农业文明持续了数千年，工业文明至今不足 300 年，用马克思的话讲，其创造的生产力已经超越之前人类历史几千年的总和。工业文明经历了两次技术革命：一次是以蒸汽机发明为代表的机械动力革命；一次是以发电机、电动机发明为代表的电气动力革命。透过历史长河，我们可以发现这两次技术革命，都与水有着千丝万缕的联系。1785 年，卡特莱特发明水动纺织机后，人们发现厂房必须建在水能资源丰富的河流或水源地边，这些地方一般都远离城市，交通很不便利，而且周期性的干旱和洪水经常会导致工厂停产，动力不能常年持续均衡供应，迫切需要新的动力。瓦特蒸汽机的诞生，完成了动力上的革命，把第一次技术革命推向高潮。蒸汽机迅速在纺织业、化工业、采掘业、机械加工业、冶金和交通运输业得到广泛应用，推动了世界性的工业革命。第二次技术革命是继蒸汽机之后以电力应用为标志的。水力发电和火力发电的大规模出现，既是工业文明的开端，也是水资源开发利用服务工业文明的里程碑。水电的大规模应用，不仅为工业生产提供了物美价廉的新动力，而且有力地推动了动力的远距离输送和工业革命的兴起。同时，人类开发利用水资源的能力也因工业文明的蓬勃发展而得到革命性的提升，大坝蓄水发电、跨流域调水，高扬程提水、现代农业灌溉技术、深层地下水应用、海水淡化等，都从梦想变成了现实，这也使得工农业生产和人类生活可以在更加远离河流和水源的地方得以存在和蓬勃发展。

水促使了工业文明的产生和兴起，工业文明为人类社会的发展提供了前所未有的历史舞台。但由于诸种因素，人类在处理人水关系问题时发生了重大失误，导致水资源—生态系统向着有利于和不利于人类生存的两个截然不同的方向演化。[①] 在水资源更有效开发、利用和空间转移的同时，在许多领域水问题日益突出，人水关系趋于恶化，如现代水荒、水质下降、水体功能减退、水域人文景观恶化，洪水海啸、突发性水污染事件频发等。当工业文明凯歌高行的时候，作为自然资源的水也发出了痛苦的呻吟。正是这两种一为顺耳悦耳一为逆耳刺耳的极不协调的声音交织在一起，构成了这个时代的"变奏曲"。

随着抗洪斗争的持续，人类通过各种工程措施有效地限制和引导了

---

① 雷社平等：《论水与人类文明的历史关系》，《西北农林科技大学学报（社会科学版）》2003 年第 6 期。

水患，在防洪方面取得了初步成果。人类的思想也在膨胀，长期以来，人们忽视了自然规律的限制，开始建立许多工程措施来限制控制水患。通过不断进行大规模的水利治理，尤其是兴建防洪减灾工程，当代社会防洪减灾能力大大提高。但是，从另一方面看，伴随而来的是河流蓄洪的地方越来越狭小，甚至周围的生态环境也受到严重威胁，人与水的协调情况逐渐失衡。近年来，由于一些河流流域中下游河道平原的大型水坝建设，使得原本资源丰富的原生态湿地，面积缩小甚至消失。在一些北部地区，平原地下水补给的重要来源往往被中断，因此洪水风险急剧下降，洪水带来的许多营养物质要么被上游水库截留，要么直接输送到海洋，从而失去了在洪水地区培育土地和湿地的能力。同时，随着经济和社会的发展，人类对水的侵蚀也与日俱增。人们源源不断地向大自然争夺土地，从湖泊中夺回土地，破坏植被和一系列不合理的要求。自然界大大降低了河流湖泊的自然蓄水功能，严重损害了环境，大大降低了保护水土资源的能力，大大加剧了洪涝灾害发生的概率，逐渐增加了洪涝灾害的发生频率。这也是灾害损失没有消除或减少的关键原因。最明显的例子是 1998 年的"三江"洪水。自 1954 以来，长江流域经历了整个流域的又一次大洪水。嫩江和松花江的洪水远远超过 1932 年的洪水。珠江流域的西江流域发生仅次于 1915 年的大洪水。据统计，全国 29 个省、自治区、直辖市遭受不同程度的洪涝灾害，受灾面积 3.18 亿亩，受灾人数 2.23 亿人，死亡人数 3004 人，倒塌房屋 4.97 亿座，直接经济损失达 1666 亿元。正是因为我们长期违反自然规律地发展，大规模侵入河流，争夺人与水之间的土地，造成水毁，破坏生态环境，大自然才以此相回报。

四、人水关系渐入和谐

20 世纪中期以来，经济全球化浪潮不断推进，科学技术井喷式发展，加之发展中国家的快速崛起，人类对自然资源的攫取和掠夺，以及在社会经济发展过程中违背自然规律的各种错误行为都达到了空前的水平，这也导致了人类生存发展环境和自然生态系统达到无法支持可持续发展的程度。人类对这种状况进行了深刻反思，认识到必须转变对大自然的认识，必须自觉和自发地改变社会经济活动中一切违反自然规律的行为，控制对自然界的无序利用和无尽索取，坚持可持续发展的发展道路，人与自然必须和谐共处。无疑，这是 20 世纪后期人类世界观的极大进步。实际上，日益加剧的水问题的严峻挑战使一些国家政府部门业已无法回避，在对待人水关系问题上不得不调整治水思路与用水政策，由此而促进人水关系正在向好渐进。

1967 年，日本出台了史上最严环保法。规定企业和工厂必须有自己的污水处理设施，严厉禁止将废水直接排放到河流、湖泊，在违反规定的情况下排污人必须支付高额罚款，最高甚至可被勒令停产。家庭生活污水处理更依赖于长久以来培养的公民意识，在大阪，所有居民将炒菜剩下的油倒出来，通过专用的纸包起来，扔到规定的厨余垃圾桶内，而不是直接进入污水管道中。一旦热油直接倾倒至排水管里，将会给污水处理带来极大的困难。当然在培养公民意识的过程中也需要强有力的制度保障，对于新开发的住房和老旧住房改造，所有图纸必须经大阪市水务局审核，在图纸中不设计排水管的建筑物均不允许施工。在基础设施建设方面日本做得也很超前，大阪城市下水管网直径达到了 6.4 米，车辆可在管道内自由穿梭，这不仅保证了污水的有效处理，还解决了城市泄洪排涝问题。

新加坡是淡水资源极度匮乏的国家，人均拥有水资源仅 211 立方米，位居世界谷底。为了解决人水冲突，新加坡通过废水利用和雨水收集以及淡化其他水资源项目等举措科学有效地解决了水资源短缺的问题。新加坡城市供水工程亮点在于通过将工业或生活污水转化产生新的水。通过滤反渗透、紫外线消毒等技术将废水转化达到生活用水标准。而这种"新生水"与传统自来水的区别在于价格更低廉、使用损耗成本更低。就水的成本而言，"新生水"的生产成本相较于海水淡化处理的低 50%。由于"新生水"经过多重过滤它更干净，杂质更少，相较于使用传统自来水没有冷却水需要频繁更换，减少了总耗水量。在城市雨水收集方面通过增加集雨设施等可将国内 70% 的雨水通过水箱收集。

第二节 人水和谐思想理念的提出及形成

从单方面对水资源的索取无度，到人水和谐共生理念的提出，既是人类在经历了漫长的与自然环境斗争中得出的经验教训，是在面临水资源危机时必然选择的道路，也是对自身行为的一种反思。人水和谐思想理念的产生、形成和发展历程，深刻反映了这一历史与逻辑的辩证统一。

一、人水和谐理念在当代中国最高层面明确提出

2011 年《中共中央国务院关于加快水利改革发展的决定》开宗明义，深刻阐明了人类与水的重大关系和中国水治理的重大意义："水是生命之源、生产之要、生态之基。兴水利、除水害，事关人类生存、经济发展、社会进步，历来是治国安邦的大事。促进经济长期平稳较快发展和社会和谐稳定，夺取全面建设小康社会新胜利，必须下决心加快水利发展，切实增强水利支撑保障能力，实现水资源可持续利用。"文件强调指出，全党全社会一定要"坚持人水和谐，顺应自然规律和社会发展规律，合理开发、优化配置、全面节约、有效保护水资源"。这是我们党

和国家在全球水危机日益加重的时刻，为全面加强和改进水治理与社会治理，实现举国水安全和生产生态生活永续发展而做出的重大部署，同时也是对中国水文化发展的重大理论创新。这里，"坚持人水和谐"的论述，内在地蕴含谋求人水和谐共生的战略思维，昭示着当代中国水文化建设发展的需求导向和规律导向，上合国情水情，下顺民心众意，是中华民族甚至是全人类有效解决日渐突出的水资源危机的必然抉择。

自20世纪70年代以来，随着全球工业化进程的加快和人口的剧增，致使水资源短缺、水污染严重的问题越来越突出，"全球水危机"已经不再是一个陌生的宣传口号，它就发生在我们身边。进入21世纪，水资源危机引发的社会矛盾和暴力冲突，不仅没减弱的迹象，反而呈现出愈演愈烈的态势，未来水资源短缺将成为人类最大的危机之一。这些事实表明矛盾的焦点已经从人类与生态环境之间的问题，转变成了人与人之间为生存而自相争斗的社会问题。如果不加以重视并找出行之有效的解决办法，将会酿成更大的灾祸，从而威胁人类社会的生存和发展，建设高度文明的社会更无从谈起。因此，生态政治、生态环境、水景观建设等有关人水和谐的问题研究逐渐进入大众的视野，这对促进人水和谐与社会文明，缓解日趋严重的水危机，有着重要意义。

全球性水资源危机引发了人们的反思，联合国于1972年和1992年先后通过了《斯德哥尔摩人类环境宣言》《内罗毕宣言》和《里约环境与发展宣言》，旨在为保护环境提供指导性原则。1993年第47届联合国大会把人水关系问题提到世界议事日程，规定自1993年起，每年的3月22日为"世界水日"，以增强人们对水资源的保护意识和危机意识。

我国淡水资源总量为28000亿立方米，占全球水资源的6%，位于巴西、俄罗斯和加拿大之后。但中国用水量巨大。数据显示，仅2002

年全国淡水取用量就达到了 5497 亿立方米，约占世界年取用量的 13%，是美国 1995 年淡水供应量 4700 亿立方米的约 1.2 倍。有学者在 20 世纪 80 年代末预测："2010 年总需求水量比 20 世纪末还要增加 20%，如无重要变化，农田、城市缺水量将分别达到 700 亿和 200 亿立方米。"[①] 如今这预言成了残酷的现实，而且比预想的还要严重得多。

历史与现实一再昭示，解决好水资源问题，是事关中华民族永续发展、国家长治久安的头等大事。围绕"坚持人水和谐"，这一新理念新思路，实现人水和谐共生共美的目标愿景，我们党和国家进行了广泛深入的社会动员，相继出台了一系列政策法规及配套措施，展现出了我们党和国家根据全球水治理的大趋势和中国国情水情，及时提出来的应对世界大范围内"水危机""水问题"的"中国立场"与"中国方案"，彰显了现代"水治理"的"大国智慧"，意义非常重大而深远。

二、中国共产党"人水和谐"思想的形成脉络

我们党历来都高度重视人水和谐问题。毛泽东同志在中国革命与建设实践中形成了独特而丰富的人水和谐思想，他曾说："水利是农业的命脉，我们也应予以极大的注意。"[②] 这一科学论断准确地表述了水利在农业生产中的重要地位。新中国成立以后，面对水利残破不全、江河泛滥成灾的落后局面，毛泽东向全党和全国人民发出了"一定要把淮河修好"，"要把黄河的事情办好"，"一定要根治海河"的伟大号召，提出了"南方水多，北方水少，如有可能，借一点来是可以的"——南水北调

---

① 郑易生：《深度忧患》，今日中国出版社 1988 年版，第 48 页。
② 《毛泽东选集》第一卷，人民出版社 1991 年版，第 132 页。

的宏伟构想；党和国家动员亿万人民群众开展了大规模的水利建设，开创了治水兴水的新局面。有学者认为，毛泽东的人水和谐思想，不仅创造了新中国水利事业的辉煌，而且是一笔宝贵的精神财富，为我们今天解决空前的水危机，构建人水和谐社会提供了有益借鉴和指导。①

邓小平继承了毛泽东关于人水和谐方面的思想，并站在时代的前沿，对经济与水环境协调发展、水生态环境保护等方面做了深刻的思考并形成了他所独有的人水和谐思想。比如他提出："特别是在我国西北，有好几十万平方千米的黄土高原，连草木都不长，水土流失严重。黄河所以叫'黄'河，就是水土流失造成的。把黄土高原变成草原和牧区，就会给人们带来好处，人们就会富裕起来，生态环境也会发生很好的变化。"② 比如他及早认识到人口问题的严重性，认为想要更好地实现经济社会和资源环境保护协调发展，当前控制人口数量是关键，他强调："要使中国实现四个现代化，至少有两个重要特点是必须要看到的：一个是底子薄。……第二条是人口多，耕地少。"③

江泽民担任中共中央总书记以后，把对水的认识提到了"生命线"的高度，多次强调"我国是一个水旱灾害十分频繁的国家，除水害、兴水利历来是治国安邦的大事。"④1999 年元旦，江泽民在全国政协新年茶话会上的讲话中指出："水是人类生存的生命线，也是农业和整个经济建设的生命线。我们必须高度重视水的问题。人无远虑，必有近忧。一方面洪涝灾害历来是中华民族的心腹大患，另一方面水资源短缺越来

---

① 王伟：《毛泽东的人水和谐思想及其现实意义》，《南通大学学报》2011 年第 6 期。
② 《邓小平年谱（1975—1997）》（下），中央文献出版社 2004 年版，第 868 页。
③ 《邓小平文选》第二卷，人民出版社 1994 年版，第 163—164 页。
④ 《江泽民文选》第三卷，人民出版社 2006 年版，第 467 页。

越成为我国农业和经济社会发展的制约因素。我们要在全民族中大力增强保护和合理利用水资源的意识，把兴修水利作为保证实现我国跨世纪发展目标的一项重大战略措施来抓。"① 之后，在 2000 年中共十五届五中全会上，江泽民又强调："水资源不足，已经成为制约国民经济和社会发展的重要因素。解决这个问题，关键是要加强水资源的节约、保护和科学利用，努力提高水的利用效率。"② 在 2002 年 3 月在中央人口资源环境工作座谈会上，他进一步提出水是人类生存的生命线，是经济发展和社会进步的生命线，是实现可持续发展的重要物质基础。我国人均水资源占有量低，时空分布不均匀，是水旱灾害十分频繁的国家。随着经济发展、人口增加、城镇化进程的加快，对防洪保安全的要求将会更高，对水资源的需求将进一步增加。加强水利建设和水资源管理，既是长期的任务，又十分紧迫。各级领导干部一定要增强忧患意识。要坚持全面规划、统筹兼顾、标本兼治、综合治理，坚持兴利除害结合、开源节流并重、防洪抗旱并举，科学制定并实施各大江河流域规划，对水资源进行合理开发、高效利用、优化配置、全面节约、有效保护和综合治理，下大力气解决洪涝灾害、水资源不足和水污染问题。当前，要加快大江大河大湖治理，抓紧主要江河的堤防建设和控制性工程建设，加快病险水库除险加固。要把节约用水放在突出位置，大力推行节约用水措施，发展节水型农业、工业和服务业，建立节水型社会。搞好流域、区域水资源的合理配置，经济社会发展要充分考虑水资源条件，要协调好生活、生产和生态用水。对北方地区的缺水矛盾，要采取多种方式加以

---

① 《江泽民论有中国特色社会主义（专题摘编）》，中央文献出版社 2002 年版，第293—294 页。

② 《江泽民文选》第三卷，人民出版社 2006 年版，第 122—123 页。

缓解，其中南水北调是具有战略意义的措施。要在搞好节水和水污染防治的同时，加紧南水北调的前期工作，尽早开工建设。要坚持不懈地搞好水土保持和水资源保护工作。通过扎实的工作，努力使我国江河安澜，青山常在，绿水长流。

江泽民还多次强调了植树造林，保护和改善生态环境的重要性。在1999 年 11 月中央经济工作会议上，江泽民强调西部开发"尤其要把水资源的合理开发和有效利用放到突出位置；大力植树种草，有计划有步骤地退耕还林，搞好综合治理，加强生态环境建设"①。2002 年 4 月 1 日，江泽民在西安主持召开六省区西部大开发工作座谈会，他强调指出："要把水资源的开发利用和节约保护放在基础设施建设的首位，加强节水工程和大型水利设施的建设和管理，对全流域水资源实行统筹保护和合理配置，推进水资源的综合开发和利用。要认真搞好天然林保护、防沙治沙和退耕还林等重点工程，注意把退耕还林还草与农田基本建设、农村能源建设、生态移民、农牧业结构调整结合起来。"② 在《正确处理社会主义现代化建设中的若干重大关系》中，他再次强调："在现代化建设中，必须把实现可持续发展作为一个重大战略。要把控制人口、节约资源、保护环境放到重要位置，使人口增长与社会生产力发展相适应，使经济建设与资源、环境相协调，实现良性循环。"③

胡锦涛担任中共中央总书记以后，创造性地提出了"科学发展观"，对"人与自然的和谐""人水和谐"讲得更加明确、透彻。2004 年，胡

---

① 《江泽民文选》第二卷，人民出版社 2006 年版，第 437 页。

② 《抓住机遇坚定信心打好基础提高水平　进一步开创西部大开发工作的新局面》，《人民日报》2002 年 4 月 2 日。

③ 《江泽民文选》第一卷，人民出版社 2006 年版，第 463 页。

锦涛在中央人口资源环境工作座谈会上的讲话中强调："可持续发展，就是要促进人与自然的和谐，实现经济发展和人口、资源、环境相协调，坚持走生产发展、生活富裕、生态良好的文明发展道路，保证一代接一代地永续发展。"①"要牢固树立人与自然相和谐的观念。自然界是包括人类在内的一切生物的摇篮，是人类赖以生存和发展的基本条件。保护自然就是保护人类，建设自然就是造福人类。要倍加爱护和保护自然，尊重自然规律。对自然界不能只讲索取不讲投入、只讲利用不讲建设。发展经济要充分考虑自然的承载能力和承受能力，坚决禁止过度性放牧、掠夺性采矿、毁灭性砍伐等掠夺自然、破坏自然的做法。要研究绿色国民经济核算方法，探索将发展过程中的资源消耗、环境损失、环境效益纳入经济发展水平的评价体系，建立和维护人与自然相对平衡的关系。"②

2006 年 11 月，胡锦涛对黄河治理工作了重要批示。他强调，黄河治理事关我国现代化建设全局。必须认真贯彻落实科学发展观，坚持人与自然和谐相处，进一步把黄河的事情办好，让黄河更好地造福中华民族。

2011 年中央一号文件《中共中央、国务院关于加快水利改革发展的决定》，对水资源重要作用作了全新定义，第一次将水利提升到关系经济安全、生态安全、国家安全的战略高度，第一次明确提出了"坚持人水和谐"，并对如何坚持人水和谐做了总体部署。这是我们党和国家对中国几千年来治水实践经验的科学总结，是推动水利改革发展的纲领性文献。

---

① 《胡锦涛文选》第二卷，人民出版社 2016 年版，第 167 页。

② 《胡锦涛文选》第二卷，人民出版社 2016 年版，第 171 页。

第三节　新时代人水和谐思想理念的新发展

党的十八大以来，习近平总书记从引领中国长远发展的执政理念和战略谋划的高度，多次对人与自然和谐共生、生态文明建设、维护生态安全问题作出重要指示，赋予"人与自然和谐共生"以更加深邃开阔的科学内涵。他明确指出："建设生态文明，首先要从改变自然、征服自然转向调整人的行为、纠正人的错误行为。要做到人与自然和谐，天人合一，不要试图征服老天爷。"①2019 年 4 月 28 日，在 2019 年中国北京世界园艺博览会开幕式上，习近平发表重要讲话。他深刻阐释建设生态文明的重要性，提出了人类与自然共生共赢的中国方案——保护地球生态环境的"五个追求"的行动倡议：我们应该追求人与自然和谐；我们应该追求绿色发展繁荣；我们应该追求热爱自然情怀；我们应该追求科学治理精神；我们应该追求携手合作应对。五个"我们追求"，表达了我们党和国家对构建人类与自然共生共赢关系的深邃思考和世界眼光，展现了新时代中国人民的历史担当。

习近平提出的人与自然和谐共生的新思路、新理念、新方略，在习近平

---

① 《习近平关于全面建成小康社会论述摘编》，中央文献出版社 2016 年版，第 174 页。

新时代中国特色社会主义思想体系里占有重要地位，蕴含着极其丰富深邃的人水和谐共生共美的思想，为坚持人水和谐，创新发展水文化，实现人水和谐共生新格局奠定了深厚的理论基础，提供了科学的思想指导。

一、"绿水青山就是金山银山论"

2005 年 8 月 24 日，时任浙江省委书记、省人大常委会主任的习近平在《浙江日报》"之江新语"中开宗明义："我们追求人与自然的和谐、经济与社会的和谐，通俗地讲，就是要'两座山'：既要金山银山，又要绿水青山。……绿水青山本身就是金山银山。"他接着写道："我省'七山一水两分田'，许多地方'绿水逶迤去，青山相向开'，拥有良好的生态优势。如果能够把这些生态环境优势转化为生态农业、生态工业、生态旅游等生态经济的优势，那么绿水青山也就变成了金山银山。绿水青山可带来金山银山，但金山银山却买不到绿水青山。绿水青山与金山银山既会产生矛盾，又可辩证统一。"[①] 之后，他对这个问题又作了进一步论述："在实践中对绿水青山和金山银山这'两座山'之间关系的认识经过了三个阶段：第一个阶段是用绿水青山去换金山银山，不考虑或者很少考虑环境的承载能力，一味索取资源。第二个阶段是既要金山银山，但是也要保住绿水青山，这时候经济发展和资源匮乏、环境恶化之间的矛盾开始凸显出来，人们意识到环境是我们生存发展的根本，要留得青山在，才能有柴烧。第三个阶段是认识到绿水青山可以源源不断地带来金山银山，绿水青山本身就是金山银山，我们种的常青树就是摇钱

---

① 习近平：《之江新语》，浙江人民出版社 2007 年版，第 186 页。

树，生态优势变成经济优势，形成了浑然一体、和谐统一的关系，这一阶段是一种更高的境界。"①绿水青山既是自然财富，又是社会财富、经济财富。2013年4月10日习近平在海南考察工作结束时讲道："对人的生存来说，金山银山固然重要，但绿水青山是人民幸福生活的重要内容，是金钱不能代替的。你挣到了钱，但空气、饮用水都不合格，哪有什么幸福可言。"②

习近平关于"绿水青山就是金山银山"的科学论断，更新了关于水自然资源的传统认识，指明了发展和保护协同共进的新路径。绿水青山与金山银山的关系，直接反映了生态环境与经济发展的关系，内在地反映着人与水的自然关系及人与人的关系。

二、"山水林田湖草生命共同体论"

2013年11月，习近平总书记在党的十八届三中全会上的讲话中指出："我们要认识到，山水林田湖是一个生命共同体，人的命脉在田，田的命脉在水，水的命脉在山，山的命脉在土，土的命脉在树。"他指出："如果破坏了山、砍光了林，也就破坏了水，山就变成了秃山，水就变成了洪水，泥沙俱下，地就变成了没有养分的不毛之地，水土流失、沟壑纵横。"③后来，习近平总书记又用把山水林田湖草连在一起，进一步生动形象地阐述了人们面临的周围世界是一个有机

---

① 《为了中华民族永续发展——习近平总书记关心生态文明建设纪实》，《人民日报》2015年3月10日。

② 《习近平关于全面建成小康社会论述摘编》，中央文献出版社2016年版，第163页。

③ 《习近平关于社会主义生态文明建设论述摘编》，中央文献出版社2017年版，第37页。

体，人与自然之间是唇齿相依、命运互助的一体性关系，揭示了山水林田湖草之间的合理配置和统筹优化对人类健康生存与永续发展的重大意义。基于"山水林田湖草生命共同体论"的视阈，人水关系的构建及其改善，必将提升到一个新的历史高度；我国治水兴水的目标导向，已经发生了划时代的崭新变化；人水和谐共生的广度、深度，将会与日俱增，更富创意！

三、"推动形成绿色发展方式和生活方式论"

2014 年 12 月 9 日，习近平总书记在中央经济工作会议上的讲话中指出："生态环境问题归根到底是经济发展方式问题，要坚持源头严防、过程严管、后果严惩，治标治本多管齐下，朝着蓝天净水的目标不断前进。这是利国利民利子孙后代的一项重要工作，决不能说起来重要、喊起来响亮、做起来挂空挡。"[①]2017 年 5 月 26 日，他在主持中共中央政治局第四十一次集体学习时指出，人因自然而生，人与自然是一种共生关系，对自然的伤害最终会伤及人类自身。只有尊重自然规律，才能有效防止在开发利用自然上走弯路。[②] 他认为，推动形成绿色发展方式和生活方式，是发展观的一场深刻革命。这就要坚持和贯彻新发展理念，正确处理经济发展和生态环境保护的关系，像保护眼睛一样保护生态环境，像对待生命一样对待生态环境，坚决摒弃损害甚至破坏生态环境的

---

① 《习近平关于社会主义生态文明建设论述摘编》，中央文献出版社 2017 年版，第 25—26 页。

② 《习近平关于社会主义生态文明建设论述摘编》，中央文献出版社 2017 年版，第 11 页。

发展模式，坚决摒弃以牺牲生态环境换取一时一地经济增长的做法，让良好生态环境成为人民生活的增长点、成为经济社会持续健康发展的支撑点、成为展现我国良好形象的发力点，让中华大地天更蓝、山更绿、水更清、环境更优美。①

四、"人水关系安危论"

2014 年 3 月 14 日，习近平在中央财经领导小组第五次会议上的讲话指出，水是生存之本、文明之源、生态之要。"我国水安全已全面亮起红灯，高分贝的警讯已经发出，部分区域已出现水危机。河川之危、水源之危是生存环境之危、民族存续之危。水已经成为我国严重短缺的产品，成了制约环境质量的主要因素，成了经济社会发展面临的严重安全问题。一则广告词说'地球上最后一滴水，就是人的眼泪'，我们绝对不能让这种现象发生。全党要大力增强水忧患意识、水危机意识，从全面建成小康社会、实现中华民族永续发展的战略高度，重视解决好水安全问题。"②"原油可以进口，世界石油资源用光后还有替代能源顶上，但水没有了，到哪儿去进口？"③

2018 年 4 月 25 日，习近平总书记强调，人与水的关系很重要。世界几大文明都发源于大江大河。人离不开水，但水患又是人类的心腹大患。人类在与自然共处、共生和斗争的进程中不断进步。和谐是共处平

---

① 《习近平关于社会主义生态文明建设论述摘编》，中央文献出版社 2017 年版，第 36—37 页。

② 《习近平关于社会主义生态文明建设论述摘编》，中央文献出版社 2017 年版，第 53 页。

③ 《为了中华民族永续发展——习近平总书记关心生态文明建设纪实》，《人民日报》2015 年 3 月 10 日。

衡的表现，但达成和谐需要有很多斗争。中华民族正是在同自然灾害做斗争中发展起来的伟大民族。现在，水患仍是我们面对的最严重的自然灾害之一，我们要认真研究在实现"两个一百年"奋斗目标的进程中，防灾减灾的短板是什么，进而拿出战略举措。

五、"治水要良治"论

习近平总书记明确提出"治水要良治"，要"从全局角度寻求新的治理之道"①。

（一）"良治"的内涵之一是要善用系统思维统筹水的全过程治理，分清主次、因果关系，找出症结所在②

2014 年 3 月 14 日，中央财经领导小组第五次会议上，习近平指出，治水的问题，过去我们系统研究得不够，"今天就是专门研究从全局角度寻求新的治理之道，不是头疼医头、脚疼医脚"。

第一，要统筹山水林田湖草治理水。"治水也要统筹自然生态各要素，不能就水论水。要用系统论的思想方法看问题，生态系统是一个有机生命躯体，应该统筹治水和治山、治水和治林、治水和治田、治山和治林等。"③

第二，对水安全新老问题要一并治理。他指出："随着我国经济社

---

① 《习近平关于社会主义生态文明建设论述摘编》，中央文献出版社 2017 年版，第 54 页。

② 《习近平关于社会主义生态文明建设论述摘编》，中央文献出版社 2017 年版，第 54 页。

③ 《习近平关于社会主义生态文明建设论述摘编》，中央文献出版社 2017 年版，第 56 页。

会不断发展，水安全中的老问题有待解决，新问题越来越突出、越来越紧迫。老问题，就是地理气候环境决定的水时空分布不均以及由此带来的水灾害。新问题，主要是水资源短缺、水生态损害、水环境污染。新老问题相互交织，给我国治水赋予了全新内涵、提出了崭新课题。"①针对当时全国面积大于 10 平方公里的湖泊已有 200 多个萎缩、全国因围垦消失的天然湖泊有近 1000 个的严峻形势，他讲道，水稀缺，"一个重要原因是涵养水源的生态空间大面积减少，盛水的'盆'越来越小，降水存不下、留不住"②。

第三，治理方式要科学运用中医整体观。习近平提出，生态环境治理，要"坚持源头严防、过程严管、后果严惩、治标治本多管齐下，朝着蓝天净水的目标不断前进"③。2018 年 4 月 26 日，习近平在深入推动长江经济带发展座谈会上的讲话中强调，"长江病了"，而且病得还不轻。治好"长江病"，要科学运用中医整体观，追根溯源、诊断病因、找准病根、分类施策、系统治疗。④

（二）"良治"的关键环节是坚持新时代治水方针，实现治水思路的转变

治水包括开发利用、治理配置、节约保护等多个环节，既要统

---

① 《习近平关于社会主义生态文明建设论述摘编》，中央文献出版社 2017 年版，第 52—53 页。

② 《为了中华民族永续发展——习近平总书记关心生态文明建设纪实》，《人民日报》2015 年 3 月 10 日。

③ 《习近平关于社会主义生态文明建设论述摘编》，中央文献出版社 2017 年版，第 26 页。

④ 习近平：《在深入推动长江经济带发展座谈会上的讲话》，《人民日报》2018 年 6 月 14 日。

筹兼顾，又要抓住关键。2014 年 3 月，习近平总书记主持召开中央财经领导小组第五次会议时指出："治水必须要有新内涵、新要求、新任务，坚持'节水优先、空间均衡、系统治理、两手发力'的思路，实现治水思路的转变。"①2015 年 2 月，习近平总书记主持召开中央财经领导小组第九次会议时又一次强调，保障水安全，关键要转变治水思路，按照"节水优先、空间均衡、系统治理、两手发力"的方针治水，统筹做好水灾害防治、水资源节约、水生态保护修复、水环境治理。

（三）"良治"的可靠保障是实行最严格的制度和最严密的法治

习近平总书记指出："只有实行最严格的制度、最严密的法治，才能为生态文明建设提供可靠保障。"② 水环境保护事关人民群众切身利益，"在生态环境保护问题上，就是不能越雷池一步，否则就应该受到惩罚"③。

（四）"良治"的重要任务是建立健全水治理体制

习近平总书记指出："水治理体制是生态文明体制的重要组成部分，但到底怎么改，……认识还不统一，需要及早研究、形成共识，研究提

---

① 《习近平关于社会主义生态文明建设论述摘编》，中央文献出版社 2017 年版，第 53—54 页。

② 《习近平关于社会主义生态文明建设论述摘编》，中央文献出版社 2017 年版，第 99 页。

③ 《习近平关于社会主义生态文明建设论述摘编》，中央文献出版社 2017 年版，第 99 页。

出建立适应新的治水形势的水治理体制的建议。"①

之前，中央对全面推行"河长制""湖长制"作了精心部署，创立了新的江河湖库治理模式。2016年12月，中共中央办公厅、国务院办公厅印发了《关于全面推行河长制的意见》。该意见指出，坚持节水优先、空间均衡、系统治理、两手发力，以保护水资源、防治水污染、改善水环境、修复水生态为主要任务，在全国江河湖泊全面推行河长制，构建责任明确、协调有序、监管严格、保护有力的河湖管理保护机制，为维护河湖健康生命、实现河湖功能永续利用提供制度保障。

习近平总书记关于人与自然和谐共生的思想，高瞻远瞩，科学回答了时代之问，为全党全社会树立正确的水生态环境观，把人水和谐的理念贯穿和落实到水资源节约、保护、治理、配置、管理全过程，推动人与自然和谐发展的新境界，提供了正确的指导原则和科学方法论，是实现中华民族永续发展的理论引擎。

---

① 《习近平关于社会主义生态文明建设论述摘编》，中央文献出版社2017年版，第106页。

第四节　人水和谐思想理念的文化渊源

"人水和谐"理念是我们党和国家对中华民族几千年来治水兴水精神追求和实践经验的科学总结，也是对中国水文化的思想精髓的创造性转换和创新性发展。

一、人水和谐共生思想理念源远流长

人水关系的不断演变发展，既反映了人类认识水自然、改造水自然的能力，也反映了人类在认识水自然、改造水自然的过程中自我调适的水平。人与水的关系是与生俱来的，是广泛深入的。"以和为贵""和实生物""和而不同"等理念，是中华优秀传统文化的菁华。"和谐""中和""和衷共济"等词语在中国源远流长，以其阔远的普适性、永续的实践性、高尚的伦理性对于"人类共同体"的形成发展具有非常关键的作用，在人类精神与社会文明发展史上占有极为重要的地位，是中华民族对人类科学精神与人文精神生产系统的一大贡献。但是，真正实现和谐理念则是一个由"必然王国"向"自由王国"过渡的历史过程，把和谐理念付诸实践也会遇到难以想象的困难及阻力。人水和谐的过程同样是漫长和充满艰辛的。在人类的早期，由于自身劳动能力低下，人对于水更多的是依赖、接受、顺从，甚至是逆来顺受的关系；反映在人们的精神世界里，更多的是畏惧水、神化水、敬仰水、崇拜水的情愫及心理。在这一历史阶段，人与水的"和谐度"是以人对"水之害"的极度忍耐与退让为前提的，是基于人对水自然变化逆来顺受、唯水是从的"同而不和"。随着生产力不断提高，人类逐步迈入了积极改造水、巧妙利用水和奋勇抗御水的历史时期，人们开始由对水自然神灵的信仰转变为对治水兴水的英雄人物的崇拜，由听天由命的弱势心理逐步转变成了人能胜天的强势心理，以至于使基于人"逆来顺受、唯水是从"的"和而不同"发生实质性的逆转，人类在利用水自然、改造水自然与抗御水自然灾害等领域取得了辉煌的成就，其治水兴水能力在实践过程中有了大幅度增强，人与水的"和谐度"也随之得到了提升和拓展。但是问题在于，当人们告别了"水崇拜"，却又转变成了某种"人崇拜"。出于错综复杂的原因，曾几何时，"人定胜天"的理念一度脱离了科学导向，失去了规律的约束，成了某种迷信和教条，最后发生极度膨胀，成了藐视水自然力量、水生态发展规律和经济发展规律的恣意妄为，并由此导致了一系列危及水安全、人安全的后遗症及其恶果。人与水的关系，由善缘广结蜕变成了恶缘丛生。近一二十年来，用来说明人水关系严重不和谐现实状况的"水冲突""水危机""水博弈""水问题"等成了高频率使用和被广泛接受的热词。

东晋郭璞在《玄中记》中说："天下之多者水焉，浮天载地，高下无不至，万物无不润者。"[①]"水"作为人类生活与生存必不可少的自然资源，

---

① 转引自徐坚：《初学记》，中华书局1962年版，第211页。

既有能够造福人类的有益一面，也有着对人们的生命财产足以造成损害一面。人与水之间存在着爱恨交织、离不开又难以掌控的复杂情缘，平日里人能够与水无比亲近，甚至嬉玩无度，但等到付出生命财产的巨大代价后，又痛定思痛而想尽各种办法治理水、管理水。在中国不同时期的历史文献中，都有着许多记载。人类的文明史，就是与自然的抗争与利用史，这也造成了不同时代的人们对"人水和谐"的含义有着不同的认识和阐释，如同任何一个有底蕴有价值的术语或话语一样，其产生、形成却有一个相当长的历史过程，而且这种理念并不是一成不变的，因此，我们要用发展的眼光、辩证的思维和联系的观点来解决人与水之间的问题。

"人水和谐"理念虽然是当代的思想产物，但以"和谐"为核心理论基础的"天人合一"思想，在中国文明形成初期就已存在。这种思想以敬畏大自然为根本，是人类在当时生产力水平无法与大自然伟力相抗衡，但又有强烈发展农业生产的主观需求情况下的一种路径抉择。中国人的"天人合一"思想，体现了人水和谐的辩证法，是中华民族五千年来的思想核心与精神实质。与孔子同时代的文子著有《文子》一书，他说："水之道也，大不可极，深不可测；上天为雨露，下地为江河。"[①] 又说："高莫高于天也，下莫下于泽也，天高泽下，圣人法之，尊卑有叙，天下定矣。"[②] 认为水之道是自然而然的，圣人法之以治世，才能社会安定。可见文子似乎看到了人水和谐的重要原因是人对水的尊重。西汉末年《春秋元命苞》曰："水者，天地之包幕，五行之始焉。万物之信由生。"[③] 作者指出了水的重要地位，其对水的尊崇不言而喻。《周易乾凿

---

① 转引自徐坚：《初学记》，中华书局 1962 年版，第 211 页。

② 转引自徐坚：《初学记》，中华书局 1962 年版，第 211 页。

③ 转引自徐坚：《初学记》，中华书局 1962 年版，第 211 页。

度》曰："帝盛德之应，洛水先温，九日乃寒，五日变为五色玄黄。"①
东汉时期历史学家班固的《汉书》云："《书》称水曰润下。坎为水，位
在北方，终藏万物者也。为政令顺时，阴阳调和，终始相成。十二月咸
得其气，则水得其性，此之谓润下。若政令逆时，雾水暴出，百川流
溢，坏乡邑，溺居人，及淫雨伤稼，是为水不润下。"② 他认为人水是否
和谐与政治是否清明有着直接联系。这种"天人合一"的思想克服了自
然中心主义与人类中心主义的片面性，认为人与自然的关系是辩证统一
的，只有人类的行为与自然规律协调一致，道德理性与自然天性的协调
一致，才能真正达到人水和谐。也就是说，人类必须尊重、顺应自然规
律，充分发挥主观能动性，利用和改造水资源，让它最大限度地满足人
类需要的同时，能够生生不息不断循环与自新。

在"天人合一"思想的体系与价值观念里，追求和平共处一直是人
们治水的目标。《山海经·海内经》载："洪水滔天，鲧窃帝之息壤以堙
洪水，不待帝命。帝令祝融杀鲧于羽郊。鲧复生禹，帝乃命禹卒布土以
定九州。"大禹面对滔天洪水，毫不畏惧，敢于开拓，因地制宜，变"堵"
为"疏"，疏堵结合来治水，根据地势使洪水缓流、分流或安流，正是
顺应了"水就下"的自然特性，并巧妙地因水之力进行疏川导滞，从而
治水成功。秦昭襄王五十一年（前256年），秦国蜀郡太守李冰和他的
儿子，吸取前人的治水经验，主持修建了都江堰水利工程，它将岷江水
流分成两条，既可以分洪减灾，又可以引水灌田，以不破坏自然资源为
前提，变害为利，使人、地、水三者高度协调统一，可谓是一项伟大的
"生态工程"，在中国水利史上写下了无比光辉的篇章。秦王政元年（前

---

① 转引自徐坚：《初学记》，中华书局1962年版，第211页。
② 转引自徐坚：《初学记》，中华书局1962年版，第211页。

246 年），秦王嬴政让韩国人郑国主持修建大型灌溉渠，西引泾水东注洛水，长达 300 余里。郑国利用平原西北略高、东南稍低的特点，把干渠分布在灌溉区最高地带，不仅最大限度地控制了灌溉面积，而且形成了全部自流灌溉系统，可以说是让水造福人类的典型案例。《史记·河渠书》记载："渠成，注填淤之水，溉泽卤之地四万余顷，收皆亩一钟，于是关中为沃野，无凶年，秦以富强，卒并诸侯，因命曰'郑国渠'。"以上这些例子表明，只有正确看待人与水的关系，推己及水，因势利导，才能实现人与水的和平共处，而这正是"人水和谐"的理念之现实体现。

二、水意象融入人的精神世界

在中国古人的思想里，"人水和谐"除了人与水自然的物质上的相互依赖，更是指人与水在哲理、伦理、心理、生理等层面的深度和谐。"水"意象通常频繁地出现在各种典籍中，具有高度的象征性和独特的思想情感的特征。主要表现在以下几个方面：哲学感悟意义、生命创造意义、伦理道德意义、心理鸡汤意义。

《老子》总是以水论道、以水喻道，曰："上善若水。水善利万物而不争，处众人之所恶，故几于道。"这里，他指出了"道"具有至高至善的境界，尽管道是不可言说的，但它好有一比，似乎就像水的品性一样，表面看来至善至柔，泽被万物而与万物无争。

据文献记载，"孔子观于东流之水，子贡问曰：'君子见大水必观焉。何也？'孔子曰：'夫水，遍与诸生而无为也。似德，其流也。卑下倨句，必循其理。似义，浩浩乎不居。似有道，其延万仞之谷，不惧。似勇，主量必平。似法，盈不求概。似正，绰约微达。似察，以出以入就洁。

似善，发源必东。似志，是以君子见大水必观焉'"①。孔子所观之水，是心中"仁学"形象之水，是"比德"拟人之水，是与人的精神世界和心理素质相映照、能融通之水。

《文子》曰："古之善为君者，法海以象其大，注下以成其广。"②东晋王彪之《水赋》云："寂闲居以远咏，记上善以寄言，诚有无而大观，鉴希微于清泉。泉清恬以夷淡，体居有而用玄；浑无心以动寂，不凝滞于方圆。湛幽邃以纳污，泯虚柔以胜坚。或宏浪于无外，或纤入于无间。"③

东晋著名美术家、哲学家戴逵的《水赞》曰："水德淡中，泉玄内镜；至柔好卑，和协道性。止鉴标贵，上善兴咏；爰有幽人，拥轮来映。"④

唐代诗人白居易在《玩止水》一诗中写道："动者乐流水，静者乐止水。利物不如流，鉴形不如止。凄清早霜降，淅沥微风起。中面红叶开，四隅绿萍委。广狭八九丈，湾环有涯涘。浅深三四尺，洞彻无表里。净分鹤翅足，澄见鱼掉尾。迎眸洗眼尘，隔胸荡心滓。定将禅不别，明与诚相似。清能律贪夫，淡可交君子。岂唯空狎玩，亦取相伦拟。欲识静者心，心源只如此。"⑤

在历代文学作品中，咏水写水的很多很多，不胜枚举，而诸多诗词歌赋都是从"亦取相伦拟"的角度审视和读取水的内涵与德性的。无论是"法海以象其大"，还是"记上善以寄言"；不论是"迎眸洗眼尘，隔胸荡心滓"，还是"止鉴标贵，上善兴咏"，都是寄希望人们以水为师，

---

① 转引自《荀子》，安小兰注，中华书局 2007 年版，第 8 页。
② 转引自徐坚：《初学记》，中华书局 1962 年版，第 211 页。
③ 转引自徐坚：《初学记》，中华书局 1962 年版，第 211 页。
④ 转引自徐坚：《初学记》，中华书局 1962 年版，第 211 页。
⑤ 《白居易集》，顾学颉校点，中华书局 1979 年版，第 116 页。

"心源只如此"。

从以上所举例子可以看出，古人以水映人，希望能够提高人性修为，从而改善社会的人文环境。说到底，还是以"天人合一"的思想来论证水自然的特性与人之特性的相通之处。由此可见，现在"人水和谐"理念之所以被越来越多人所接受，无疑是基于人们在认识水、利用水、鉴赏水乃至以水为师为范的过程中的一种文化心理积淀。

中华民族人水和谐的思想理念，根深蒂固，气脉贯通。这是我们党和国家提出"坚持人水和谐"的思想理念的文化基础和精神渊源。

三、"人水和谐"思想理念的学术研究与实践融通

（一）"人水和谐"理念的学术研究与传播

一直以来，"人水和谐"问题都是学界关注的一大热点，有不少论著涉及，且多创见之论。新中国第一位女性水利部部长钱正英，退休后又致力于"水资源"战略咨询项目研究。她在《人与河流和谐发展》一文中指出："必须落实科学发展观，坚持人与河流和谐发展，并且要研究和处理好总体要求和区别对待方面的问题，保证生态和环境需水方面的问题以及河流开发、利用、保护和管理过程中出现的一些问题。"[①] 其他学者研究专著方面，宋继峰、刘勇毅、白玉慧编著的《构建人水和谐社会的思考与实践》[②] 一书，是对人水和谐研究探索的成果

---

① 钱正英：《人与河流和谐发展》，《河海大学学报》2006 年第 1 期。

② 宋继峰等：《构建人水和谐社会的思考与实践》，中国水利水电出版社 2010年版。

集成，全书共分九章，研究探索了人水和谐的思想渊源、人水和谐实践的历史演变，阐述了人水和谐的基本理念，提出了人水和谐的追求目标，提出了人水和谐的框架体系，综合分析了如何实现人水和谐，针对当前水土流失、水污染等突出问题，从水资源管理和工程管理角度进行了透辟分析，分析了人水和谐的保障措施，提出了人水和谐评价指标与评价方法，最后介绍了国内外入水和谐实践的典型工程案例，为人水和谐的实践探索提供了有益的借鉴。研究论文方面，据中国知网检索，共有 1285 篇以"人水和谐"为题的论文（2019 年 6 月检索结果）。有的作者从"人水和谐"核心理念的文化演进方面入手，以古鉴今，如余达淮、张文捷、钱自立的《人水和谐：水文化的核心价值》[①]、陈阿江的《论人水和谐》[②]、左其亭的《人水和谐论——从理念到理论体系》[③] 和《人水和谐的中国古代水城》[④]、田飞的《人水和谐刍议》[⑤] 等。有的作者从"人水和谐"理念的实际应用着眼，如周爱山的《从"96.8"大洪水看人水和谐的重要性》[⑥]，浙江省松阳县"五水共治"工作领导小组办公室课题组《做活水文章，打造人水和谐田园新松阳》[⑦]，边松涛、胡宏立《扎实推进节水型社会建设　努力构建人

---

① 余达淮等：《人水和谐：水文化的核心价值》，《河海大学学报》2008 年第 2 期。

② 陈阿江：《论人水和谐》，《河海大学学报》2008 年第 4 期。

③ 左其亭：《人水和谐论——从理念到理论体系》，《水利水电技术》2009 年第 8 期。

④ 左其亭：《人水和谐的中国古代水城》，《中国三峡》2013 年第 3 期。

⑤ 田飞：《人水和谐刍议》，《重庆广播电视大学学报》2012 年第 4 期。

⑥ 周爱山：《从"96.8"大洪水看人水和谐的重要性》，《中小企业管理与科技》2014 年第 10 期。

⑦ 浙江省松阳县"五水共治"工作领导小组办公室课题组：《做活水文章，打造人水和谐田园新松阳》，《党政视野》2015 年第 12 期。

水和谐美丽鹰城》①，陈渭忠、徐亿君《四川成都市：促人水和谐创美丽蓉城》② 等。还有的作者从"人水和谐"政策解读来研究，如刘艳飞的《建设利水型社会：人水和谐重要途径》③，太仓市水利局《创新管理强化保障太仓全力打造人水和谐新农村》④，左其亭、张志强的《人水和谐理论在最严格水资源管理中的应用》⑤，康艳、蔡焕杰、宋松柏的《宝鸡市人水和谐评价研究》⑥，雷明霞的《最严格水资源管理促人水和谐——〈江西省水资源条例〉修订解读》⑦ 等。以上这些水文化研究者们秉承"培育良知，教化人类"的宗旨通过著书立说和文艺创作，使水资源生态环境问题逐渐为大众所熟知，敲响了全球水危机的警钟。

据《湖南日报》报道，2007 年 10 月 29 日至 30 日，全国政协原副主席、中国工程院院士钱正英在湖南省考察时强调，"要认真学习贯彻党的十七大精神，全面落实科学发展观，建设生态文明，促进人水和谐"。水利部原部长汪恕诚从 2004 年 9 月 26 日至 2012 年 11 月 19 日期

---

① 边松涛、胡宏立：《扎实推进节水型社会建设　努力构建人水和谐美丽鹰城》，《治淮》2015 年第 11 期。

② 陈渭忠、徐亿君：《四川成都市：促人水和谐创美丽蓉城》，《中国水利》2015 年第 22 期。

③ 刘艳飞：《建设利水型社会：人水和谐重要途径》，《河南水利与南水北调》2013 年第 23 期。

④ 太仓市水利局：《创新管理强化保障太仓全力打造人水和谐新农村》，《唯实》2014 年第 8 期。

⑤ 左其亭、张志强：《人水和谐理论在最严格水资源管理中的应用》，《人民黄河》2014 年第 8 期。

⑥ 康艳等：《宝鸡市人水和谐评价研究》，《自然资源学报》2014 年第 1 期。

⑦ 雷明霞：《最严格水资源管理促人水和谐——〈江西省水资源条例〉修订解读》，《时代主人》2016 年第 4 期。

间发表的 32 篇关于水利水电工作的学术报告和论文,汇编成了《人水和谐科学发展》[①] 一书。作者立足中国水情实况,结合国内外形势,系统论述了关于坚持人水和谐、推进水利水电科学发展的观点与看法。左其亭等将"人水和谐"定义为:"人文系统与水系统相互协调的良性循环状态,即在不断改善水系统自我维持和更新能力的前提下,使水资源能够为人类生存和经济社会的可持续发展提供久远的支撑和保障。"[②]

(二)"人水和谐"的思想理念的实践应用与融入

综上可知,"人水和谐"是一个既具有深厚哲学根源的理念,蕴涵着深刻的辩证唯物主义哲学思想,又是一个需要在生活实践中得到切实运作与检验的理论,它并不形而上,而是具有很强的实用性与可操作性。

水是人类发展的命脉,是生态文明建设的控制性要素。从古至今,水作为生存之本、文明之源、生态之要,孕育了人类文明,滋养了生物生命,促进了社会生产,激发了人们文学创作和文化创造的热情,参与创造了光辉灿烂的水事文化,影响着人类的历史进程,一再验证着水兴则国兴,水弱则国衰的历史规律的波动。一方面,人类在兴水利、除水害、利用水资源以及与此有关的生动实践中,改变着水体水能的前途和命运。特别是近代以来,随着科学技术水平的提高,人类对水的认识、改造能力也在不断提高,使得更多的"天然之水"转化为"人化之水"。但另一方面,由于种种原因,人类在特定的时期尤其是近代以来对水生态环境也造成了极大的破坏。人与水的关系属于人与自然关系的重要内

---

① 汪恕诚:《人水和谐科学发展》,中国水利水电出版社 2013 年版。

② 左其亭:《人水和谐论——从理念到理论体系》,《水利水电技术》2009 年第 8 期。

容。水与人类相互联系、相互依存、相互渗透、相互制约，人水关系随着人类社会的发展不断演化，由人依赖水生存，水主导人生产，人水冲突加剧到人水渐入和谐等四个阶段，既反映了人类认识水自然、改造水自然的能力，也反映了人类在认识水自然、改造水自然的过程中自我调适的水平。人水和谐既是人水关系不断演化的产物和人水关系发展的必然阶段，又是处理好人水关系的重要理念和根本路径。同时，人水关系是否和谐也是检验当代生态文明建设成效的核心元素和主要标准。

党的十八大以来，以习近平同志为核心的党中央，把生态文明建设纳入中国特色社会主义事业"五位一体"总体布局，把"美丽中国"作为生态文明和中国特色社会主义建设的宏伟目标。十八大审议通过《中国共产党章程（修正案）》，将"中国共产党领导人民建设社会主义生态文明"写入党章，作为行动纲领；十八届三中全会提出加快建立系统完整的生态文明制度体系，着力生态文明长效机制建设；党的十八届四中全会要求用严格的法律制度保护生态环境，进一步建立健全了生态文明建设的法治保障；十八届五中全会提出"五大发展理念"，将绿色发展列入其中，成为党关于生态文明建设、中国特色社会主义建设规律性认识的重大成果。习近平总书记在十九大报告中指出，建设生态文明是中华民族永续发展的千年大计。必须树立和践行"绿水青山就是金山银山"的理念，像对待生命一样对待生态环境，坚定走生产发展、生活富裕、生态良好的文明发展道路，建设美丽中国，为人民创造良好生产生活环境，为全球生态安全作出贡献。习近平总书记系列重要讲话特别是关于生态文明的重要战略思想，闪耀着马克思主义思想光辉，为我们在新的历史起点上实现人与自然和谐的共生，建设"美丽中国"提供了正确的思想指引和巨大的前进动力。

　　提出人水和谐理念，旨在引领由人主导的经济—社会系统和由水主导的水资源—生态系统的协调发展，使其达成良好关系并良性循环。树立经济—社会系统与水资源—生态系统和谐相处的思想并付诸实践，是"创新、协调、绿色、开放、共享"的新发展理念的具体体现，完全契合习近平总书记提出的"节水优先、空间均衡、系统治理、两手发力"的新时期治水方针，符合新时期强化水治理、保障水安全的现实需求，对于解决因社会经济高速发展和人口激增等因素而出现的水土流失、少水缺水和水资源污染等"水问题"，利用好宝贵且有限的水资源，使之成为落实"五位一体"总体布局的重要途径，从而为社会经济可持续性发展提供长足的支撑，具有重要的现实意义和深远的历史意义。

　　如何真正使"人水和谐"理念入脑入心，并切实体现到人们的行动当中，是解决水资源危机的关键。在国家层面有制度保障、政策法规管束、管理部门监督之外，最为行之有效的办法就是让越来越多的人意识到只有保护好水资源，人类才会有美好的生活，也才能有美好的未来。面对水资源危机，如何反思并纠正过去的行为，对洪涝灾害、干旱缺水、水土流失和水污染等水问题，找到合理合法的解决途径，使有限的水资源为经济社会的可持续发展提供久远的有力支撑，是人水和谐理念的重要应用价值。简单来说，就是要通过各种宣传手段和媒介、颁布科学治水管水的政策、法规，使人们认识到水资源危机的严重性，在观念上牢固树立人水和谐的思想理念，从而在行为上规范自己、约束自己，转变生产生活方式，在水资源开发与水资源保护之间找到平衡点，推动形成绿色发展的经济格局和生态文明社会形态。

第五节 人水和谐与节水高效低污生产方式变革

党的十九大报告中指出："必须树立和践行绿水青山就是金山银山的理念，坚持节约资源和保护环境的基本国策，像对待生命一样对待生态环境……形成绿色发展方式和生活方式。"①

作为重要的生活和生产性资源——水是社会生产中至关重要的物料、能量流转载体。随着水资源短缺、水环境污染等水问题越发严峻，人类在用水的过程中更致力于最大限度地、可持续地利用有限的水资源。在此过程中，人类逐渐开始重新认识水，重新考虑人与水、人与自然之间的关系，寻求人水共同发展的出路，将人水和谐理念逐步融入人水关系当中，通过引入更为科学、先进的生产方式一方面促进经济增长的优点，一方面达到人水和谐发展的最佳目标。以人水和谐理念来看，科学、先进的生产方式意味着用水结构的优化、污水处理技术的进步、节水理念的与时俱进和以节水、高效、低污为目标的生产实践。

---

① 习近平：《决胜全面建成小康社会 夺取新时代中国特色社会主义伟大胜利——在中国共产党第十九次全国代表大会上的报告》，人民出版社 2017 年版，第 23—24 页。

一、生产方式与用水结构

（一）农耕文明与工业文明时期生产粗放式用水结构

早在原始社会时，人类既想利用河流，但又害怕水，由于认识自然的能力非常有限，人们对水是一种敬畏和崇拜的态度，所以在这个时期人们在生产上与水的关系是处于一种原始的和谐状态。

随着生产力水平逐渐提升，人类开始建造一些大型的灌溉和航运工程，有意识地开发利用水资源，但是因为在当时改造自然的能力毕竟有限，人类对自然的掠夺能力也很有限，对于自然的破坏程度也很小。

总之，在人类进入工业革命之前，产品更新周期较长，由于技术所限，当时粗放型的生产模式难以满足人类的需求。

而开始采用工业化大生产以来，人类在生产生活效率上发生了翻天覆地的变化，人类改造自然的能力大为提高。但随着生产能力的提升，以及物质利益的诱惑，人类开始以资源依赖型的生产来进行发展，表现出对于资源的利用毫无顾忌，以及高效率、高消耗、高产出等特征。

在这个过程中，人类对于自然生态环境无止境地掠夺使得河湖水系被严重危害，水系生态的问题越发突出。即便是在这种情况之下，仍未改变的粗放型经济增长模式以及人口的不断增长，与工农业生产发展所需用水量以及环境承载水污染的能力都无法达到一个平衡。在这一时期，人类对水资源的肆意掠夺，也招致水环境的惩罚。与此同时，水资源的状况在国民经济的发展中所起的作用以及影响越发重要。在这种情况下，采取什么样的措施改变原有状况，既能够最大限度提升用水效率，改善用水结构，迅速解决由于发展所带来的各种水问题便成为关键。

（二）现代文明时期科技化生产节约式用水方式

用水结构是指各个不同用水部门在总用水量中的比例。按照目前的用水形式和内容上看，可以将用水结构划分为生活用水、生态用水和生产用水三个部分。生产用水方面的优化一是需要生产方式的调整与升级，这需要生产部门采取用水总量控制制度，通过生产方式的调整和升级再来改变水量的分配格局及其总量的变化；二是对于用水结构的调控。

从当前形势看，随着产业结构不断演化升级，水资源对产业结构的影响是越来越弱。尤其是在工业生产领域，水资源随工业化进程所发挥的价值以及取水量均不断变化。关于这一点，可以从不同阶段的工业取水量与用水量的变化情况比中看到。在工业化初期，二者处于缓慢增长过程，在中期的前段出现快速增长，到了中期后段工业取水量稳定但用水量仍缓慢增加，到后期二者均出现下降状况。

一个国家或者地区的工农业用水以及生活用水比重是衡量这个国家或者地区经济社会发展的一个重要参照。如果是工业用水比重越大，则意味着工业化程度较高；生活用水比重社会文明程度呈现正比关系；如果是农业用水比重大，则意味着该地区对于农业生产的依赖程度过高。新中国成立以来，随着社会经济发展，农业用水比重呈现出逐步下降趋势。

1997 年后，我国工农业及生活用水比重基本保持在 2:7:1 的水平。例如在 2013 年中国总用水量为 6183 亿立方米。其中农业用水量为 3922 亿立方米、工业用水量为 1406 亿立方米、生活用水量为 750 亿立方米、生态用水量为 105 亿立方米①。通过 2005—2014 年国家各行业用水量及所占比例比较，可以看出农业用水依然是占绝对优势，并且还有逐年上升的趋势。与此同时，农业用水效率正在提升。用水结构趋向合理。生态用水量与总用水量趋势变化基本一致，用水比例基本保持在 1.78% 上下浮动②。

在 2015 年，中国的农业用水、工业用水、生活用水所占比例中，农业用水占比为绝对优势。尽管农业用水量最大，但是它的产值却是最低的，说明在各产业之间用水结构并不合理。在产业内部，同样存在用水结构的区域不合理现象。例如在长江流域，钢铁、化工、建材等行业的用水量所占比重较高；在淮河流域，造纸、制革等行业用水量占比较高。这样一来，水资源没有得到更为合理的应用，反倒是造成不必要的浪费。实现用水结构的优化成为当前的迫切需求，而要想达到目的只有通过引导、制度保障等方式。

二、污水处理传统与利用

（一）污水处理模式演变

人类对于污水进行处理的行为早已有之。在西方可以追溯到公元时代的早期，甚至更早的时候；目前尚存的例子有庞贝城（公元 1 世纪）以及更早的古希腊克里特岛上的米诺斯遗址。在这些古城中设有把屋檐

---

① 梁书民：《中国城镇化的资源瓶颈与破解方略》，中国农业出版社 2015 年版，第 392 页。

② 马中佳：《中国用水结构与节水策略研究》，《科技创新》2016 年第 13 期。

水和雨水从铺石街道上排走的下水道，它们是用陶土管子敷设的污水管道。与此相反，某些房屋的用水则是用铅制管道引入的，不过这种改进的设施主要限于当时的政府和富有阶层使用。

在古罗马，污水主要通过地面露天排水沟排入台伯河，但早在公元前6世纪，一部分厕所下水道和主要的排水沟即已加盖；到了公元3世纪时，全部排水沟道都加了顶盖。除了排走雨水径流之外，罗马污水系统还为一个主要的污水来源，即公共澡堂服务。罗马的工程师们把他们的技术传遍了巨大帝国的各地；直到今天，在英国巴思镇留下来的这种古老的澡堂中，还可以看到引入干净水的铅管和排放用过的水的下水管。①

在中世纪早期，西方在污水管道方面几乎没有什么发展。但是，在重要的中世纪时期迅速成长着的城市中，进行了污水有组织地排放的初步尝试。通常建造来为几个家庭共同使用的私人的带拱形顶盖的排水沟，要做定期的打扫。所有的这类污水系统，没有一个是令人十分满意的；富有的家庭多喜欢居住在河道附近，或者是居住在利用托架支撑在水面上的（私人）房屋；伦敦桥就曾是人们最喜欢的居住区，因为它在这个方面比较方便。在一些地方出现的一个较为显著的进展就是污水渗井。但是，在整个文艺复兴时期，污水普遍是排入城市的排水沟中，再借大水经由下水道将其冲走。

又如金中都和元大都城内都有排水系统。元代修筑"大都"城时，注意了污水的排放问题，居民区的地下和街道两旁有排水沟，在上边与一座用砖砌成的渗井相通。污水倒入渗水井后，慢慢渗入暗沟中，这些

---

① 周家骝译：《污染控制、污水系统、垃圾处理系统》，知识出版社1980年版，第34页。

沟都归入排水干道，通过水关出城入护城河排出。金中都的排水干道有彻沟，元大都的排水干道则有坝河、通惠河等。明清城址变迁，但大小街道仍都有沟渠，明令不许毁践，这些沟形成了一个周流全城的网络，排雨涝，也排城市废水。明清的主要排水干渠，内城有御河（元通惠河城内段）、大明濠（或称河槽）和东沟西沟，外城有龙须沟等。它们的排水通路也是以护城河为归宿。正常情况下，这些沟渠排泄生活用水和一般雨水都够用。到了明清两朝，仍然借助元代修的渗井和暗沟排放污水，由于历经数百年，暗沟中淤积了大量秽物，而且暗沟砌在地下，疏浚掏挖也十分不便，使得城市中地面污水横流，脏乱不堪。《明会典》中记录，明朝成化十年（1474年），宪宗朱见深批示准奏："京城水关去处，每座盖火铺一，设立通水器具，于该街门拨军两名看守。迂雨过，即令打捞疏通，其各厂大小沟渠、水塘、河槽，每年二月令地方兵马疏通。"从此，每年一过"春分"，由家丁和雇佣的"掏夫"，需要通过掀开沟盖，再掏挖里面的淤泥，最终达到疏通地下暗沟的目的。但由于没有基本的防护措施，"掏夫"一打开沟盖，秽气冲腾，经常会出现"掏夫"被熏倒，甚至中毒死亡的事情。那些掏出的污泥秽物，堆在大街上，臭气四散，过往行人"多佩大黄、苍术（两种散发香气的中草药）以避之"。① 清代有一首竹枝词描摹京城三月臭沟开的情景是："污泥流到下洼头，积秽初通气上浮。逐臭当须掩鼻过，寻常三月便开沟。"②

（二）现代污水处理利用

到了现代，随着水资源危机的加剧和水环境的不断恶化，而节约用

---

① 胡玉远主编：《春明叙旧》，北京燕山出版社 1999 年版，第 262 页。

② 胡玉远主编：《春明叙旧》，北京燕山出版社 1999 年版，第 262 页。

水和重复利用水资源（污水回收）是解决有限水资源和用水量之间矛盾的最为有效、最为经济的办法。这就要求加强对废水的治理，控制减少城镇生活污水排放和工业废水排放，使污水处理率和排放达标率得到有效提升，提高水的循环利用率。在策略上以"经济发展高增长、水资源消耗低增长、水环境污染负增长"为目标，制定相应的解决办法。通过各种方式引导并转变经济增长模式。尽管人们意识到污水回收利用的原理，但其实践过程仍是渐进式的。

自新中国成立之后到 20 世纪 70 年代以前，国人还没有认识到应从源头重视水资源清洁度保护。此时具有"直用直排，末端集中序列处理"的特征。到了 20 世纪 80 年代，人们意识到水资源的重要性，所以开始从源头入手保证节水减排，但是对于水的回收使用过于复杂，这时水系统具有"水回用 + 末端集中序列处理"特征。到了 20 世纪 90 年代，人们开始意识到废水需要分等级，不能把轻微污染的水与严重污染的水混合在一起，这样会造成二次污染。在这种观点影响下，用水系统和废水处理系统均逐步向网络化过渡。20 世纪末，很多地方都安装了水处理设备。

在污水处理逐步有了技术保障时，上述问题可以得到解决。根据国内外的经验，让污水治理市场化是最好的途径。在各种法律制度以及规章制约的前提下，通过市场运作以及合理的价格体系和收费体系的保障，污水治理将获得市场化运行。政府可通过税收杠杆处罚对于污水治理不利的用户并督促其尽快完善污水治理设施。同时，由城市统一设立的给水排水公司进行标准化经营，实现对污水处理的常态维护。

三、节水新理念

（一）自然旱情灾害环境下的自发节水理念

党的十九大强调："推进资源全面节约和循环利用，实施国家节水行动，降低能耗、物耗，实现生产系统和生活系统循环链接。"①

"节水"从字面意思理解是节约水、节省水，通常情况下是指将节约观点充分运用在日常生产生活用水方式当中，以最大限度达到水资源的高效利用。随着人类认识的深入，节水的内涵也在不断扩展。根据人水和谐的理念，节水不仅仅是节约用水，它实际上还包含了关于法律法规、规章制度、市场价格等一系列措施。

节水与水资源高效利用相互联系、互相区别，二者在很多方面是可以融会贯通的。广义上的节水不仅包括节约用水，也包括对于水源的维护。节水也绝非越多越好，必须与自然环境效应相结合，否则就达不到真正意义上的人水和谐。传统节水通常是指一个单位、部门或工程在生产生活过程中的节约用水。传统节水着重考虑的是工业、农业、生活等社会经济的节约量，仅仅考虑水量的减少而忽视水质问题。所以一般是只注重将喷灌、滴灌、各种节水器具等技术措施运用在其中。

节水的理念古已有之，在《齐民要术》中所涵盖的农田节水思想内容非常丰富。《齐民要术》特别强调了趁雨播种抢墒的重要性。书中谈到种麻法时举了一个很形象的例子，即"谚曰：'夏至后，不没狗。'或

---

① 习近平：《决胜全面建成小康社会　夺取新时代中国特色社会主义伟大胜利——在中国共产党第十九次全国代表大会上的报告》，人民出版社 2017 年版，第 51 页。

答曰：'但雨多，没犊驼。'又谚曰：'五月及泽，父子不相借。'"① 以此来说明重要。并指出"凡种谷，雨后为佳。遇小雨，宜接湿种；遇大雨，待薉生（小雨不接湿，无以生禾苗；大雨不待白背，温辗则令苗痎。湿辗则令苗瘦。薉若盛者，先锄一遍，然后纳种为佳）。"② 这种方式适用于许多作物。例如在《胡麻第十三》中即提到"欲种截雨脚（若不缘湿，融而不生）"。这里的"截雨脚"就是趁雨还没有停止的时候播种，不然种子就会和土壤黏在一起。另外像旱稻、兰香的移栽，也都要趁雨天"拔栽之"。和《氾胜之书》不同的是，《齐民要术》要求最好趁雨种，但不强调非得要有雨才能种，主要是依靠土壤的墒情。而前文也提到《氾胜之书》中强调了春播作物必须要趁雨，说明由于北魏时期的耕作技术提升，导致土壤的保墒能力增强所致。

在《齐民要术》介绍冬季种葵时，谈到在十月末地将冻时下籽，至第二年春季暖时出芽。而在葵生长前期所需水分主要靠"堆"和"劳"雪水来供应。如果"竟冬无雪，腊月中汲井水普浇悉令彻泽"③，至"正月地释，驱羊踏破地皮"，因为"不踏即沽涸，皮破即膏润"。到四月才开始浇地，是因为"四月亢旱，不浇则不长；有雨即不须。四月以前，虽旱亦不须浇，地实保泽，雪势未尽故也"④。具体程序即"日日剪卖。其剪处，寻以手拌斫劂地令起，水浇，粪覆之"⑤。也就是将松土、施肥与灌溉相结合。当然这里体现了土壤保墒的目的，也体现了古人的智慧。

---

① 贾思勰：《齐民要术》，蓝天出版社1999年版，第38页。
② 缪启愉、缪桂龙撰：《齐民要术译注》，上海古籍出版社2006年版，第60页。
③ 缪启愉、缪桂龙撰：《齐民要术译注》，上海古籍出版社2006年版，第175页
④ 缪启愉、缪桂龙撰：《齐民要术译注》，上海古籍出版社2006年版，第175页
⑤ 缪启愉、缪桂龙撰：《齐民要术译注》，上海古籍出版社2006年版，第175页。

而到了现代，水资源高效利用更多的是讲求整体性原则，通常都是从一片流域、一片区域，多层次、综合性的问题。水资源高效利用还将生态用水与社会经济用水相结合进行考虑。水资源高效利用重视对水量和水质进行统一调配和综合考虑，在利用过程中，全面把握水资源合理配置与统一管理。相比于传统节水方式更具有宏观性、广泛性、综合性和整体性。只有将节水真正地同水资源高效利用、涵养水源、生态维护相结合才能真正实现人水和谐。

（二）现代文明生活社会氛围下自觉节水理念

节水是一种文化自觉行为。文化软实力在于它具有引导和影响社会思想行为的能力。作为社会成员所形成的文化自觉是非常重要的，因为这是整个社会自觉的基础。建设节水型社会当然需要全社会的共同努力，强调将整体力量与个体力量的有机结合，强调节水先进单位、先进个人与全社会成员的有机结合，共同实现以自律为核心的节水模式。节水理念要形成一种社会习俗，选择节水的技术工艺、用水器具，从小事做起，成为每位社会成员都要遵守的行为习惯。通过文化宣传等舆论导向教育并引导每个社会成员都以节水为文明、以节水为美德、以节水为风尚、以节水为光荣。当然这种良好行为习惯的形成是一个漫长的过程，需要全社会成员的共同努力才可以达到对水资源可持续利用的目的。

四、高效、低污染、节制用水实践

随着社会经济发展与生态环境之间矛盾的加剧，尽快推进传统生产方式的转变，适应社会发展需要实现人与自然的和谐成为必然趋势。而人水和谐的生产方式，必须围绕以人为本，实行绿色、环保、低碳的生产方式，具体而言，这种生产方式，就是一种节水、高效、低污染的生产方式。

（一）高效用水的农业生产实践

由前面的内容可知，所谓节水减排，不能简单地理解为是限制用水，而是通过行政、法律、经济、技术和宣传教育等手段，运用必要可行的方式进行改善措施。通过各方面的努力来提高用水的科技水平和管理水平，减少不必要的浪费，尽可能降低污水排放对环境的危害程度。通过有目的地对水资源的循环、高效、科学利用，获得对水资源的持续使用，并减少对环境的污染。如对于用水量较大的农业部门，提高灌溉效率，实施农业精确灌溉是节水减排的必行之路。传统"土渠输水、大水漫灌"模式水利用率仅 30%—40%，且容易造成土壤盐碱化，我国部分地区逐渐采用、推广新的节水灌溉技术如喷灌、滴灌、渗灌等，变浇水为浇农作物，逐步实现管道化、渠道防渗化，在农田中大面积采用喷灌、滴灌以及灌溉自动化技术，使水利用率达 70%—80%[①]。另外，城市中经过处理的污水、废水也可以二次利用用于农业灌溉。以色列已经在 2010 年以后实现了废水、劣质水的再利用与灌溉，这给我国改进灌溉模式、节水高效与低污生产提供了现实的宝贵经验。

（二）低污染用水的工业生产实践

对于工业而言，我国水资源条件不允许工业用水过快增长，近年

---

① 孟建军主编：《现代农业新概念》，中国农业出版社 2010 年版，第 256 页。

来，工业和信息、水利等部委按照国务院规定的管理职能，强化了工业用水节水的管理工作，成效明显。各工业行业和地方结合自身实际，进一步通过引入新技术提高工业用水重复利用率，推广城市管网检漏防渗技术、公共建筑节水技术、市政环境节水技术。同时也应该配套相应的设施以保证各种技术能够推广和应用。以河北涉县某化肥厂为例，该企业水资源的重复利用率达到了90.9%，仅从数据上看，该企业似乎不存在用水浪费现象，但在通过实地调研后发现该企业不但重复用水量大，而且排水量也相当可观，达到83.2%，由此说明该企业还存在着巨大的节水潜力。通过对企业用水分析及重新规划后，在用水功能不降低而仅改变流程的情况下，水资源的重复利用率从90.9%提高到96.4%，排水率从83.2%下降到52.9%。由这个实例可以看出，对于用水量较大的企业，仅从水资源的重复利用率来评价并不科学。分析一家企业的用水情况，需要对主要用水工序逐一分析，设计出新的供排水方案。

（三）节制用水的日常生活实践

改进技术之余，增强节水意识，从日常生活中挖掘节水潜力也是每个公民力所能及的事。一般按照传统的理解，节水就是减少用水量。相比而言，水资源高效利用则是在有限水资源前提条件下，用其来做更多的事情，也就是单位用水量提高了。据研究，米的表面含有钾，头一两道淘米水的pH值大概在5.5左右，显示为弱酸性；再洗过两次后，pH值为7.2左右，开始呈弱碱性[①]。这样的淘米水非常适合清洗物品，具有肥皂水去皮脂的功效，和洗衣粉相比，它的洗净力适中，质地温和，没

---

① 荆晓莹：《五光十色的化学世界》，北京工业大学出版社2014年版，第124页。

有副作用。假设每家每户都用这种淘米水来清洁碗筷，再用洗碗水用来冲洗厕所，这样就能最大限度地利用水资源，不但利用率提高了，还能起到良好的效果。这才真正实现了节水、高效、低污染用水。

第六节　人水和谐与水资源管理体系构建与完善

　　人类对水资源的管理古已有之。早在春秋战国时期，当时的水官便具有相当高的地位和管理权限。《管子·度地》："除五害之说，以水为始。请为置水官，令习水者为吏。大夫、大夫佐各一人，使为都匠水工，令之行水道城郭堤川沟池官府寺舍及洲中当缮治者、给卒财足。"①水官主持水路、堤防和城郭的营缮、以除水害。封建国家的形成中，水官是百官之中较早设置的官吏。水利工程的管理、水利工程的兴衰和工程效益相互制约。为了合理调配灌溉用水，汉代南阳太守召信臣制定了均水约束，明代河内县知县袁应泰提出灌区分水的利泽均衡的原则。在封建社会蓬勃向上时期，水政作为国家管理的组成部分开始完善。但是随着社会经济以及人口的不断发展，由人水矛盾所造成的问题越发突出。各种洪涝灾害、水污染、水资源浪费等问题相继出现。水资源是国家重要的战略资源，对于一个国家的社会稳定而言，它与粮食、石油同等重要。为了实现人水和谐解决水问题，就必须加强水资源的统一、协调管理，通过技术、制度等手段实现促进水资源可持续利用。水资源管

---

　　①　《管子》，上海古籍出版社 2015 年版，第 373 页。

理体系由各子系统构成，各子系统彼此联系、互相促进，但在运行过程中仍存在一些问题，因此在现有水资源管理理论体系基础上，如何完善将成为人水和谐与水资源管理体系构建的重中之重。

一、水资源管理体系构成

基于人水和谐理念，相关学者和政府部门人员从剖析 2011 年中央一号文件和国务院、水利部有关文件精神入手，进一步理顺人水和谐理念与水资源管理制度之间的关系，基于认识的进一步深化构建核心体系。水资源管理体系包含制度、指标、组织、法规、保障、技术、水价和税费等方面，目前制度、指标两个体系的研究较多。

（一）水资源管理制度体系

水资源管理制度是一项具有鲜明中国特色的管理制度，是在人水矛盾突出、经济社会发展受水资源严重制约以及水资源开发利用存在较大问题的大背景下提出的。这其中包含了用水效率控制制度、水资源管理责任和考核制度、水功能区限制纳污制度等。对于此前人类社会发展所造成的各种不利影响和对水资源的过度浪费，在人水和谐理念之下，通过制度、技术、政策手段实施，达到各种目的和基本要求。

水资源管理制度就是要做到通过制度的保障与维护，做到对宝贵水资源的节约、保护、维护、保障等，要求在遵循自然规律的前提下，推进社会经济的发展，同时做到对于水资源的合理利用与开发、配置。这是人水和谐思想的基本体现，也是人类在科学发展理念下所寻求的永续发展的必经之路，同样适用于指导人们的生产实践和生活实践活动。但是水资源管理制度作为一项制度，必须要由全社会来推行开展才行，需要通过各种宣传教育活动，让全社会都能够意识到水资源的重要性，水对于社会的重要性，以及当前水问题的严峻形势，提升公众对于水资源的重视程度，从而增强对于保护水资源的主动积极意愿。所以由此看出，水资源管理制度是否能够贯彻实施，这项制度能否获得良好的效益，关键要看全体社会成员的参与程度，是否获得全体社会成员的认同，是否带动起他们的广泛积极性。

从目前情况来看，在水资源管理制度体系当中，水资源冲突管理制度相对于其他制度是较为完整的。从国家层面到地方层面和流域层面，都制定了水资源冲突管理制度，针对水资源冲突的各种类型，基本都能找到相应的规定。以行政法规为例，中国的水资源冲突管理制度多是针对部门之间、产业行业之间、地区之间所产生的多种冲突，相应的都会有明确的规定。

针对传统"重建轻管"的水利建设状况，我国大力加强社会主义民主法制建设，水利法制建设也走上正轨，各地在依照法律法规的具体实施过程中，也要积极发挥各地方的特色，遵循中央精神，从地方的视角来建立地方性法规、规章。各个流域的相关管理部门可以结合当地的实际情况，在河道内广泛采用取水许可、水资源保护、水土保持等措施，制定一系列规范性内容以完善和补充原有体系内容。

（二）水资源管理考核体系

当前，我国最严格的水资源管理考核指标体系通常指"三条红线"管理指标体系。所谓"三条红线"，分别是指水资源开发利用控制红线、用水效率控制红线、水功能区限制纳污红线。这三个方面是要求在生产实践过程中尤其是在水循环过程中"取水""用水""排水"三个环节，对于所出现的"开发利用总水量过大""用水浪费严重""排污总量超出承受能力"等问题进行的"源头管理""过程管理"和"末端管理"。最近几年来，相关科研院所和专家对于这个红线的考核内容、指标体系、实现目标等进行了大量细致的考察、分析和研究工作，已经有很多城市和学者建立了相应的指标体系，虽然在指标内容上存在差别，但基本上都包含了水发展、水安全、水科技、水环境和水管理5个方面，通常围绕"三条红线"进行指标分解。

1."三条红线"指标

科学性、系统性、可行性是"三条红线"指标的基本原则。在自然界当中，水圈是一个活动最为活跃的圈层，水圈的循环过程较为复杂，使得人们对于其规律的衡量方面缺乏确定性因素，加之水资源本身在时空分布方面很不均匀，近年来又由于人类活动对其的影响和作用，最终，水资源的变化呈现出二元结构特征，在不同空间区域配套上的各种矛盾更加突出。所以，水资源管理应针对不同地区来制定相应的管理指标。在此基础之上保证其稳定、持续、科学、合理地发展。"三条红线"考核指标是其他体系共同作用才能发挥其应有的价值和作用，所以必须保证其能与其他指标体系相配套。同时，由于该考核指标是由数据计算来支撑，对于数据的可靠性就变得非常重要。所以在制定考核指标过程中尤其要重视对计算方法、计算过程严谨性、所得结果验证等方面的操作管理。

2."现代化"指标

未来寻求的是水资源管理在管理目标和管理手段方面的现代化目标。通过规范化的规章制度，以及借助新技术达到管理的现代化，管理内容的高精化以及管理手段的同步化。相比而言，管理目标的现代化更多地是为了实现社会、经济、环境、生态效益最大化，以达到有效解决水问题，实现水资源的开发利用与社会经济和谐发展和可持续发展的目的。

3."信息化"指标

水资源管理工作内容比较复杂，所涉及的内容包括在管理、监测过程中产生的信息数据，这种数据首先将是巨大的信息量，海量的数据虽然为管理者提供了较为全方位的信息资源，但是也加重了管理工作的难度以及复杂程度。

首先需要从海量的数据中抽取、处理生成与水资源管理和考核相关的数据，并将其进行加工、筛选，并从中进行提出就需要有一整套科学有效的方法。将水资源管理信息化有助于加强管理的现代化，有利于对管理进行技术性保障，对于水资源管理的各项指标进行有效分析、利用。

（三）水资源管理组织体系

水资源管理的组织职能是该体系当中的一项根本职能，这类组织体系依据相应的程序、过程和目标构建权责结构体系。水资源管理组织体系包含组织结构、职权和职责划分等内容。随着人们认识的加深，水资源管理的组织技术体系也在不断发展进步。我国有水利部水资源司，专门负责水资源管理、配置、节约和保护工作，承担全国节约用水办公室的日常工作。

（四）水资源管理技术体系

针对干旱地区水资源管理混乱、滥采滥用严重等制约其发展的问题，重视水资源的监测、模拟、优化配置和科学评价等技术，发展和构建适合于干旱区的水资源管理关键技术，如"自然—社会"水循环模式和水资源综合模拟技术、水资源优化配置方法和分配体系、地面监测优化结合 3S 的"天地一体化"监测技术及水资源综合评价模型和利用考核评价体系等关键技术。

在开采阶段，根据价格规律和供需关系来调整水资源价格，对不利于水资源保护的生产企业的产品征收水资源附加费，建立预措施制度，保障水处理设施的正常运转及处理后的废水达标排放。在利用阶段，根据全成本费用确定水价，对特定水利供水设施采用价改补偿方式，逐步适当提水价，促使其在降低供水规模的同时，能够合理盈利。在利用后阶段，完善排污收费制度，探讨排污交易政策，包括补偿政策、净得政策等，以利于防止水污染，达到经济效益与环境效益的最优化。

二、水资源管理体系的进一步完善

（一）完善水资源管理制度体系

各地区适应本地区发展的相应的制度已基本建立，但是从现有情况来看，这些制度大多是停留在宏观层面上，在具体操作上缺乏可行性，缺乏切实可行的实施办法。而且有些地方虽然在最近几年分别从不同层面尝试开展，但是从实施的进展来看，效果并非特别理想，很多制度由于制定得过急，制定前未能深入开展调研了解实际情况，导致制度的针对性不强，制度出台后无法贯彻实施的问题。因为法律法规在出台之后，它的修订还需要一定的时间和程序，因此到目前为止，相关的制度条例仍需要不断地增进和完善。当然，任何新生事物在产生和发展过程中总会出现这样或那样的情况，这就需要通过修订进一步地完善不足，而这种修订当然需要在实践过程中，根据实际需求做出调整。

相关理论方法体系框架仍不完善，就内容来看，各种理论方法涉及实践应用方面的研究较多，但是真正涉及理论方法的研究比较少。由此看出并没有形成一套适用于水资源管理的理论方法，对于水资源管理制度的实施指导工作就能无法开展。所以这种在实践中进行的理论分析就必须如上所说，需要在实践中不断总结和完善。

（二）规范水资源管理考核体系

从现有情况来看，上至全国，下至各省市以及地方市县的"三条红线"指标已经确定并开始考核，但是在实施过程中具体是否能达到预期的效果，所得出的具体结果如何尚有待分析和研究。指标本身从范围上讲仍然存在不科学的内容，有些由于在前期的研究和调研不够深入，有盲目制定的情况出现，这也就使得指标不容易发挥实际效果。还由于在实际实施过程中，相关管理机构的监管不到位，考核指标到底可行不可行还需要具体的时间和实践考验。但是在效果真正体现出来之前，指标内容首先必须要明确，用科学标准予以规范，能够较客观地反映各个子系统之间的相互作用与关系。由于水资源管理指标体系所涉及的范围非常广泛，能影响水资源管理各个环节的具体工作。建立指标时应尽量选择那些有代表性的综合指标，内容应简单明了，有较强的可比性，而且易于获取，便于操作。通过这些指标的呈现，便能全面反映社会经济—水资源—生态环境复合系统的发展状况。

（三）提升水资源管理组织体系

水资源组织体系由各职能部门组成，分工明确，行政部门作为核心领导部门，其行动方式关系到整个管理体系。"加快水行政职能转变，建立事权清晰、权责一致、规范高效、监管到位的水行政管理体制"，"建立事权清晰、分工明确、运转协调的水资源管理体制"的倡议体现了政府"简政放权、机构改革"的理念，对逐步建立适应水资源管理的组织、行政管理体制还要在实践中继续完善。此外，适应水资源管理考核的监控能力仍存在监测频次不够、自动化水平不高等问题。

全面贯彻落实党的十九大报告和习近平总书记关于环境保护的系列重要讲话精神，立足新常态，再创新业绩，以推进"高品质综合环境、一流国际化中心城区"建设为战略目标，以"源头治水、科学治水、联动治水"为治河原则，按"统一领导、分级管理、集中考核"的方式，深入推行"河长"责任制，由各级政府领导担任"河长"，高起点规划、高标准建设、高质量管理，争取政府更大的资金支持，持续提升河道建设管理水平，负责辖区内河流的水环境综合提升（治理）和日常管理。按照"统筹兼顾、先易后难、标本兼治、限期达标"的思路，实现辖区河流水环境质量和水生态功能的全面提升。加大力度完成以排污口整治、黑臭水体治理为契机，提升辖区河流质量。加强环保水政执法，查处涉河违法行为。依法对违反建设项目环境保护、服务行业环境保护、污染物排放许可证管理等规定，以及违反水污染、大气污染、噪声污染、固体废物污染等。大力推进流域内清源改造工程，加大涉河违法行为查处力度，强化河流日常保洁及管养，打造河流人文生态价值。

（四）保障体系的完善

构建、完善水资源管理保障体系是大势所趋。自 2011 年以来，国家已经投入了大量资金建设，但仅仅靠政府出资是远远不够的。因而，还需要进一步吸纳社会资本的介入，建立切实可行资金投入机制，真正体现"两手发力"的战略思想。水问题的复杂性，亟待于科技的创新。目前需要以推进相应的技术创新，使其能够尽快获得技术保障。

第七节　人水和谐与现代文明生活方式变革

要真正实现人水和谐的目的和状态，在全面实施节水、高效、低污染用水方式变革、加快水资源管理体系构建与完善的同时，还必须高度重视和着力推动现代人文明生活方式变革。

一、人水和谐传统生活方式值得借鉴

千百年来，中国人在与水打交道的过程中逐渐形成了一定的生活习惯、生活方式，在日常的吃穿住用行等方面，尤其是在用水和居住方面，以不同的方式体现出人水和谐的理念与场景。

（一）节约用水的生活方式

中国人在日常生活中自然形成了人水和谐的生活用水方式，一些内容在当今也值得借鉴。

丽江三眼井就是丽江古城纳西先民对水资源合理利用的一个典范。三眼井是利用当地地下喷涌出的泉水源，依据地势高差修建成上、中、下三级水潭，每一级水潭的功能与用途都有严格划分。第一级水潭因为是泉水的源头，因而主要用于饮用。第一级水潭的水流入第二级水潭，因为水质仍保持着洁净，因而可用于洗菜、洗涮炊具；第二级水潭的水流入第三级水潭，主要用于漂洗衣物。到最后，水从第三级水潭排入排水沟中。这样，三潭相串，各司其职。三眼井附近也成为了丽江古城的一大特色。①

在我国西部地区，由于水资源稀缺的束缚，当地人养成了节水习惯，并融入生活当中。例如在宁夏西海固，这里有一种被称为"叫喊水"的风俗，就是用毛驴拉着水车沿村叫卖。当地的村民走亲戚，手提的礼物不是别的就是两罐水。早晨起床，孩子不去洗脸，而是等着母亲端着半碗水，喷到孩子脸上，这就算是洗脸了。在河西走廊还有用"娘水"的习俗。在这一带，每隔30里就有一处无人看管的手压抽水机，旁边放着一桶水。如果有行人来取水，只有把这桶水倒进抽水机里，才能抽出井里面的水，因此桶中的水也被称为"娘水"。行人到此用水都是免费。但是，当地人认为谁要用掉了"娘水"，取完水后又不给后人留一桶"娘水"，那简直就是丧尽天良。

蒙古族人多信仰萨满教，受萨满教万物均有灵的说法影响，蒙古族人天生养成了节约用水、保护水环境的意识。他们不但视水为生命之源，也认为水是纯洁的神灵。加之草原多干旱缺水，无水意味着无法生存，因此他们很忌讳在河流中洗浴和洗衣物，尤其忌讳洗女人的衣服，并且不允许向河中倒垃圾等不干净的东西。如果是没办法非要在河流中洗手洗脸的话，则一定首先要向河水中的神灵磕头请示才行。

又如在山西霍县和洪洞县交界的四社五村，八百年缺水，但农民按

_____

① 王瑞平等编著：《水与民风习俗》，中国水利水电出版社 2015 年版，第 195 页。

人口规模限定蓄水量，照样创造了万余人在缺水山乡建设小康示范村的奇迹①。

水不单用来饮用、浣洗，还可以用来治病。中国人用水治疗疾病的方法由来已久，而其中也充分体现了人水和谐的理念。早在春秋战国时期，《礼记·曲礼》中就有"头有疮则沐，身有疡则浴"的记载。《山海经》中也有用温泉水能治百病的说法。诸如《千金要方》《外台秘要》《经史证类备急本草》等历代医书中均有关于用水治病的论述。为什么呢？明代大医药家李时珍指出："水为万物之源，土为万物之母。饮资于水，食资于土。饮食者，人之命脉也。"还提道"水去则营竭"，"然则水之性味，尤慎疾卫生者之所当潜心也"②。也就是说，没有水，人的营养就要枯竭。

（二）得水为上的生活环境

水，作为环境中的重要元素，与人类建筑很早便形成了千丝万缕的联系。中国古人对城镇的选址往往会选择在近水的地方，诸如洛阳、长安、杭州等古都以及朱仙镇、周家口镇、景德镇等名镇都是因水而起、因水而兴。在城镇的发展建设中更是注重人水相和，这一理念后来也充分融入风水文化当中。明朝王君荣著《阳宅十书》中曾提到人的住宅建筑要依山傍水，这样才有"来脉气势"，因为这关系到所居住人的祸福。事实上，任何建筑的选址都不能忽视水的因素，园林和民居都是如此。

水也是园林的重要组成部分。没有水，园林便没有廊腰缦回、楼台殿阁、养荷植菱、长桥卧波的奇妙景色。水，使园林的风光更旖旎，景

---

① 董晓萍等：《北京民间水治》，北京师范大学出版社 2009 年版，第 416 页。

② 李时珍：《本草纲目》卷五，中国国际广播出版社 1994 年版，第 417 页。

色更秀丽，因而古往今来，备受推崇。

西周时，周文王命人修建方圆 70 里的灵囿的时候，在内筑台掘沼。《诗经·灵台》中提道："王在灵沼，于牣鱼跃。"这个灵沼实际上是中国囿苑中最古朴的"观鱼池"，也是国内关于园林中人工池塘的最早记载。此后，历朝历代兴建园林水池的时候尽管类型各不相同，但都是人类精神财富的一种体现。

从总体上来看，中国园林大体上可分为皇家园林和私家园林两种类型。无论哪一种园林都离不开水。可以说，无水不园林，有水才为园林增生气。历代帝王往往集中各地建筑中的优秀设计师、优质材料专为自己营建园林。皇家水园林，特点是面积宽广，建筑富丽堂皇。北海作为中国现存历史悠久、规模宏伟的一处帝王的水园林，其全园布局继承中国古代园林建筑的传统风格，在湖水中设置岛屿，并在沿岸建筑亭台楼阁。沿岸一带建筑，分别隐现于绿丛水色之间。各色沿岸建筑均倒映于波光之中，构成一幅壮丽的画卷。

私家园林在北方以北京为中心，南方则是以苏州、南京、杭州、扬州一带为多。如苏州的拙政园、留园等。私家园林一般面积较小，小的仅一亩半亩，中等的十来亩，大的不过几十亩。尽管面积不大，园林建筑家们却在这有限的空间内尽量用水造景，为园林增色添辉。例如江苏省苏州市娄门内的拙政园，作为苏州四大名园之一，全园面积约为 28 亩，但水的面积就占到五分之三，园中的建筑群多是临水而建。园内布局采取了分割空间、利用自然、对比借景的手法，因地造景，景随步移，成为具有江南特色的典型园林。

曲水流觞是我国文人诗酒文化的活动方式之一，也是中国古典园林中相对固定的一种景观形式。它从一种民俗活动演变成一种园林景观，并最终成为中国古典文化的一个特殊符号。"曲水流觞"遂成为中国古典曲水景观的经典样式，其形制大致有自然曲水形和规则化曲水形两种类型。自然曲水景观主要体现为"流杯江""流杯池"等形式，最著名当属唐代长安城的曲江池。曲江位于长安城东南，地势四面高、中间低。唐朝时士人们也追摹魏晋先贤，仿兰亭之会，进行"曲水流觞"的活动，后成为"关中八景"之一的"曲江流觞"。规则化曲水景观则在园林中定格为"流杯亭""流杯渠""流杯堂"，这些曲水景观是专供士大夫们浅吟低唱、遣情抒怀。西汉南越王赵佗宫苑遗址中所发现的曲流石渠就是规则曲水的最早代表。这一大型石渠由东北而南，由南向东。再蜿蜒西去，现存全长 160 米，渠体剖面呈倒"凸"形。渠底以砂岩石板砌成，上铺卵石，另有大砾石铺成"之"字。石渠内外有植物和动物骸骨，表明当初石渠周围为植被覆盖，还喂养着鱼龟鳖鹿等动物。

我国南方建筑尤其是徽州民居，讲究"四水归堂"，即让四周屋顶上的水都流入中间的厅堂（天井），厅堂下有水道流入田中，或在天井中放一水缸，收集雨水以备消防或浇灌花木。在江南地区天降甘霖被称为天禄，"四水归堂"便是天禄的凝聚，狭小的天井被看作是连接天、地、人、水的通道。人们认为"四水归堂"具备"水主财气"的效能，能够让财气汇聚自家，但在实际用途上确实也起到了充分利用雨水资源的功效。

二、人水和谐现代生活方式的变革

从实际情况来看，目前我国人均水资源占有量只有 2100 立方米，这个水平只达到了世界平均水平的 28%。即便在正常年份，全国缺水量也在 500 多亿立方米。而从用水方式来看，我国的用水方式比起发达国家还很粗放，整体有效利用率远低于世界先进水平，因此，不单工业用水方式、农田灌溉用水方式急需变革，现代生活用水方式同样需要进行变革。

如前所述，我们党和国家提出的节水型社会建设，是全社会共同参与的一项长期而伟大的系统工程，我们不仅需要从经济生产方式和社会发展方式层面进行构建，更需要从思想认识与道德行为层面进行培养和建设，使节约用水成为全社会公民的生活准则和道德行为习惯。

节水型社会建设应是以公众的广泛参与为基础。人们以怎样的态度对待水，以怎样的行为使用水，决定了整个社会是否是节水型社会。

值得肯定的是，在构建人水和谐与生活方式方面，我国已经初步积累了一些成功案例。例如北京奥林匹克公园在利用节水技术用于节约奥运场馆用水方面收到了较好的效果。奥运场馆在诸如卫生间、场馆及各种配套建筑物上均安装了节水设备，达到了每年可节水 17 万立方米的效果。并且园内建筑均建有雨水收集装置，完全可依靠天然雨水滋养奥林匹克公园。[1] 例如在北京市居民家庭，已大多安装了节水器具，截至 2010 年，北京市节水龙头的安装率已经高达 90% 以上。[2]

江苏省常熟市按照"先生活、后生产，先节水、后调水，先地表、后地下"原则，将生活用水的节约管理逐步纳入正常管理范围，深入开展节水器具的推广应用工作。例如采用新型节水抽水马桶，禁止跑冒滴漏；对住宅小区和居住户，加强节水意识教育。构建节水型小区，小区

---

[1] 李宗新等主编：《水文化大众读本》，中国水利水电出版社 2015 年版，第 114 页。

[2] 沈满洪等主编：《环境经济研究进展》第三卷，中国环境科学出版社 2011 年版，第 166 页。

街道、居委、物业等，通过组织培训、宣传动员、发放节水手册、开展节水知识竞赛、志愿者巡检、景观和浇灌绿化使用中水或雨水、无水洗车等措施，调动社区居民节水热情，引导社区居民循环用水。①

还有，一向被认为是富水地区的江苏太仓，也是经过了一个长期且有效的宣传过程让节水理念扎根到每个百姓心中。一是当地政府通过主题宣传，充分利用"世界水日""全国城市节水宣传周""6·5世界环境日"，围绕不同的宣传主题，开展多种形式的节水宣传活动。二是深入基层，通过积极开展节水宣传进社区、进家庭、进企业、进机关、进学校、进农村等"六进"活动，增强市民的节约意识。三是通过评选市级节水模范单位培育典型，以点带面，推动城市节水工作。② 在2015年举办的第23届世界水日和第28届中国水周活动中，河南水利系统表现积极，通过悬挂宣传条幅，发放水法宣传特刊，张贴宣传画报等方式有效地深化了"节约水资源，保障水安全"的主题。③

但是，毋庸讳言，这些做法，目前远远没有普及，还只是"典型引路"的先行者；就全社会而言，生活用水方式的变革仍然还在路上，有的甚或尚未出发。

所以，在全社会范围内，组织动员广大人民群众积极参与这场变革，既是当务之急又是长远大计。我们要做的事情还很多。首先，必须

---

① 在2006年，常熟市加强给水与污水管理，着力抓好污水处理运行管理，不断拓展服务范围。全年延伸污水收水管网75公里，集中处理污水2342.4万吨，城市污水处理率为75.45%，单日最高污水处理量为12.68万吨，排放水综合合格率为99.8%。《常熟》，当代中国出版社2010年版，第173页。

② 刘伊生主编：《节水型社会建设研究》，北京交通大学出版社2015年版，第134页。

③ 赵爱华等：《中原文化概论》，经济管理出版社2015年版，第288页。

在全社会深入持久地大力倡导和树立四个理念：一是人与水和谐相处、和谐发展的理念。这是人们正确处理人水关系的思想基础。二是节约、保护水资源的理念。通过一些有效措施，让节约、保护水资源真正成为一种生活习惯和道德规范。三是水生态文明的理念。把水视作生态系统最宝贵的财富，在推进生态文明建设的同时也要倍加珍惜地去保护水生态。四是可持续发展的理念。水是可持续发展的重要基础，要实现可持续发展，首要是实现水资源的可持续发展。因此，建设节水型社会，必须让自觉保护水资源的理念深入人心才行。

其次，必须坚持不懈地把节水文化作为全民的基本文化道德素养，营造良好的节水舆论氛围是加强公众节水意识的构建重要工作。加强全民的节水用水文化教育，从小学抓起，把节水文化知识列入大、中、小学的教材之中，健全节水文化的组织领导机构，制定完善节水文化的有关法规，建立研究节水文化、宣传节水文化的长效机制；设立中国节水文化节，举办节水文化论坛和各种喜闻乐见、丰富多彩的节水文化活动，使节水文化活动广泛深入持久地开展下去；可以利用每年的"世界水日""中国水周"机会，加强宣传教育工作，提高全民对水危机的认识和节水意识；利用传统媒体和新媒体以及社会团体营造良好的舆论氛围；在社会中牢固树立"爱生命之源，惜点点滴滴""节约水光荣，浪费水可耻"的理念。要体现出学校在水资源节约观念教育和传播中的作用和价值，通过将思想教育引入课堂教学，引导青少年良好节水行为方式的形成。

第八节　人水和谐的评价

　　进入 21 世纪，人类所面临诸如"水多、水少、水浑、水脏"等问题。以往的处理人水关系的理念和实践正面临着巨大的挑战与考验。如何科学有效地解决这些水问题，如何正确看待处理人水之间的关系已成为全社会关注的热点和焦点。在这种情形下，人水和谐思想应运而生并逐渐成为处理当前水问题与经济社会可持续发展矛盾的共识。那么，如何达到人水和谐的理想境界，人水和谐的评价标准是什么，评价人水和谐的重要衡量指标有哪些，应该是在基于对人水和谐理念深刻理解的前提下，对"人水和谐"的统一价值判断以及对其在经济社会、文化思想领域具体表征的量化概括。用系统论的观点，中华民族的人水和谐理念应是在可持续和良性循环状态下的人主导的社会系统和水主导的水资源系统的协调统一。树立社会系统与水资源系统和谐相处的思想契合习近平总书记提出的"节水优先、空间均衡、系统治理、两手发力"的治水新思路，符合新时期强化水治理，保障水安全的现实需求①。能够为解决因社会发展所带来的环境问题提供方案，使宝贵且有限的水资源成为

---

　　①　王冠军：《水利科技贡献率测算及科研成果评价体系研究》，中国水利水电出版社 2016 年版，第 137 页。

"五位一体"总体布局的根本保障，为社会经济可持续性发展提供长足的支撑。基于此，人水和谐的评价内涵应主要包含水资源系统自身的健康得到不断改善、社会系统可持续发展和人类改善水系统安全、促进人水关系健康发展行动三个方面内容。

一、人水和谐的评价标准

一般来说，每项科学研究的最终目标就是评价标准，是在结论共识的基础上融合了与科学基准有关的所有指导性原则和规范，是从理论到实践均应遵守的准则。对于人水和谐这一研究课题，我们可以从人水和谐的评价内涵的三个方面的内容出发，以可量化和可操作为原则，以达到理念认同和结论共识为目的，提出如下三个基本标准：

（一）健康的水资源系统

地球上水资源总量大约 14 亿立方千米。其中，淡水资源总量约为 3500 万立方千米，约占水资源总量的 2.5%。在这些淡水资源中，大约 2400 万立方千米，70% 都是山地、南极和北极地区的冰和永久积雪。全世界大约 30% 的淡水资源都以地下水（即深达 2000 米的浅层和深层地下水盆地、土壤水分、沼泽水和永久冻土）形式贮存在地下。这构成了人类所有潜在可用淡水资源的 97% 左右。淡水湖和河流包含大概 10.5 万立方千米，约占全世界淡水资源的 0.3%。生态系统和人类可用淡水资源总量约为 20 万立方千米，这仅占所有淡水资源总量的 1%[①]。

---

① 史梦熊：《中国水利百科全书》，水利出版社 1991 年版，第 36 页。

水资源系统的健康是指自然水系统生态功能特别是人类可用水资源系统
未受严重损坏。但健康并不是回归原始状态，而是人类美好生活向往的
一种反映，其标准会随着经济社会发展以及人类认识水平的发展不断
变化。

（二）人文系统的发展

生态系统是在社会系统和自然系统两者相互作用后形成的结果，随
着人们认识的深化，对于环境的索取会更加理性，更能够从遵循自然规
律的角度来进行实践，从而不断调整人与自然相存的最佳路径。这综合
体现出协调的自然生态伦理、持续的生产价值伦理和和谐的生活伦理。
"发展"主要是从人文系统的经济社会水平的角度考虑，它是在以最低
程度对大自然干预的情况下，达到人与自然和谐发展的可持续永续发展
模式。社会发展并没有因自然环境受到限制，社会发展的基础是对于自
然资源更高效率的利用，以此来支撑社会更好地发展。

（三）人与水之间的协调

"协调"主要协调好人文系统与水资源系统之间的矛盾。水与人协
调发展状态，即水资源系统在为人类和社会经济的发展提供必要久远的
支撑和基本保障的前提下，人类也在发展中通过不断地进步，为水资源
管理提供技术和文化上的保障，并持续主动完善，使人水关系和谐发
展。这就要求水资源能够成为社会永续发展的支撑，协调好人水之间的
关系，对水资源的合理开发与利用，达到人水协调发展下的动态平衡。

二、人水和谐的指标体系

（一）建立指标体系的目标

指标体系能有效地反映出人文系统与水资源系统之间的关系。这些客观的、可量化的指标体系能帮助人们认知和评价相同时间（时代）截面下不同区域人水和谐的状况和水平，使人们准确了解人水关系的不和谐因素和未达标指标，并可以帮助人们采取有效措施来提高人水和谐的层次和水平。基于此，要建立指标体系，找出人水和谐水平的显著影响因子，以便进行人文系统动态调整和制定控制（优化）对策。

（二）建立指标体系的原则

由于人水和谐评价问题是一项复杂的系统工程，有限或单一指标构成的评价体系难以对人水系统的发展状况做出客观全面的反映。指标体系建立的原则应包括：

1. 科学性原则

我们应在充分理解人水和谐深刻内涵的基础上去建立指标体系。科学的依据是指标体系建立的前提，有依据的体系才能体现出各指标水平，且指标体系本身应有合理的层次构架、精确的资料来源以及科学的处理措施。

2. 全面性原则

为了能体现出指标体系的完整性，指标体系的建立应有足够的覆盖度和广度，且能完整反映人水关系的各个方面。

3.可操作性原则

为了有利于进行数据的分析处理，指标的选择和确定应有明确的定义且可定量调查。

4.相关性原则

所选指标既要有纵向或横向的可比性，以便进行实地调查和综合分析；其所选指标之间又要具有相关性，以此可通过各项指标的结合对结果进行更直观的分析和评价。

5.动静态性相结合原则

人水系统是一个持续更新变化的动态系统，对系统的动态变化过程进行监测评价，应考虑动态和静态相结合，保证同时具有静态指标和动态指标。随着水资源系统和人文系统情况的不断变化，以及人类认识的不断加深和期望值的不断改变，指标体系的具体指标以及量化控制值也应随之改变。

（三）人水和谐指标体系的构建

依据人水和谐的评价标准建立以目标层、准则层、分类层及指标层为层级的构成量化指标体系框架。

1.目标层

人水和谐度有一个整体上的目标层级，通过这样一个层级来充分表现出其作用和价值以及人们想预期达到的效果和标准。

2.准则层

从水资源的健康、人文系统发展和人与水之间的协调三个评价标准出发，建立水资源系统、人文系统以及人水协调系统的三个准则层，以此衡量人水系统的健康度、发展度和协调度，并综合评价人水和谐程度。

3.分类层

人水系统是由多个不同类型和方面的子系统相互集合构成的一个较为复杂的大系统。在其中，人文系统又可以分为社会发展、经济发展、科技发展三个子系统；人水协调系统又可以分为水对人文系统的服务功能、人对水系统的开发与保护等系统。

4.指标层

具体的各个层级的指标内容和具体要求包含以下几个方面：

（1）水资源子系统

反映出所现实区域内的水资源保有情况和受污染情况，以及在人水和谐需求条件下，人们开发水资源的情况，水资源的利用情况，以及年径流深、产水系数等问题。

（2）生态环境子系统

水环境是生态环境的基本构成之一，水环境的发展情况，包括用水比例、工业废水排放比重、城市污水处理率、污径比、干旱情况等指标。

（3）水灾害子系统

水灾害是人水和谐的瓶颈问题，其具有难以控制和损失巨大的特点。如何科学地评价水灾害子系统的发展状况，是进行水灾害管理决策和水资源持续利用的重要的科学依据，也是协调和谐人水关系的关键因素之一。包括水旱灾害影响情况、影响程度、受灾人口、灾害恢复率等指标。

（4）社会发展子系统

属于人文系统的基本单元，社会子系统的健康有序发展和水资源的持续高效利用。其包括人口密度、人口自然增长率、平均期望寿命、城市化率、失业率、人均收入、基本社会保障覆盖率、学龄儿童入学率、人均耕地面积、耕地率和人均综合用水量等指标。

（5）经济发展子系统

经济发展子系统是人水和谐的物质体现，其依赖于水资源子系统的健康发展。包括三大产业产值所占比重、国民基尼系数等指标。

（6）科技发展子系统

是其他子系统的技术支持和保证。科技发展子系统是人水和谐的技术保障，水资源的可持续利用，运用技术手段充分解决这些问题的能力，包括在技术层面解决用水重复率提升问题、科技从业人员所占比重、节水技术普及率等指标。

（7）水对人文系统的服务功能

子系统是指社会发展进程中水系统及其生态过程所形成和维持的人类社会发展赖以生存的自然生态环境条件及效用。其包括社会安全饮用水人数所占比例、供水保证率、工业/农业/生活需水满足率、年水产总值、工程供水系数、自来水普及率、人均水资源量、亩均水资源量等指标。

（8）人对水系统的开发与保护子系统

通常是以间接方式体现于水资源系统中，人类对水资源系统的大部分影响并不是直接消耗的水资源量，其占有较小的比例，而是通过消耗商品和服务间接的体现。其包括天然湿地保留率、城市污水处理率和垃圾无害化处理率等指标。应综合考虑各方面的要素和要求，从自然生态系统和人类社会系统两方面来综合考量相互之间的影响和关系，在建立评价指标体系的过程中，以人水和谐的总体目标，要体现出系统的全面性、整体性、完整性、层次性等特征，全面衡量该指标体系，建立一个能够确保评价正确的人水和谐度的指标体系。

第三章

提升水工程文化内涵和品位研究

　　现代水工程不仅要具备防洪、供水、调水、灌溉、发电等功能，还要具备满足人们精神需求的文化内涵、文化品位和文化功能。水工程文化内涵和品位的提升问题，是先进水文化的重要组成部分，是当代水文化建设发展的重要任务。建议将其纳入新时代水文化建设体系乃至新时代文化建设体系，并在执行和操作层面上制定具有阶段性、针对性的工作标准和测评方法。通过构建全面、系统、动态、前瞻的水工程文化内涵和品位的提升新机制，来进一步保障目标达成的连续性和效能的充分发挥。

水工程是水文化最大、最主要、最显著、最普遍的实质性载体，提升水工程文化内涵及品位是发展中国水文化的重要领域和主要途径。

水工程包括狭义和广义两个概念。狭义水工程的概念为："人类改造水自然所形成的直接对水物质产生干预功能的产物（工程）称为水工程。"具体地说，就是以除水害、兴水利为目的，经过人的实践劳动而形成的，由水体和土工构筑物、水工建筑物（包括库、渠、坝、闸、涵、站、井、濠或壕、堰、埽、塘、堞、埵、堤、圂、圩、埝、垸、圳、堨、埂、埠、坞等）以及相关机械设施、管理设施共同组成的物质建造成果，是包括防洪、除涝、灌溉、航运、发电、供水、围垦、水土保持、环境、生态、人文、移民、水资源保护等工程（包括新建、扩建、改建、加固、修复、更新）及其配套和附属的管理工程的统称。①

从广义视角看，水工程不仅包括由人兴建的各种（狭义的）水工程，还包括已经受到人们干预的江、河、湖等原本为地球陆域水自然载体。由于存储于江、河、港、汊、渎、泷、浦、浜、湖、池、泽、沼、汪、川、塈、涧、溪、渊、潭等地表水载体内自然存在的水资源，通常不完全符合人类的需要。在修建水工程后，控制水流、水量，调整水域、水质、流态，影响其渗透、蒸发、自净能力，以满足人民生活和生产的需要。人类的水事活动尚未涉及的少数溪、川、江、河以及湖泊、沼泽、湿地，则不纳入水工程范畴。

水工程文化中的"文化"，既指能给人们以精神、感官影响的"化人"之狭义文化概念，也包含广义文化概念中"人化"（工程及行为技术等）部分的文化。水工程文化内涵包括核心内容、特征表现、价值评价、水

---

① 董文虎：《水利发展与水文化研究》，黄河水利出版社 2008 年版，第 56 页。

平评价、历史地位、重要性及代表性、表现方式、主要存在方式等。水工程文化品位包括其容量、定位、层次、表述、独特性、影响力、知名度、持续性等。①

水工程文化孕育于我国悠久而丰富的历史传统当中，也植根于我国广泛而深厚的水工程资源之内，更存在于中国兴旺、繁荣的水利事业之中。水工程文化应该在我国当代文化建设中占据重要、独特、明显的地位，并成为源远流长、包容并蓄、蓬勃向上、奋发有为的时代精神的组成部分，从而在中华民族伟大复兴的征程中，发挥重要作用。

习近平新时代中国特色社会主义思想作为我们党和国家的指导思想和行动纲领，为水工程文化内涵提升指出了根本方向。水工程文化内涵品位提升的指导思想，应当坚持以习近平新时代中国特色社会主义思想为指导，立足工程，面向文化；立足项目，面向社会；立足专业，面向公众；立足已有，面向未来；需要着力充实水工程的时代内涵，把水工程文化品位提升到更具影响力的新境界。

从发展来看，未来文化领域的建设要求更高、竞争更加激烈。国家的层面会涉及话语权的问题，社会的层面会涉及价值导向问题，行业的层面会涉及人才竞争的问题，群体的层面会涉及分工、合作与协调的问题，个人的层面会涉及职业选择的问题。因此，从未来发展趋势来看，水工程文化建设将会在理念、机制、技术和保障等层面遇到更加严峻而复杂的挑战。

---

① 刘冠美：《水工美学概论》，中国水利水电出版社 2006 年版，第 78 页。

第一节 水工程文化内涵和品位提升的 主要障碍和瓶颈

改革开放以来，我国水工程文化建设取得了全面性的进步，在主要类型的水工程建设中，已经形成了筹划水文化投入、探索水文化表现途径、注重水文化影响的普遍意识和常规做法，出现了一大批类型丰富、特色鲜明、评价优良、影响广泛的范例。在行业内，已经普遍形成了关注水工程文化的热度和共识。

从纵向看，当前的水工程文化内涵及品位与以前相比，在规模、质量、深度、表达方式、媒介、影响力和可传播性等方面有显著进步，取得了一定的社会效益和社会认可度，并成为当代工程文化建设的重要组成部分。这是水利系统长期投入水文化建设的扎实成效和必然结果。

但是，在现有的水工程文化建设项目中，仍然普遍存在表面化、附加化、装扮化、图解化、具象化、雷同化、肤浅化、庸俗化等低水平现象，并已成为较为普遍和突出的问题，影响着水工程文化建设的水平提升。

水工程文化内涵和品位的提升，要坚持问题导向。从分析水工程文化建设的现状，总结水工程文化建设的历史经验教训入手，立足水工程自身的特质和文化表现途径，广泛结合其他文化领域的发展经验和平台，从而构建水工程文化内涵和品位提升的新体系，为水工程文化内涵和品位提升提供体制保障与技术支持。这已成为当务之急和长远所需。

当前，水工程文化建设领域存在的主要问题，有以下几个方面。

一、水工程建设的文化观念滞后

（一）水利业界对水工程所下定义滞后

截至当前，我国水利界、水利教育界对水工程及其所能发挥的作用的定义如下：用于控制和调配自然界的地表水和地下水，达到除害兴利目的而修建的工程。水利工程需要修建坝、堤、溢洪道、水闸、进水口、渠道、渡漕、筏道、鱼道等不同类型的水工建筑物，以实现其目标。

这些定义基于经典的工程概念，对于水文化均没有提及。

（二）社会、管理人员和相关人员对水工程文化建设意义认识不足

长期以来，人们总是习惯把水工程文化建设看成是水利部门的专职事务，并未把水工程文化建设同生态环境改善、人类生存质量和社会文化进步提高建立联系。有的地方水利主管部门和主管领导虽然比较重视水工程的文化建设工作，但其他相关管理部门（如发改、规划、财政、审计等部门）的有关人员和相关领导则缺乏认同、关注不足，甚至不甚了解，而其又执掌水文化工程建设项目立项审批的职权。

还应指出，水利系统各级各部门本身对水工程文化建设的态度和了解也参差不齐，更不能对水工程文化建设产生文化自觉和行动合力。

二、水工程文化研究深度不够

研究是形成理论的基础，是推动建设的支撑，是通向科学实践的必经通道。自从 1988 年淮委的李宗新提出"水文化"的概念后，水文化的研究与建设逐渐引起了社会各界及水利系统各级有关人士的关注。我国水利系统的各级各部门先后建立了不少关于水文化的研究组织和机构。在水利部精神文明委的领导下，1993 年成立了隶属中国水利文协的水文化研究会、水文化工作委员会和水文化专家委员会，开始了有组织地对水文化进行研讨。此外，在地方各级水利系统内和水利大专院校也建立不少相应的水文化研究组织和机构，大批水文化研究学者从事水文化的研究工作，取得了丰硕成果。然而，纵观已有的水文化研究成果，多为研究水文化及水利文化的基本概念和基础理论、水文化的内涵与外延的内容与方向、历史水文化的挖掘与解读、水文化的作用及传播方式、地域水文化的特色特点等方面的内容，而专门从事研究水工程融入文化、提升品位的内容、途径、方法的人员不多，研究成果深度不够，实用性不强。

三、水利院校尚未设立水工程文化学学科

近代以来，尤其是新中国成立后，百废待兴的局面产生了贯彻多、快、省等实用方针，造成了水工程发展、教育、规划、设计的主流指导

思想。加之水文化研究的滞后，能从艺术、文化、社会、公众等层面去研究水工程文化的人就更少。在本课题以前，未见有明确的、影响卓著的从文化学、建筑学、社会学、传播学的视角去研究水工程文化学的成果出现。我国以工科为主的水利专业院校既没有设置水工程美学、水工程建筑学或水工程文化学专业，也缺乏相应的课程安排。其培养出来的水利专业主流技术人员，不具备将文化融入水工程，提升水工程文化品位的知识和业务能力。同时，水利行业的领导，有不少来自非水利专业的，基本上也不具备这方面的知识或意识。因此，我国近代以来所建的水工程，大多只是单纯具有"有形功能"而不具备双重功能的水工程。

四、水利规程、规范、标准、定额中尚未列编相关条目

水利规划的规程、规范是指导水利规划设计工作的基本文件，可表现为规划指导思想、基本原则、技术经济政策、标准、规划措施方向、规划工作程序、分析方法、工作深度等方面的统一规定。其中，综合性的多侧重于原则性规定，专门性的除原则性规定外，还包括技术性规定。

水利的标准、定额是水工程设计、施工以及审查、审计的主要依据。根据浙江省水利厅 2008 年年底统计，目前我国现行有效水利规程规范和技术标准（包括规范、规程、导则、通则、总则、参数及技术条件、技术、标准、方法、要求、建议等）计分别有国家标准 97 项、水利行业标准 438 项、部委联合发布的其他行业标准 6 项、水利水电技术标准 37 项，合计高达 578 项之多。近几年又出台了如《城市水系规划导则》等，估计已超过 600 项。全国各相关部门对水利项目的规划、设

计、施工一般均须按照或参照这些规程、规范办理。但是，除《城市水系规划导则》外，其余均未考虑水利项目融入文化的内容以及文化水工程规划、设计和施工的标准及与之配套的定额。

规划、设计部门及施工企业在对水利项目进行规划、计划的编制时，水工程进行具体设计和施工时，又只能按照上述规程、规范或技术标准、各项定额办理。而且，即使基层水利部门有了提升水工程文化品位的自觉，上报了文化水工程的规划或设计项目，大多论证的专家、审查的经办人以及决策者，也多以这些规程、规范或技术标准、各项定额为依据，进行论证、审查和决策取舍。因现行水利行业的规程、规范或技术标准、定额均没有文化水工程部分，无法进行审查、论证，或认为这些文化水工程项目不属水利工程的范畴而给予否定。因而经常导致提升水工程文化内涵和品位的工程项目被水利业界内、界外的专家、审查者以及决策者扼杀于摇篮里。①

水利部于 2009 年 2 月颁布了《城市水系规划导则》这一编制规划的规范性文件。其中已将"水环境、水景观、水文化等需求"列入了规划"应遵循的原则"之中，且设有《城市水文化建设》专门的小节。但是，其中又专门写了"城市水文化建设应慎重对待，统筹考虑，选择有限区域，适当建设，不应使城市河道园林化"的提法，使用了十分保守的"慎重""有限""适当""不应"等束缚性措辞，尚未达到"将无形功能列为水工程应该具备的功能之一"的认知高度，使从事具体水利规划、设计者无所适从，使审查、审计者难以参照。

---

① 刘冠美：《水工美学概论》，中国水利水电出版社 2006 年版，第 78 页。

五、建设文化水工程的保障措施缺位

由于上述水工程文化建设观念和认识滞后、水工程文化的研究不深、水工程文化学这门学科未能创立和有关文化水工程的项目未能列入水利规程、规范及标准、定额等原因，也导致了文化水工程建设保障措施缺位。主要表现在以下几个方面。

（一）缺少地方和领导关注

财政资金总是难以满足事业发展的需要，不少地方和领导就对事业项目进行取舍和优化。新中国成立以后，百废待兴，国力虚弱，生产力低下，各地首先要解决基本的民生问题、温饱问题，在毛泽东"水利是农业的命脉"的思想主导下，水工程建设主要为农业生产服务，渠道设计、施工的标准是"不垮不漏，流量过够"。特别是"大跃进"时代，提出了"多、快、好、省"的口号，尤其是很多水工程急于上马、土法上马，粗大笨、质量差，虽然做到了"多、快、省"，往往忽略了"好"，更谈不上"美"和"文"。这一思维方式，被不少地方和领导所沿袭，形成思维定势。建设文化水工程的和提升水工程文化内涵与品位的项目，投入必然比建单纯几何体的水工建筑和直线型仅"流量过够"的渠系要增加。由于综合的无形（生态、环境、人文）功能产生的公益不易计算，在计算益本比时就会居于劣势。因此，在项目投入与各地财政永远处于"僧多粥少"的常规决策状态下，已为水利行业认知的文化水工程的建设和提升水工程文化内涵与品位的项目，就很难引起地方和领导的关注和支持。

（二）无刚性的政策法规支撑

水工程文化内涵及品位的提升，已为水利系统最高层认可，得到水文化研究界人士赞同。在水利部正式印发的《水文化建设规划纲要（2011—2020 年）》中已将大力提升水工程与水环境的文化内涵和品位的内容纳入其内。但上述都属柔性的认知和号召。

在关键的政策文件中，如 2011 年中央"1 号文件"《中共中央国务院关于加快水利改革发展的决定》及有关水利的法律、法规和水利规程、规范、标准、定额中，均未列有提升水工程文化内涵及品位、建设管理保护文化水工程的刚性内容和专条。这就造成开展提升水工程文化内涵及品位方面的工作缺少必要的政策和法规支撑。

（三）专业人才明显不足

我国是一个水利大国，从大禹时代至今，不乏单纯具有"有形功能"的水工程的建设人才。当前，我国具有培养水利工程专业的大学 21 座，水利学院、水利职业和水利中等专业学校遍及全国。因此，单纯具有"有形功能"的水工程的人才，基本满足水利业界需求。然而，我国尚未有培养水工美学和水工程文化学专业的院校，故也缺乏相应的人才培养。有的地方虽有一些从事这方面工作的人员，也只是通过他们自己的钻研和实践，缺乏系统培养和梯队建设。面对社会和人民群众对美好生活日益增强的需求，面对党中央对生态文明建设的具体要求，具有水文化思维和相应知识技能的专业人才的短缺问题已经凸现。

（四）相关部门对文化工程立项难支持

由于建设文化水工程、提升水工程文化内涵及品位缺少刚性的政策法规支撑，开展这方面的各项工作，如调研考察、课题研究、研讨交流，安排文化水工程的勘查采风、创意设计，乃至工程立项，以及对现有文化水工程的鉴赏评定、管理保护、修复更新等，都很难得到地方财政的认同。他们认为财政政策一贯是"收有凭、支有据"，而对于上述工作和项目，水利部门提交不出有关政策和法规中可以列项的依据。则即被视为与水利关系不大，故不能在预算内列支。

建设文化水工程项目，同样会因为上述原因而遭到发展改革部门的否定。在上级水行政主管部门组织的审查中，专家也会因他们无法从水利部颁发的水利规程、规范、标准、定额中找到可以对文化水工程的有关项目进行比对、审核，而把建设文化水工程项目进行削减。还有些专家的传统水利思维已成定势，将有关提升水工程文化内涵及品位的项目都视为"不务正业"，而采取否决态度。

即使对文化水工程同意立项，施工后还可能会遇到审计部门因无水利部颁发的水利规程、规范、标准、定额的稽考，而提出异议，甚至对文化水工程项目中各种不同于常规水工程的支出予以责难。

第二节　水工程文化内涵和品位评价指标体系构建

一、水工程文化内涵和品位评价指标体系内容

（一）水工程文化内涵和品位评价标准界定

水工程文化建设水平评价（Evaluation of Construction in Culture on Water conservancy Engineering）（简称为 ECCWE）是用于水工程全过程的文化价值建设与实施的评价系统。根据已有的水文化研究的成果，结合水工程文化的特点，"水工程文化建设水平评价的指标体系"主要涵盖三个层面：作为基础的工程美学；作为主体的工程文化；作为拓展的工程影响力。

它包含五个圈层：

——水工程文化建设的理念圈层；

——水工程文化建设的体制圈层；

——水工程文化建设的技术圈层；

——水工程文化建设的人力圈层；

——水工程文化建设的社会圈层。

其指标体系如表 3-1 显示如下：

表 3-1　水工程文化建设水平评价指标体系框图

	一级指标	权重	二级指标	权重
水工程文化建设水平评价	理念圈层		理论依据 理念表述 理念体现 理念认知 理论突破	
	体制圈层		执行机构 执行制度 执行程序 执行检查 执行奖惩	
	技术圈层		水工程文化投入规范 水工程文化投入标准 水工程文化投入审批 水工程文化投入检查 水工程文化投入验证	
	人力圈层		责任人或领导机构 具体工作内容 工作内容检查 工作结果检查 工作效果体现	
	社会圈层		知名度 认知度 传播度 认可度 第三方评价	

评价方法：依据指标体系逐项打分，根据规则。以总分决定评价结果。

评价规则：

其一，一级指标不能有缺项。若有，自动取消评价结果。

其二，评价结果为优秀：各一级指标得分率均不低于 85%，各一级指标得分总和不低于 85 分。

评价结果为良好：各一级指标得分率均不低于 75%，各一级指标得分总和不低于 75 分。

评价结果为中等：各一级指标得分率均不低于 65%，各一级指标得分总和不低于 65 分。

评价结果为不通过：任何一级指标得分率均低于 65%，或各一级指标得分总和低于 65 分。

其三，水工程文化建设水平评价，分为 1 段、2 段、3 段三个阶段，分别针对计划建设的水工程项目、建设实施的水工程项目、已有的水工程项目。

第 1 段项目评价（BOE，Before Occupy Evaluation）侧重于引导和保障。

第 2 段项目评价（IOE，In Occupy Evaluation）侧重于执行和主导。

第 3 段项目评价（POE，Post Occupy Evaluation）侧重于主导和传播。

各段的评价区别反映在各类一级指标的赋分比例上的差别。

第 1 段项目评价：水工程文化建设的规划设计阶段评价（BOE，Before Occupy Evaluation）

适用于水工程项目的计划规划阶段，侧重于引导和保障。

表 3-2 水工程文化建设的规划设计阶段评价

	一级指标	权重	二级指标	权重
水工程文化建设水平评价	理念圈层	30%	理论依据 理念表述 理念体现 理念认知 理论突破	5% 8% 8% 5% 4%

续表

	一级指标	权重	二级指标	权重
水工程文化建设水平评价	体制圈层	20%	执行机构	6%
			执行制度	4%
			执行程序	4%
			执行检查	3%
			执行奖惩	3%
	技术圈层	25%	水工程文化投入规范	5%
			水工程文化投入标准	5%
			水工程文化投入审批	5%
			水工程文化投入检查	5%
			水工程文化投入验证	5%
	人力圈层	25%	责任人或领导机构	5%
			具体工作内容	5%
			工作内容检查	5%
			工作结果检查	5%
			工作效果体现	5%
	社会圈层	15%	知名度	3%
			认知度	3%
			传播度	3%
			认可度	3%
			第三方评价	3%

第 2 段项目评价：水工程文化建设的实施建设阶段评价（IOE，In Occupy Evaluation）

适用于水工程项目的建设阶段，侧重于执行和主导。

表 3-3　水工程文化建设的实施建设阶段评价

	一级指标	权重	二级指标	权重
水工程文化建设水平评价	理念圈层	15%	理论依据	3%
			理念表述	3%
			理念体现	3%
			理念认知	3%
			理论突破	3%

续表

	一级指标	权重	二级指标	权重
水工程文化建设水平评价	体制圈层	20%	执行机构	6%
			执行制度	4%
			执行程序	4%
			执行检查	3%
			执行奖惩	3%
	技术圈层	25%	水工程文化投入规范	5%
			水工程文化投入标准	5%
			水工程文化投入审批	5%
			水工程文化投入检查	5%
			水工程文化投入验证	5%
	人力圈层	25%	责任人或领导机构	5%
			具体工作内容	5%
			工作内容检查	5%
			工作结果检查	5%
			工作效果体现	5%
	社会圈层	15%	知名度	3%
			认知度	3%
			传播度	3%
			认可度	3%
			第三方评价	3%

第 3 段项目评价：水工程文化建设的工程管理阶段评价（POE，Post Occupy Evaluation）

适用于已完成主要建设的水工程项目，侧重于主导和传播。

表 3-4　水工程文化建设的工程管理阶段评价

	一级指标	权重	二级指标	权重
水工程文化建设水平评价	理念圈层	15%	理论依据	3%
			理念表述	3%
			理念体现	3%
			理念认知	3%
			理论突破	3%

续表

	一级指标	权重	二级指标	权重
水工程文化建设水平评价	体制圈层	15%	执行机构	3%
			执行制度	3%
			执行程序	3%
			执行检查	3%
			执行奖惩	3%
	技术圈层	20%	水工程文化投入规范	4%
			水工程文化投入标准	4%
			水工程文化投入审批	4%
			水工程文化投入检查	4%
			水工程文化投入验证	4%
	人力圈层	25%	责任人或领导机构	5%
			具体工作内容	5%
			工作内容检查	5%
			工作结果检查	5%
			工作效果体现	5%
	社会圈层	25%	知名度	5%
			认知度	5%
			传播度	5%
			认可度	5%
			第三方评价	5%

二、水工程文化内涵和品位评价指标体系构建思路

　　水工程文化内涵和品位评价指标体系构建目标：以社会主义核心价值观为导向，通过全过程的控制、阶段式的推进和连续性的评价，动员体制的管控能力、社会的协同力量，把水工程文化和水文化融入当代文化建设的体系之中，使工程文化和水文化的发展成为中华文化复兴的具体支撑。

　　水工程文化内涵品位评价指标体系执行思路是以高校、科研单位为工作主体，以勘察规划设计单位为基地，以甲方业主为中心，以项目为载体，以执行操作为脉络，以规范、评价体系为标准，以项目的影响

力、作用力呈现为目标。

构建完善水工程文化内涵品位评价指标体系，共识是前提、决策是核心、制度是保障、执行是关键、落实是基础、合作是渠道。首先，要破除技术至上、工程至上、任务至上以及视文化为附庸和点缀的落后观念，克服狭隘的专业观点和行业意识。旗帜鲜明地追求"精、气、神"，大力弘扬社会主义核心价值观。其次，要打破封闭式操作体系，跳出项目思维和技术局限，建立大工程、社会项目的开放理念，注重社会效益、文化效益和经济效益的统一。最后，克服对水工程文化传播和普及兴趣不高的短视，尽快改变传播手段技术含量低、方式方法粗放单调的弊端。

三、水工程文化内涵和品位评估方法

水工程文化建设是水工程增值、增容、增色、增亮的重要渠道。水工程文化建设水平评价，分为1段、2段、3段三个阶段，分别针对计划建设的水工程项目、建设实施的水工程项目、已有的水工程项目。

评价方法：依据指标体系逐项打分，根据规则。以总分决定评价结果。

评价规则：一级指标不能有缺项。若有，自动取消评价结果。

评价结果为优秀：各一级指标得分率均不低于85%，各一级指标得分总和不低于85分。

评价结果为良好：各一级指标得分率均不低于75%，各一级指标得分总和不低于75分。

评价结果为中等：各一级指标得分率均不低于65%，各一级指标得分总和不低于 65 分。

评价结果为不通过：任何一级指标得分率均低于 65%，或各一级指标得分总和低于 65 分。

第三节　提升水工程文化内涵和品位主要途径

水利部在《水文化建设规划纲要（2011—2020）》中，将"大力提升水工程与水环境的文化内涵和品位"列入"水文化建设的重要任务"，明确提出了四项要求。第一，融入水利规划和工程设计中；第二，增加挖掘、整理和投入。第三，用现代理念与公共艺术、环境艺术等相结合；第四，以水利风景区为示范和带动。

水工程建设一般有决策、规划、设计、施工、管理等五大具体环节，每个环节对水工程文化内涵融入和品位提升都能发挥一定作用。如何才能提升水工程文化内涵及品位，是一个较大命题，包括内容较多。从大概念来说，可从以下三个方面着手：一是抓建设水工程在决策、规划、设计、施工、管理五个具体环节中提升文化内涵及品位的相关问题；二是抓对现有高品位的文化水工程的发掘、保护、利用、开发等四个方面，以达到进一步彰显和提升这些水工程文化价值；三是进行基于水工程文化品位评价的水工程价值的综合评估，进一步推进提升新建水工程品位和对已有水工程文化的推介。①

---

① 参见董文虎等：《水工程文化学》，黄河水利出版社 2017 年版，第 35 页。

一、在水工程立项建设管理中提升

（一）立项（决策、规划）

1.决策

决策是文化水工程实践的第一环节，它决定着文化水工程是否能批准启动、是否能同意立项、是否能够开始实施。

文化水工程从创意到实施全过程是个复杂的系统工程，需要主管部门批准以及多部门协调、配合，需要调动大量人力、物力、财力。掌握话语权、决策权的机构或部门的相关人员、领导或一把手的理解、同意、批准，抑或强力推动是其关键环节。

有关文化水工程理念（即要在新建、大修、更新水工程中融入文化内涵的理念）、文化水工程项目及经费计划，能否通过关键人物的审查，在于这些部门审查者和决策者对文化水工程功能的认知程度。具体负责水工程计划、规划工作的相关部门（水利、住建、交通、规划）、工作人员，一要进行水工程常规前期工作；二要形成融入水工程文化初步创意；三要向有审查和决策权的人员、领导或一把手汇报。必要时应主动建议地方党委、政府、人大、政协、纪检等决策机构和规划委员会、发改、财政、审计及上级行政主管部门等相关审查部门、有决策权的领导进行参访、学习，了解文化水工程的领先和成功项目。水工程建设部门充分的前期工作和相关汇报，可使关键人物产生或增加理性认识；通过组织参观，可使其开阔眼界、产生或增加感性认识，了解本地水工程与先进文化水工程差距、理解将文化融入水工程的必要性，以增强文化水工程项目的说服力和审查通过率。

213

2. 规划

水利规划的规程、规范是指导水利规划工作的基本文件。目前，国家和地方已出台 500 多个有关水利的规程、规范和规划、设计、施工的标准与定额中，除《城市水系规划导则》提到这方面的部分内容外，其余均未发现有考虑水利工程要融入文化的内容。因此，水利规划的部分规范、规程、标准与定额，应考虑从"河流两岸生态化、河流节点园林化；水库坝体艺术化、周边环境自然化；闸站水上建筑雕塑化、周边环境景观化；枢纽工程形象化、周边环境景区化；湖泊工程环湖湿地化、近湖环境秀美化"的高度进行制定或修订。

在水利规划中，需要将建设文化水工程与发展国家、地区水利旅游业，作为规划目标之一，列入国家和地方水利的"多规合一"或综合整治规划之中。以此规划目标来指导规划编制内容、规范下位规划，直至将这方面规划项目纳入计划，付诸实施。

流域规划中应注意彰显流域文化，如黄河流域的华夏文化、治河文化，长江流域的巴蜀文化、荆楚文化，淮河流域的两淮文化，太湖流域的吴越文化，海河流域的燕赵文化，珠江流域的岭南文化，松辽流域的游牧文化等。

地区水系文化规划，要对上位流域文化规划有所了解，在接受上位流域文化规划导向的前提下，参考地区河流或主要湖泊特有的、个性的文化元素，精心设计地区水系文化概念，并对下辖区域水系文化规划和设计提出方向、意见或建议。

在编制水利专业规划时，应按照所从属流域规划中提出的有关水系文化内涵、品位目标或所从属某一地区水利规划的文化概念。如有条件，还可具体规划到每个工程项目的文化主题、美化要求等。

如运用文化理念编制水系规划（以泰州为例），如图 3-1 所示。①

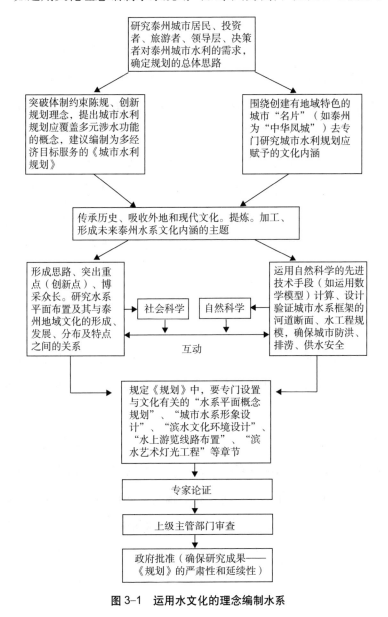

图 3-1　运用水文化的理念编制水系

① 董文虎等：《水工程文化学》，黄河水利出版社 2017 年版，第 66 页。

（二）设计

建设有文化内涵和有一定品位的水工程设计，应包括两大程序：一是文化水工程创意（即文化概念设计），二是文化水工程具体设计。

进行文化创意，首先要调查研究、深入了解水工程所在地域的历史、文化、社会背景以及特色、民情、自然、遗产、资源等禀赋条件，进行综合分析，形成能融入水工程的各种文化要素，形成文化工程总目标概念、具体工程项目文化概念、生态要求、环境形象等综合性文化创意。进而，将初步创意融入常规水工程设计内容之中，一并进入技术计算程序，给出技术决定、绘制技术图纸，计算工程总量、提出施工方法、制定进度及概算。

文化水工程创意：注意空间意境营造；关注涉水工程特殊美学要素；注重标题系列设计。

空间意境营造，重在文化元素符号重新排列组合，文化元素符号的简化、夸张、放大、集成、综合，皆是创新。传统文化解构与重构是创作灵感产生的源泉。①

涉水工程特殊美学要素较多，如："水脉宜流通"重在水体的流动性、水质的洁净性、水流的多样性、水工的区别性、水系的整体性；"绿脉贵参差"重在本地植物的群植，特色植物的间植和隐喻，应解决好植物与水天、水岸、水坡、水面的关系；"文脉涵古今"关键为标题点睛，处处生色，个性突出，方方胜景，区区殊异。各有独创，各展生命。

文脉空间有专门的要素，包括：建筑、雕塑、民俗、宗教、诗文、

① 参见王澍：《营造琐记》，《建筑学报》2008 年第 9 期。

书法、神话、传说、名人等。文脉设计主要是对风土人情、文化传统、历史沿革、历史文化等内涵的充分挖掘、合理诠释、运用保护、恢复调整、创新升华等设计。首先，应让其内涵尽量释放。其次，要丰富其文化内涵，力求注入新的活力。最后，要有具体手段，深化游览者对文脉的认知。

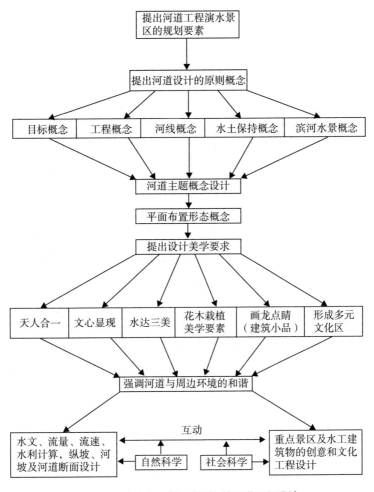

图3-2 注重文化内涵应研究的河道工程设计

标题系列设计，是提升对文化水工程认知最主要手段。要符合逻辑；要对景观序结构优化；要对景观文化内涵进行概括、提炼、整合、升华。标题题材包括自然景观、人文物艺、人物活动、季相天时等。通过标题对观众、游客进行引导、熏陶，提升文化品位，彰显文化精品。见图3-2。[①]

（三）施工

对于建筑物表面艺术造型、外装饰处理、艺术灯光布设、绿化植物配置，雕塑的艺术造型、铭石、艺术小品点缀，联匾配置等，一般不能绘制出标准施工图而直接交付施工。在推进的过程中，需要深化创意，多次创作，反复修改和深化，形成特定的形式和表达语言。

对有一定文化内涵与艺术品位的水工程，应将这部分文化工程单独发包，由具有各种不同需求文化资质的施工队伍（或外加工）完成。水工程文化创造应贯穿于工程设计、施工的全过程。完成了设计的施工图，并不代表就能一蹴而就、万事大吉，设计者还需按工程进度，全程跟踪。在施工过程中，设计者需要通过实地观察，进一步完善原设计。还需和施工人员共同协商解决施工中发现的具体问题。因为施工者也属于这一工程的审美客体之一，而且是极具经验的审美客体。施工者在施工前应吃透图纸，通过设计交底，深入了解设计意图，在水工程文化实施过程中，将设计意图与实现手段进行比较，找出施工难点和解决办法。在施工过程中，要给予施工者（包括设计者）二次文化创意的时间和空间；同时，为二次文化创作留有空间、条件和机会。施工者不用也

[①] 董文虎：《水利发展与水文化研究》，黄河水利出版社2008年版，第78页。

不应完全处在被动地位，要充分发挥自己的聪明才智，尽量弥补原设计的不足。施工者要解决工程中每一个具体细节问题，而这些细节往往能为整个工程添彩。

具有文化内涵与艺术品位的水工程，不仅要给创意者、设计者合理的设计时间，也要给施工者精雕细琢的时间以及科学合理的施工周期，才能创作和制作出高品位的文化工程。

施工案例：浙江绍兴修建了浙东古运河园。充分运用旧有建筑材料和传统建造工艺，运用创新思路进行整合，不照搬模式，也不简单套用，充分发挥业主、设计、施工、监理各方的积极性、主动性和创造性，从主题内容的选择、景点小品的安排，到山石、植物的装点，都反复考虑，精心布局，细致施工，力求完善和独特，凝聚了多方的智慧和经验。

（四）管理

文化水工程的管理分为施工管理、常规管理、大修更新管理。文化水工程建设，通常不是由单独一支施工队伍来完成工程施工的。除了各施工队伍要抓施工计划管理、质量管理和经济核算外，还需区别文化工程是由业主还是由施工企业对其他专业施工队伍发包的不同情况，分别做好管理工作。具有文化内涵、艺术品位较高的文化工程部分，一般都是与主体工程分开单独招标的，需要有别于一般水工程，对其应实施有针对性的管理。

对于建成后的文化水工程，风景区管理机构或水管单位要对有文化内涵或一定艺术品位的主体及其附体的外表、装饰、陪衬、辅助设施进行观察、管理和维护，保障其完好形态和正常运行。对有一定文化内涵与艺术品位的水工程的岁修或大修要注意以下几点：

其一，没有特殊的情况，工程修理要修旧如旧，保存其原始风貌和历史信息。

其二，在遭遇水毁或其他自然力量破坏，难以完整复原的情况下，需保存其原有文化内涵，做好修复水工程艺术造型及装饰工程的设计，并确保工程艺术品位不低于原水毁工程的品位，以确保文化、景观功能的延续性和连续性。

其三，维修工程中相关文化工程使用的装饰材料和工艺处理方法应和原文化工程相同或相近，尤其是不能造成明显的色差和异形。文化修复工程宜由原施工队伍承担，以确保工艺处理手法的一致性。

其四，对于确实不能恢复原状的大修工程，应根据原工程相关数据，制作一座适当比例的原工程模型，陈列在水管单位的适当地方，供游人参观、欣赏，并记录一段本地的水工程演变史，让模型也成为景区的一个新的文化资源。

其五，注意收集、保存、保护原工程有文化品位的艺术构件和艺术品。

管理案例：绍兴市环城河风景区的制度化管理。绍兴市文"化"的环城河建设取得了成功，同样，该市在做好打造后的环城河日常管理工作上也有突破。该市专门设立了环城河管理办公室，推进规范化的长效管理。其运行机制，采取了管、养、经分离。实行公益工程市场运作和收支两条线的办法。在管理方式上，实施"管护招标、经营招租、人员招聘"，达到管理机构精干，管理水平提高，运行成本降低的效果。

二、在水工程文化发掘保护利用开发中提升

对于具有一定文化内涵的文化水工程，要使其文化发挥更大作用和进一步提升其品位，抓住发掘、保护、利用、开发等四个环节，进一步彰显和提升水工程文化的价值。

（一）发掘

没有发掘，就没有了解。没有了解，就不会去利用，更谈不上价值体现。发掘，是让有文化的水工程体现价值的第一关。

历史水工程文化的发掘，首先要对历史水工程文献资料进行全面收集，时间跨度可从先秦至民国。文化种类和范围，需涵盖地方志、水利志、游记、碑记、散记等。

广度上应注重其历史、背景、特质、传承过程、受众、文化影响等方面，涵盖哲学、艺术、科技、景观、历史、民俗等。

深度上，应关注其时间年代及演化而成的多样式的文化水工程和水工程文化，探究造成这些不同形态的各种因素，从中引出规律性东西，指导现代水利实践。

准度上，应梳理主次、去粗取精、抓住实质，去伪存真、凝聚精髓，确定其类别、定位和价值。

历史水工程文化的发掘，应读懂水工程的地域，读懂水工程的历史，读懂水工程的文化。读懂地域，应在广度上做文章；读懂历史，应在深度上做文章；读懂文化，应在准度上做文章。在广度上找到丰富的表现形式和生动的体现手段，在深度上找到其独特内涵和价值延伸，在准度上找到其定位和说服力，以实现全面保护、价值延续、科学利用、

服务社会、传播文化的目的。

（二）保护

历史水工程文化，是先人给我们留下的宝贵遗产，既有物质的文化遗产、也有非物质的文化遗产，当代人必须保护好这些珍贵的遗产，让其能传承下去，并发扬光大。

对历史水工程文化应实施抢救和综合性保护。实施抢救和综合保护，涉及确立保护原则和规划编制、法规制定、生态保护、环境美化、文脉延续、景观修复、水质治理、建筑整治等多方面内容。

在抢救和保护水文化遗产的实践中，一般应遵循以下原则：

一是本真性原则。世界遗产委员会确认并要求真实地、全面地保存和延续文化遗产的历史信息和全部价值，不应按照当今的标准和习惯进行添加和改变。其原生、本来、真实的成分决定了它自身的价值。本真性原则是要保护和体现历史延续变迁的真实原状，切忌把水工程文化遗产的价值，直接等同于旅游经济效益或产业效益，而由此造成的急功近利和过度开发的行为。本真性原则是定义、评估和保护水文化遗产的最基本原则。

二是整体性原则。整体性原则，要求在一定范围内尽可能保持水工程文化遗产的文化概念、自身结构的完整，以及与所在环境的统一和谐。水工程文化遗产，既包含着丰富多样的内容与风格，又与特定的生态环境相互依存。要以全方位、多层次方式来反映和保存水工程文化的多样性、丰富性，完整地继承祖先留下的宝贵财富。

三是科学性原则。随着历史变迁和时代发展，水工程文化遗产不可能一成不变。要客观地看待仍然有实际使用功能的水工程文化遗产的发展和流变，遵循遗产自身传承、演化规律，不断调整保护措施；正确处理保护水工程文化遗产与发展地方经济的关系，将水工程文化遗产与人们生产、生活联系在一起，以水工程文化遗产的文化优势促进经济发展和社会生产水平的提高，实现水工程文化遗产与社会生产力同步发展。

（三）利用

其一，历史文化水工程的利用。部分历史悠久的水工程，至今还在发挥着其蓄、排、灌、航的有形功能，如都江堰、芍陂、坎儿井、河套灌区、大运河、灵渠、通扬运河（汉运盐河）等。我们要保护历史水工程的原貌，保持其有形功能。历史水工程能保存至今，本身就是一种特有的水工程文化。这一文化是中华民族的珍贵文化宝库，取之不尽、用之不竭，对今人和后代既有哲学的启迪、艺术的灵感，又有美好的记忆和感受。

其二，一般文化水工程的利用。揭示水工程文化的深刻内涵，通常包含诗心、书骨、画眼、园趣、乐感、文蕴、哲理等手段。注重用水工程文化的精髓去表达地域特色、个性特色。借助传播的手段，使水工程的文蕴、史迹、哲理得以充分展现。围绕以水工程文化精髓为主体的，把管理范围景观化，增设雕塑、灯光、影像、展示牌。虽由人作，宛自天成，让以水工程为核心的水利景观产生能喜爱、读得懂、有品位和唯一性的文化作用。

对文化水工程的利用，还表现在利用水工程和各类水文化成果举办各种节庆和公共活动，以对现代社会产生更大影响。

利用案例一：历史工程利用。

黄河三盛公水利风景区的"金属雕塑园"，展示环保理念、低碳理

223

念、循环发展，构筑和谐的人文景观，建成了国内唯一的废旧金属雕塑公园。通过与中央工艺美术学院合作，见证了黄河水利事业发展的废旧金属构件转化为大量的金属雕塑、装置造型艺术作品，赋予新意，也使景区具有了生态与社会、文化和艺术的人文意义。其中，用废弃排气筒制成窃窃私语的人形雕塑，用引风机蜗壳做成唯唯诺诺的蜗牛雕塑，由汽油桶制成面带微笑的猪形雕塑，将金属废弃物创意设计制成急速奔跑的机器人、当街弹唱的"披头士"等作品。

"同心锁"的主体由永昌、永固、永恒三把锁组合而成，是利用六扇废弃的闸门扣合而成的三把锁，高27米，重达240吨，寓意美好，受到不同年龄人群的认同和喜爱，也成为合影的热点对象。

在景区公园的艺术广场之中，设置了大型古筝雕塑。其长27.5米、宽6.5米，重56吨，安置了21根钢丝琴弦。以"退役"闸门为琴身，以控制闸门升降的启闭机钢丝绳为琴弦，启闭机钢构件为琴弦支架。筝头以褐色为底纹，铭刻"黄河之水天上来，奔流到海不复回"诗句。古筝内部安装了电子音控设备，游客可以拨动琴弦，演奏乐曲，增加了参与性和趣味性，使得人景交互，情景交融。

利用案例二：传播的运用。

江苏省淮安市、山东聊城市、东莞市沙田镇都已自发举办了水文化节。特别是淮安市从2012年起，利用中国水周的固定时段连续5年举办了水文化节。其活动内容主要包括"水利淮安——中央省市媒体水利行"，请记者网友深入市内水利工程参观了解，体验淮安水利发展成果，感受水景，享受水乐，从而实现多层面、多视角报道水利取得的成果；"淮水讲坛"——请水利部、水利厅、大专院校、中华水文化专家委员会等部门机构的专家举办专题讲座；此外还有"水法规、水利知识竞赛""作家、记者、诗词、摄影、书法协会水利风采""水法规大型广场宣传咨询""节水双进（进校园、进乡村）宣传""水利主题文化公园展示""《淮水安澜》文艺演出"共 8 大主题的水文化活动。淮安通过水文化节的传播，促使了淮安水工程文化内涵、文化品位的提升。

（四）开发

品位促进建设水工程文化精品，品牌助力水工程文化产业发展，品赏构成水工程文化需求和形成水工程文化市场。欣赏、品味水工程文化，消费、研究水工程文化，都构成水工程文化市场。水工程综合性开发包括：水工程文化消费心理及需求的研究与培养；水工程文化精品的打造与提升；水工程文化产业链的创建与发展；水工程文化市场的形成与开拓。

水利景区文化品位应具备以下特性：定位明确，要素显现，风格淳朴，建筑大气，个性鲜明，创新独特，穿越时空。打造水景观要把"以人为本"体现在水利景观规划中，注重吸引人、感动人、深省人和惠及人。具体表现在：有"形"无"景"不引人，由"形"构"景"，以吸引人；有"景"无"情"不动人，触景生情，以感动人；有"情"无"理"不度人，由"情"参"理"，以深省人；有"理"无"市"，不惠人，市场开拓，以惠及人。[①]

水工程文化经济品牌的打造。品牌定位，应具有穿透力、生命力、发展力。水工程文化品牌就是以经典的、高文化含量的、高艺术品位的水工程为核心所形成与之相关联的水工程文化产业。用工程知名度创造

---

① 蔡文：《物元分析》，广东高等教育出版社 1987 年版，第 89 页。

文化品牌，以文化品牌带来影响力和市场号召力。河南中烟工业集团推出的"红旗渠"系列卷烟的畅销，就借用了这个渠道和方式。

水工程文化产业链，是以水工程文化产业为主导及其相关文化产业所共同构成的文化产业群。水工程文化产业链设计的目的是：使水工程文化产品内在价值最大化，把一些成功的水工程文化产品，尽量地嫁接到其他相关文化产品。主要创建三种类型的关联：向上关联：以某水工程文化的发展与变化，引起其上游产业的变动效应，如播出与制作的关系。向下关联：通过某水工程文化的发展与变化，引起其下游产业的变动效应，如作品与产品的关系。横向关联：以主导品牌产品为基础，开发系列相关产品和服务。

目前，水工程文化产业链中存在一些问题，主要是：政府投入较多，负担重，产业化水平不高；社会和民间资本投入少，产业链短，效率低下；核心业务不强，水工程文化产业链配套能力弱；增"规模"而不增"效益"，产业核心竞争力较弱。

水工程文化产业链的设计，应遵循以下原则：特色化：培育本地水工程优势文化产业；品牌化：以文化品牌积聚关联产业，产生聚集效应；创新化：把内容原创作为产业的核心竞争力，注重产品创新、技术创新和观念创新。

开发案例一：红旗渠风景区。

突出"自力更生、艰苦奋斗"的创业精神主题，结合太行山风光和漳河等旅游资源，利用红旗渠的水利工程和历史知名度，倡导艰苦奋斗、实干兴邦，建设宣传、教育、培训和体验的特色基地。从单纯的旅游观光提升为国内外教育、培训、交流、合作的知名平台。将回顾红色年代的回溯性行为提升为塑造民族精神的建设性行为。

景区重点建设和完善了以下资源：红旗渠纪念馆展览展示及红色培训教育区、分水苑中华水利科普展示园区、青年洞艰苦创业体验区、络丝潭生态休闲区。

该工程文化开发的特点有四：

其一，科学规划，保护资源。为实现资源与环境的可持续利用，林州市委市政府先后聘请北京大学环境与地理学院、河南省科学院地理研究所、郑州大学旅游管理学院编制了《林州市旅游发展总体规划》和《红旗渠景区详细规划》，聘请大连园林规划设计院和北京博艺设计中心对红旗渠景区部分景点、场馆进行规划和单体设计，使景区规划达到了发挥资源优势，利于生态平衡，满足环境需求，彰显文化遗存，突出主体风格，建设精品景区的要求。

其二，完善设施，提高品位。红旗渠景区在建设上，追求高标准，创造高品位，塑造旅游竞争力。红旗渠景区成立之初，人员不足 10 名，年收入仅万余元，资金短缺，设施简陋。为做大做强水利旅游，红旗渠灌区广大干部职工充分发扬红旗渠精神，不等不靠，采取个人集资等形式，先后筹资 3000 余万元，在改造完善红旗渠沿渠主题景点的基础上，又相继开发了一线天、二线天、栈道、滑道、步云桥等新景点。2000年，投资 1200 万元改造硬化了进山公路，开辟了环山路、环岛路，整修了上山路、下山路，避免了游客拥堵。2001 年，在原红旗渠纪念馆基础上，投资 600 万元建成了由 7 个展厅共组的、总长达 316 米的红旗渠纪念展览线。2003 年，投资 500 余万元，新建、扩建了四个停车场，总面积达 15000 平方米，建成了功能齐全的游客中心两处，面积 280 平方米，设立专为游客服务的医务室两处，新建星级厕所多座，旅游购物场所六处，改造了天河山庄、青年宾馆，新建了漳河旅游度假村，满足了游客游、憩、购、娱需要。2006 年，又投资 200 万元，建成了红旗渠文化长廊，营造了景区浓厚的文化氛围。2007 年"红旗渠号"空中巴士建成，为红旗渠又增添了一处景观。红旗渠纪念馆扩建改造为博物馆，为游客提供设施完备、环境优美、功能齐全、服务一流的学习场所。为配合党员教育和干部培训，河南省和安阳市在林州设立了"红旗渠干部学院"，接待了国内外大量干部、党员、官员的学习、教育和培训，在高层次人员的学习培训方面，形成了专门的基地，在新时代弘扬了"红旗渠精神"。

其三，以人为本，强化服务。旅游行业是服务性行业，多年来，红旗渠景区坚持游客至上的服务宗旨，始终把"建就建精品，干就干一流"作为各项工作的标准，对员工进行"态度决定一切，细节决定成败"教育，并着重贯彻三种理念："不让一名游客在景区受委屈""人人都是旅游环境""突出人性化服务"。给予老人、军人、学生和儿童等门票优惠和免费政策；实行分区安全责任制，不断完善旅游防护设施，为游客营造了一个安全、舒适的环境。

其四，加强促销，扩大影响。多年来，红旗渠景区围绕红旗渠独特的旅游资源，采取了形式多样的宣传促销：一是常规宣传稳步推进。景区在京珠高速安阳段、安阳火车站等车流、人流密集地区制作了巨幅景区形象展板，在安阳市主要街道制作了灯箱广告，提高了景区知名度。开通了安阳至景区的"红旗渠旅游直通车"，方便了游客参观游览。不断加强红旗渠网站建设，使网站功能完备、内容丰富，设有论坛、留言板，更好地服务于广大游客。组织专业促销小队分，分赴周边河北、山西、山东、京、津等地进行促销，与当地旅行社、各大媒体进行合作，推介红旗渠旅游。二是乘势借力搞促销。借助红旗渠精神巡回展、电视剧《红旗渠的儿女们》及央视《百家讲坛》栏目推出的《红旗渠故事》，进一步推介红旗渠。三是举办大型活动搞促销。景区每年都要组织参加规格高、影响大的旅游交易会，分发宣传资料，辅以文艺表演、空中飞伞等活动，形成巨大的视觉冲击力，扩大宣传效果。同时，借助林州国际滑翔节、红旗渠通水四十周年庆典、"两岸四地名模秀美安阳观光游"等平台，积极推介红旗渠旅游。景区还积极承办"自行车飞人"王会海在红旗渠畔举行的"挑战极限飞越红旗渠"活动，以引起社会各界的广泛关注。四是积极进行区域大联合。景区加强同林州境内的太行大峡谷、天平山、洪谷山等景区的合作，大打林州"一红一绿"旅游品牌；积极与河北、山西红色旅游景区进行区域联合，使红旗渠景区列入了"太行山红色旅游景区"精品线路，吸引游客。

开发案例二：乌镇景区。

乌镇位于浙江省东北部的嘉兴桐乡，地处浙苏两省交界处，京杭大运河东侧，是江南名镇，孕育出茅盾等名人。乌镇拥有东栅、西栅、南栅、北栅四个片区，水网发达，道路与河道并行，桥梁码头众多，是典型的"小桥流水人家"风貌的江南传统小镇，尽享渔舟通航之便利。

近现代以来，乌镇远离主要交通线，手工产业衰退，河道淤塞，经济衰落，已与普通乡镇无异，原有的特色虽有保留，但与现代社会发展渐行渐远。21世纪以后，旅游业兴起，乌镇以其传统的风貌逐渐被发掘。东栅区域作为旅游区，进行了整体改造，在维修、还原传统水乡城镇风貌的同时，对水电通信网络设施进行改造，满足当地居民生活和游客观览需要，也成了声名鹊起的收费景区。2005年，乌镇当地政府部门和开发商联合中青旅等机构，对西栅区域进行整体打造，在规划、还原传统典型水乡城镇风貌的同时，置换其功能，使之成为可游、可赏、可居、可享、可创的梦幻主题体验式社区，环境和建筑依旧古色古香，但内在功能、设施、配置完全满足当代社会生活、休闲、旅游、学习、体验、寻梦、猎奇、赏玩等需求，打造"中国最后的枕河人家"。其别具特色的开发和利用理念，使乌镇与丽江一样，成为以水景、水乡、水居为特色、集合休闲、旅游、体验、寻梦、创新等活动的著名旅游和体验目的地。①

2014年，中国政府决定，在乌镇承办"世界互联网大会"，吸引了全球的目光。古老而又充满创意的乌镇，连接了中国和世界，也连接了历史与未来。

三、在水工程文化鉴赏评估中提升

一座文化水工程的价值，不仅有灌、排、引、航等有形功能的价值，同时还具有生态、环境、人文等无形功能的价值。在无形功能中，生态是物质的，环境是会受人意识差异而产生对物质感观差异之意识加物质的，人文功能主要是精神的。从文化品位的视角对水工程价值进行综合评估，一般可分为鉴赏和评估两个步骤进行。鉴赏是基础，评估是结论，没有鉴赏，无法开展评估，没有评估也无法衡量其价值。

（一）水工程文化品位鉴赏

其一，鉴赏的目的。水工程文化鉴赏，既可以为水工程文化的内涵进行把脉，还可以为这座文化水工程添彩；既可以为当代水工程文化功

---

① 李红光等：《水与衣食住》，中国水利水电出版社2015年版，第116页。

能的开发提供资源，还可以为水文化方兴未艾的浪潮提供典型案例。

文化水工程应由管理单位分别、分批组织相关文化界人士对其进行品赏，可以从水工程中品读出设计者融入的文化，或者以不同文化人士的视角及水平，品赏出其更深层次的文化内涵。再根据这些文化界人士对水工程欣赏后形成的成果，做出鉴定意见。请文化界人士，尤其是层次较高、名声较大的文化人士前来，留下他们的观感作品是第一位的。

其二，鉴赏的内容。鉴赏水工程文化，可分别从文化内涵的品位、文化氛围的营造、文化产业的拓展等三个方面进行欣赏和鉴定。鉴赏水工程文化内涵的品位，主要是鉴赏其文化类型、个性特色、历史积淀；鉴赏水工程文化氛围侧重于建筑物、构筑物、景观、陈展、艺术品等；鉴赏水工程文化产业拓展侧重于文化品牌、产业链及产业布局、关联度等方面。

文化水工程大致可分为：哲学型、艺术型、科技型、景观型、历史型、民俗型、生态型、复合型等类型。

基于从鉴定文化品位角度去欣赏文化水工程的文化内涵，主要还是要从诗心、书骨、画眼、园趣、乐感、文蕴、哲理等7个方面去品味。现代水工程，主要靠现代文化人、学者抑或游人欣赏而形成的文化成果或评价，来确定其品位。历史水工程，还要从相关文献、书籍、画册、方志中去探求。对这一水工程的文化解读和欣赏的成果多，品位就高，则这一水工程文化价值也必然就高；反之，则低。

"艺无价"。文化、艺术价值往往是难以用具体货币价值去衡量的，而只能用其对文化人、艺术家及游客的吸引力来评价。某座水工程值得吟诵、摄影、绘画、创作，吸引人们前来欣赏、采风、游览、休闲，就说明其有品位，具有文化价值。

对历史水工程文化的鉴定，还包括为其准确定位、鉴别真伪、究其特色等工作，为其保护和发展指明方向和目标。中国历代文人、诗人对水工程文化的鉴赏，体现在他们大量、脍炙人口的不朽诗篇和山水游记上，这些作品为品赏水工程文化提供了独特的视角。譬如唐岑"始知秦太守，伯禹亦不如"破天荒地提出在治水方面，李冰的贡献大于大禹。譬如杜甫"锦江春色来天地，玉垒浮云变古今"高度评价都江堰对蜀文化的深刻影响是贯穿古今的。譬如李白"九天开出一成都"，李白抓住"开"，对"凿离堆"进行艺术概括，凿离堆，生门开，生气滚滚来。譬如陆游"西山大竹织万笼，船舸载石来无穷"记录了都江堰岁修以竹石为主要材料和宏大场面。譬如范成大《离堆行》"自从分流注石门，西州杭稻如黄云"道出了凿离堆造就了西蜀的千里沃野。譬如李调元"犀沉秦太守，蛟避赵将军""役夫千二百，谁继武侯勋"历数都江堰的治水英雄，从秦太守说到赵将军，特别推崇诸葛亮视都江堰为国之重器，派兵把守。譬如董必武"作堰淘滩尽手工""六字遗经传不朽"指出"深淘滩，低作堰"六字真言是都江堰治水的精髓。譬如赵朴初"长城久失用，徒留古迹在。不如都江堰，万世资灌溉"。此诗首次从时空、效果方面，对都江堰与长城进行比较，指出都江堰强大的生命力和可持续发展的动力，源自其内在的水文化内涵。譬如黄万里作为水利专家，他对巴蜀水文化，尤其是都江堰的历史和治水科学原理谙熟于心。"水沙就下成规律，设计无违经济则"是他对有志于治水兴国的水利人的谆谆教诲。这些诗篇和游记是水工程文化的取之不尽、用之不竭的宝库。通过对他们作品的品读，一些水工程文化的内涵，就会被揭示；通过对他们作品的揭示，就会使水工程文化品位在人们心灵中得以更进一步提升。①

① 郭维森等：《图说中国文化基础》，新世界出版社 2007 年版，第 223 页。

（二）水工程文化品位评估

基于文化品位的水工程价值综合评估，要厘清一个概念，具备一个前提。

其一，要厘清所评估的"价值"之概念与含义。马克思主义哲学理论提出：价值属外部客观世界对于满足人的需要之意义和关系的范畴，具有特定属性的客体对于主体需要的意义。

价值属于具体事物的包含和组成，经过人脑的分析和思维，然后梳理、提取出来的绝对抽象事物或原本体。它是具体事物的普遍性规定和本质，也反映了万物之间普遍的相互作用和联系的性质和能力。价值随着人脑和社会的发展而形成和增值。随着知识积累、文化建设、信息积累，价值不断进化、提升和发展，也成为人类文明发展的标志之一。

基于文化品位的水工程价值综合评估，是指这座水工程内涵的文化价值，不是指这座水工程或其内文化工程的建造的货币价值，抑或产生的减灾带来的公益性估价或经营供水、供电所得到收益。水工程文化内涵的价值，是指因这座水工程文化的存在，对能感触到这座水工程或接收到这座水工程有关信息，如诗歌、文章、绘画、电视、电影、微信……的人所产生影响之价值。文化价值在于不断给予人们各类美感享受和心灵教化。

其二，具备的前提。评估就是根据评价标准进行评价、估量、测算，有量化或定性的测量过程，并最终形成可靠的、符合逻辑的结论。对于基于文化品位的水工程价值的评估，即给这一水工程内涵的文化做出有关评价。要做出这个评价，则同样需要有一个被人们相对认可的标准，以便对照品评。这个标准，是评价的基础。对有文化品位的水工程价值进行评估，主要是依照针对水工程设计者的《文化概念创意评价指标》和适用于用水工程的《水工程文化品位评价指标》体系。前者主要用于某单项水工程建设、验收；后者则是用于由主管部门对其所管辖的水工程之间的评价。

国家及地方尚未见有关《文化概念创意评价指标》《水工程文化品位评价指标体系》的文本，也未有对水工程文化品位进行专门评估的案例出现。故本报告无案例可举。但在国家水利风景区的评估中，已含有部分对水工程文化品位的评价，因为水利部颁布的《水利风景区评价标准》中"评价内容"已列有："工程景观（包括主体工程规模、建筑艺术效果和工程代表性）、文化景观（包括历史遗迹、纪念物，民俗风情、建筑风格及科学、文化教育馆（园））及其组合的评价"的内容。虽然采用的仅是计分形式，所占比重也较轻，但已予以了关注。这对促进我国水工程文化品位的提升还是起了一定作用的。

乌镇案例的初步评估结果：原本是基于滨水生活的旅游区概念，号称"中国最后的枕河人家"，是运河文化的附属品。最后聚焦于：创新产业、交叉文化的链接价值。形成乌镇定位高端、超越性的价值地位。提升定位于：传统文化与未来文化的碰撞和连接。

红旗渠案例的初步评估结果：原本是基于水利工程的旅游区概念，号称"人工天河"，是农业文化和水利工程文化的附属品。最后聚焦于：干事创业、群众路线的场景体验和效果验证。形成红旗渠超越水利工程和历史产物的方法探索和模式思索的价值。提升定位于：传统思想传承与时代精神创造的衔接和创造。

（三）水工程文化品位价值

文化水工程的价值，不仅有其灌、排、引、航等有形功能的价值，同时还具有生态、环境、人文等无形功能的价值。在无形功能中，生态是物质的；环境是意识加物质的，会受人意识差异而产生对物质感观产生差异；人文功能主要是精神的。从文化品位的视角对水工程价值进行综合评估，一般可分鉴赏和评估两个步骤进行。鉴赏是基础，评估是结论，没有鉴赏，无法开展评估，没有评估也无法衡量其价值。

第四节　提升水工程文化内涵和品位保障措施

　　水工程文化内涵品位建设属于系统工程，具有周期长、涉及面广、影响因素多、主导方面变化等特点。需要在各方面均具有保障能力，才能连续实施，以保障初始要求、目标和标准传递，发挥最终效能。

一、提升水工程文化内涵和品位的政策保障

　　其一，分层级确定：战略规划、行动计划、年度目标、项目目标（可遴选设立国家级、区域级、地方性的水工程文化重点项目清单）；其二，建立水工程文化建设的奖励体制；其三，定期公布对各级水工程文化重点项目清单的工作考核结果；其四，委托和公布第三方对水工程文化重点项目清单的工作评估结果。

二、提升水工程文化内涵和品位的组织保障

　　其一，加强对部、省、市、县级水利部门各级领导的水工程文化的培训。各级领导观念的转变决定这项工作的成败。为了全面提升水工程

文化内涵和品位，应分期、分批地对水利部门各级领导进行水工程文化的轮训，树立紧迫感，落实责任，将水工程文化建设纳入水利工作日程。

其二，制定实施方案。在水利部统一领导下，水利部各司局、各流域机构、各直属单位，各省水利厅和与水利部共建的水利院校，都应制定《推进水工程文化建设规划纲要》。针对《规划纲要》进行目标任务分解，明确责任分工，制定实施方案。水利部负责水工程文化建设机构的职能部门负责《规划纲要》的组织协调与实施。各有关部门积极配合，密切协作，共同抓好贯彻落实和条块结构的协调。

其三，列入工作议程。

其四，加强组织领导，完善管理体制，加强各部门间的统筹协调。

各级水领导加强水文化建设重要意义的认识，落实国家关于文化建设的政策措施，把水工程文化建设纳入水利发展总体规划，建立健全领导体制和工作机制。

健全管理体制。在水利部的领导下，成立"水利部水文化建设领导小组"，下设"水工程文化建设办公室"（可与建管司相关职能部门合署办公），负责管理协调全国水利行业水工程文化建设工作。各级水利部门都应明确有具体的部门或专人负责水工程文化建设工作。

建立发展机制。建立政府主导与群众广泛参与的促进水工程文化建设的机制。在"水利部水文化建设领导小组"的主导下，充分发挥各级各种水文化研究社团以及各级社会科学和其他人民团体组织群众参与，积极发挥他们推动水工程文化建设方面作用，广泛动员全行业水利职工积极参与水工程文化建设。具体包括：技术体系（负责《水工程文化建设评价标准》的公布、宣贯、执行和反馈）；管理体系（依托现有机构，负责水工程文化建设的监督、指导、管理和考核）；奖惩体系（根据现有资金支配体系，对水工程文化建设的有效项目进行奖励和补贴；对水工程文化建设的差效项目进行警示和将该项目退出重点项目清单）；教育体系（对水工程文化学习、宣传、贯彻、实施的人员和机构）；研究体系（水工程文化研究、发掘、提升、结合、深化、发展进行的专门工作和安排）；推进体系（水工程文化的促进、推广、合作、传播的实际工作平台和渠道）。

三、提升水工程文化内涵和品位的人才保障

（一）培养水工程文化方面的人才

全国水利院校开展和加强在校本科生、大中专生、职业专科院校生的水工程文化的教育，使他们在科学和艺术、工程和文化、形象思维和逻辑思维上得到全面发展；各级水行政主管部门加强对广大在职水利干部职工水工程文化知识培训，培养博学多专的复合型人才，使之成为水工程文化建设的践行者；在社会上培养自主创新、专长明显的水工程文化研究、建设团队。

培养水工程文化方面的人才。首先，组织编写相关的水工程文化教材，组织水文化专家委员会及水利大专院校的水文化研究单位的有关专家、老师编写《水工程文化学》《水工程美学》《水工程雕塑概论》《水工程景观学》《水工程环境学》《提升水工程文化内涵的理论与实践》《水工程文化鉴赏》等教育丛书及简明读本，确定课题、分头落实。相关水行政主管部门、教育主管部门在出版上给予大力支持，争取 3—6 年内

有系列水工程文化丛书出版。其次，开展水工程文化教育培训。全国水利院校把水工程文化教育列入中长期教育规划。以注重吸收和培养水工程文化教育的师资（或借用师资）力量为基础条件，规定我国所有水利大专院校，从先开设有关水工程文化的选修课开始，逐步达到设置必修课和水工程文化专业；对水利院校的学生加强水工程文化教育，旨在培养既掌握其他水利专业技能又具有文化素养的新一代水利事业建设者；在校园文化建设中突出水工程文化特色，营造水工程文化氛围，发挥环境育人的功能。针对不同的水利院校，可由水文化专家委员审定一批水工程文化课程，列入选修课程或水工程文化专业课程；水利大专院校，还可邀请专家举行各类水工程文化讲座，提高学生学习兴趣；开展水工程文化设计大赛，通过参赛和评选，提高学生掌握水工程文化设计、实施的基本技能。

水利部门将培训水工程文化建设人才列入中长期规划，重视培养和使用水工程文化建设人才，为他们提供成长环境。组织分层、分类教育培训，创新培训内容和方法，提高在职干部职工的水工程文化素养和专家团队的水工程文化的创新能力。在水利系统党政管理干部和技术干部以及广大水利职工中全面开展水工程文化教育，提高整个水利队伍的水工程文化意识，提高自觉运用水工程文化知识提高水行政管理能力和业务水平。对水工程设计人员，要分期、分批进行重点培训，要求他们更新知识，掌握水工程文化的基本理论，具备水工美学的基本素养，在水工设计过程中，自觉融入水文化元素，充分考虑美学要求，将优化设计与美学设计结合起来，改变肥梁、胖柱的臃肿外观，克服一再加大保险系数的保守设计思想，正确处理结构和装饰的关系，把水工建筑做成美化环境的艺术品，为自己设计的作品负起社会责任。对水工程施工人员，要求掌握水工程文化项目的施工工艺、技术，在施工队伍中充实园林、雕刻等专门技术工人，以保障能完整地实现水工程文化的设计意图，并在实施过程中具有再创造的能力。对水工程管理人员，要求掌握水工程文化项目的维修技能，绿化维护技能，熟知水工程文化项目的基本含义，能准确、全面地向参观者介绍本工程的文化内涵及表现，大力做好水工程文化的宣传工作。

（二）加强水文化研究创新团队建设

以水文化专家委员会为骨干，培养和造就一批自主创新能力强、专业特长明显的水工程文化研究团队。扩大水文化专家委员会的组成，吸收行业外有成就的知名社会文化学者参加，提高水文化专家委员会知名度；以课题为契机，加强纵向和横向的交流，加强对水工程文化课题研究的管理和支持，对专家的自主课题也要列入研究规划，给予一定的指导和经费支持。对立项的综合课题，充分发挥不同领域的专家的特长，协调合作、通力攻关，以课题带动团队建设，以课题促进文化发展。

四、提升水工程文化内涵和品位的社会动员

借助各种社会力量，把水工程文化与培育公民良好的水工程文化素养和资源道德观念的教育行动，与开展全社会范围内的节水、爱水、护水、亲水教育结合起来，与建设节水防污型社会结合起来，以发挥先进水工程文化的引导功能和自律意识。通过讲座、报告、开展文化活动等多种途径，采取群众喜闻乐见的方式，推进水工程文化教育进机关、进

企业、进学校、进社区、进乡镇。为各类水文化人才的脱颖而出创造条件。把培育德艺双馨的水工程文化人才和创作高品位的水工程文化作品作为水文化队伍建设的根本任务。大力表彰在水工程文化建设中业绩突出的先进单位和水工程文化工作者。定期进行水工程文化作品和专著的评选，鼓励水文化工作者多出成果。

争取社会文化人士关注或参加这方面的工作。社会文化人士虽没有水利工作的经历，但能提供不同的思路、不同的文化背景，能以多种形式丰富水工程文化的研究。推出有一定学术水平的科研成果，造成一定规模的舆论效应，才能吸引广大社会文化人士关注；提供各种学术平台，加强学术交流，加强学术合作，才能提高广大社会文化人士参与的积极性和主动性；组织有一定社会声望、学术成就的社会文化人士参观、考察著名水利工程，激发他们参与水工程文化研究的热情，吸引他们加入水工程文化的研究队伍中来；扩大水文化专家委员会行业外专家的比例，充分发挥行业外专家咨询作用，提供重要的智力支持和专业保障。只有争取社会文化人士关注或加入，才能取长补短、相互融合，开创提升水工程文化内涵与品位的新局面。

水利系统外的社会力量在挖掘水工程文化和内涵方面，已有行动。何建明主编的《中国治水史诗评传》，分为黄淮、长江、珠江、海河、松辽、西部、东南等七个篇部卷，记述了中国所有大的江河水系和部分地方水域治水历史，以及都江堰、灵渠、坎儿井和三峡工程等古今著名的水利工程。该书以思绪千年、视野万里的中国治水史为基本创意，组织坚实的大规模的写作队伍，认真选择本土化的作者，确定落实写作队伍中领军人物，进行大规模的、团队式的多文体多风格的文本试验，对系统内讳莫如深的黄万里先生也专门作传，其开放性的思维，其前瞻性的"文化自觉",值得借鉴。①

开展最有文化和最美水工程评价交流活动。通过比较和竞争促进发展和提升。为推动水工程文化的研究和实践,应在部、省两个层级,开展最富文化内涵水工程和最美水工程的经验交流活动。交流活动着眼点在文化内涵的发掘和表现上,探讨文化与工程结合的方式,避免生搬硬套、张冠李戴,既要探讨在结构上文化内涵的表现,又要探讨在装饰上文化内涵的表现,两者并重,不可偏废;既要探讨历史文化在工程上的表现方式,又要探讨现代文化在水工程的表现方式;探讨低碳、环保、节能材料在水工程上的使用及其文化内涵,如太阳能、江水源热泵系统、ETFE薄膜等;探讨现代科技在表现水工程的形、光、声、色诸要素上的应用,如激光、LED等。同时,克服不加分析、不分主客、不深入思考、相互抄袭、彼此复制的低层次行为,避免千景一面、失去特色、迷失自我、流行性的工程化妆运动。

五、提升水工程文化内涵和品位的技术规程

按照社会经济发展状况和以人为本、人性亲水的客观需求以及水利工程的民生性、综合性、地域性、动态性、生态性、广泛性等特点,制定出相应的文化工程的技术标准和各相关定额,以实现全面提升我国水工程的文化内涵和品位的需要和实施文化水工程的需求。使我国的水工程在发挥常规功能的同时,还能充分发挥促进社会进步、繁荣文化、保护生态,保障和促进经济发展、政治文明、生态文明的作用。

---

① 参见何建明主编:《中国治水史诗评传》,作家出版社2011年版。

对原有水利工程的规程、规范、标准、定额进行修订。如对水闸、大坝、河道、水利景观等设计、施工、监理、管理的规范、标准、定额等，要增列水工程文化方面的相关条目，为水工程文化的规划、设计、施工、验收提供政策保障和技术支撑。

具有规程、规范制定权的部门，对本级出台的规程、规范、标准、定额进行修编，在新建、改造或修理的水工程中融入文化的元素，做到有规程可依、有规范可循、有标准可执行。

组织专家编制《水工程文化编制大纲》《水工程文化规划编制导则》《水工程文化旅游项目综合影响评价标准》和《水工程文化评价标准》，经过论证、征求意见、修改、审定，以部颁规范下达各级水行政主管部门、水利设计院和水利施工、管理、监理单位，以付诸实践。

六、提升水工程文化内涵和品位的法治保障

今后，党中央、国务院在制定、修改、完善、出台《水利产业政策》《关于加快水利改革发展的决定》等水利政策时，水利部应提出建议将水生态文明建设、水文化工程建设等有关提升水工程文化内涵及品位方面的内容写进去，以增进各级、各阶层对提升水工程文化内涵及品位的认识和执行。

在国家法层面上，争取在《水法》《防洪法》《河道管理条例》《水利工程管理条例》修法中，积极建议增设水工程文化、水利景观、水利物质文化遗产等方面内容的规定，具体实施可通过水利系统的人大代表提出修法提案。

在地方法层面上，在有关水利工程管理、水环境保护等地方法规

中，由各省和有地方立法权的水行政主管部门提出增设水文化工程、水利景观等方面内容的修法或立法建议，组织人员提出具体修法或立法条文，报请省、市人大法制委员会采用，并争取本级人大通过、上级人大批准。

比如，泰州市水利局通过努力，在该市取得地方立法权后制定了第一部地方实体法《泰州市水环境保护条例》，业经江苏省人大批准，自 2016 年 10 月 1 日起开始施行。其中第五条"承担政府水环境保护联席会议办事机构的职责"的第二款中规定了："水行政主管部门负责水资源管理、河湖整治、水量调度、水文化工程建设、涉水文化遗产保护等监督管理工作。"第二十八条"市、县级市（区）人民政府应当根据水生态保护的需要，将下列区域、水体依法划定为重点水域保护区，向社会公布"中规定包括"（二）重要涉水风景区；……（五）滨江生态保护区；（六）已公布为文物保护单位和尚未核定公布为文物保护单位的不可移动文物等涉水文化遗产；（七）具有重要生态功能价值或者特殊经济文化价值的其他水域"。这是在全国正式的地方法中，第一个将水文化工程建设和涉水风景区、生态保护区、文化遗产的保护纳入了水行政主管部门职责。虽然全国已有 8 个省也出台了《水环境保护条例》，但其条款大多针对水体水质的保护，未能涉及以水为本体之周边各种涉水"环境"的保护，更从未提及有关水文化工程建设的监督、管理及保护。

完成了有关水工程文化方面的立法，提升水工程文化内涵和品位，就具有了法律依据，将可办可不办的事情，变成必须执行的事情。

七、提升水工程文化内涵和品位的经费保障

（一）政府投入及纳入预算

加大政府的投入力度，扩大公共财政的覆盖范围。将水工程文化发展基金纳入工程资金总盘子进行安排，还要建立水工程文化发展基金，要多渠道、多层次地筹集社会资金。按照社会主义市场经济原则，构建多元化的投资体系，支持水工程文化资源作为资本要素进入市场运作，规范国有资源的租赁管理。保障投资收益，招商引资，拓宽融资渠道。

依据《中华人民共和国预算法》的相关规定，水工程文化项目可在行政事业经费预算的科学或文化栏目中列支。年度预算计划编制应准确完整，预算安排不留缺口，确遇特殊情况追加预算时，严格按规定渠道、程序办事。各种财务报表编报及时、准确、完整。使用水工程文化项目资金的各相关部门和单位必须严格执行批准下达的年度经费预算，按照用款计划拨款。单位预算一经确定，正常经费除政策性增支外，一般不予追加支出，各项支出要从严控制。

水工程文化专项资金也可采取包干使用的办法，包干经费总额确定后，由各级财政主管部门与包干单位正式签订包干合同。合同一经签订，双方必须履行。

按照《预算法》规定，对预算内安排的水工程文化资金，强化预算约束。各部门和单位应按财政部门下达的年度经费指标安排单位预算，要精打细算、不留缺口。各财务主管部门的预算安排要在限期内抄送有关各级财政部门备案。避免专项资金范围不清、名目繁多、支出结构不合理、预算编制不科学、使用效率不高、没有把支出与产出挂钩、使用

上存在挤占行为等不良现象。分清界限，明确水工程文化专项资金的执行范围，细编预算，加强专项支出的把关和控制；建立项目库，集中财力办大事；制定标准，强化专项资金绩效评价；健全制度，完善专项资金管理办法；强化监督，不断提高专项资金使用效益；坚持"科学论证、合理排序、细化编制"和"合法、真实、平衡、重点、完整"的预算编制原则，编制部门预算。

水工程文化行政经费预算列支内容包括：专项课题研究费、杂志出版补助费、论坛研讨会会议费、非物质文化遗产保护费、专用网站维护费、文化产业发展扶助费、优秀水工程文化人才培养奖励费、水工程文化精品专项费、艺术创造基金、动漫研究费等。

水工程文化项目列入工程预算有两个途径：一是列入水利工程总概算，即作为水利工程的一个组成部分；二是单独列项。前者作为总投标的整体项目中的分项目，有利于不同工种的配合，避免不必要的浪费，有益于结构主体修建与文化创意的同步进行，如大坝的彩色砼画面就要在主体浇筑中形成；后者要在主体水利工程完工后方能进场施工，不要在工种穿插中进行，避免不必要的返工。

专项工程预算包括：大中型水利工程在项目建议书、可行性研究的投资估算、初步设计阶段的设计总概算、施工图阶段的施工图预算和竣工验收时的竣工决算。水利工程概算由工程部分和移民与环境部分组成，工程部分由建筑工程、机电设备及安装工程、金属结构设备及安装工程、临时工程、独立费用组成。水工程文化项目可在建筑工程或在独立费用列支，景观绿化部分可在环境保护中列支，编制概预算时应了解水工程文化概况，确定编制依据，广泛调查研究、收集有关资料，编写概预算大纲，分析计算单价、确定指标费用，依据设计图纸和定额编制水工程文化及景观工程概预算。水工程文化项目概预算不应漏项，单价项目设置应符合实际施工工艺，不得重复套用定额。对没有定额的项目，要按市场平均价，加上概算系统，计算编列。

组织相关单位，借鉴园林定额，编制水工程文化及景观工程概算、预算定额，以便控制造价，在实施中具有可操作性、可控性。定额人工工资应考虑物价水平、市场价格、工艺难度等因素综合确定；材料价格应依据市场浮动价格、考虑采管运输综合确定。每一单价项目适用范围应有详细规定。

水工程文化项目建设资金，由国家专项资金、省财政拨款的专项资金、市县政府配套资金、社会资金以及企业、个人自筹资金等部分构成。为调动地方的实施水工程文化项目的积极性，中央投资应有倾斜政策，地方积极性高、愿意自筹的，中央可匹配资金，匹配比例在 $1:1$—$1:0.5$ 的比例幅度内安排。具体实施时，应加强审计管理，防止高估冒算。

水工程项目建设最初是作为公益工程进行的，所包含的文化、景观部分也应和主体工程一起由政府出资兴建，当水工程文化项目初具规模，已具有旅游价值，进入市场后，项目的维护、扩大、配套等所需资金应以自筹方式解决。水工程文化项目，政府采取扶一程、送上马的办法，政府开头，企业完善。考虑到经济发展先进地区和落后地区的差异，在支持水工程文化建设中，政府的资金应向不发达地区作适度倾斜。

专款专用原则，是指对指定用途的资金，应按规定的用途使用，并单独反映。公益性、准公益性文化水工程的建设资金或其他水文化项目使用的相关资金、基金都必须按规定的用途使用。不得移作他用，特别

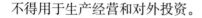

不得用于生产经营和对外投资。

（二）多渠道投入

进行预算外资金安排。在水利部，河道修建维护费、水利设施占用补偿费等一般作为财政预算外资金管理，更新改造和修缮的水工程文化建设项目应列项争取在这些资金中予以安排。

社会筹资。对于经营性的水文化工程，可以通过社会筹资的方式筹资兴建。各省市可成立水工程文化投资集团，以此为主体，进行社会筹资。社会筹资应该从以下四个方面来考虑：确定筹资数量、核算筹资成本、控制筹资风险、掌控筹资时效。

（三）募捐

通过募捐可为水工程文化建设筹措资金。募捐主体一般是红十字会、慈善会、公募基金会等公益性社会团体，非营利性事业单位和其他公益性社会团体，经民政部门许可，可以开展募捐。其他单位可以联合上述募捐组织开展募捐。这种方式中间环节多，效率低。较好的方式是由部、省的水工程文化研究中心这种非营利性的社会公益性团体作为募捐主体。

募捐应坚持自愿无偿、公开透明和诚实信用的原则。募捐组织应规范捐款资金管理，提高资金使用效益，确保捐赠资金安全。

第四章

水文化资源信息数据库规划研究

　　水文化资源信息数据库的主要目标是建设一个完整的水文化信息资源库平台。水文化资源信息数据库建设，理应"规划先行"；"规划先行"，理应针对"建设"的特点、难点来进行。"建设"的特点、难点就在于它既是"技术活"，又是"学术活"，必须以学术研究为前提，以技术应用为支撑，以科学论证为基础。

水文化的发展与水文化资源的开发利用有着密不可分的关系，而水文化资源开发利用的有效手段之一，就是建立一个科学、完善、适用的水文化资源信息数据库。从某种意义上来说，数据库建设是与现代科学技术发展密切相关的时代课题，也是当前文化资源收集整理和开发利用的主要途径，因而也必然成为水文化发展的前沿问题之一。

　　水文化资源信息数据库建设，理应"规划先行"；"规划先行"，理应针对"建设"的特点、难点来进行。"建设"的特点、难点就在于它既是"技术活"，又是"学术活"，必须以学术研究为前提，以技术应用为支撑，以科学论证为基础。"技术活"，主要是指水文化资源信息普查与入库遴选，组织搭建多功能软件支撑平台，建设水文化资源信息数据网站，数据库的发布开放等。"学术活"，主要是包括制定建设目标与标准，确定资源信息的文化属性、功能和分类依据，研究提出数据库框架设计，确定数据库建设的形式，预测数据库未来可持续发展前景等。先行开展水文化资源信息数据库建设规划研究的目的，一是要在理论上确保"建设导则"的系统性、合理性、规范性、前瞻性、实效性。二是要在应用上确保"实施方案"的内容完整、形式具体、程序合理、操作规范、方法得当、使用便捷。

　　由于数据库建设具有很强的专业性，本部分内容不对水文化资源信息数据库建设的具体内容进行阐述，而是从该数据库建设的宏观战略出发，立足于如何制定水文化资源信息数据库建设的战略规划，即对如何规划设计水文化资源信息数据库建设进行简要的论证。

第一节　相关核心概念的界定

为了搞好水文化资源信息数据库的规划设计，必须对相关的核心概念进行界定。在这里，最主要的概念有三个，分别是水文化资源、水文化信息资源、水文化资源信息数据库。其中前两者为涉及本课题的基本概念，最后的"水文化资源信息数据库"则是本章研究所针对的核心概念。

一、水文化资源与水文化信息资源

文化是"人文化成"的各类成果，包括物质性成果、精神性成果、制度性成果等不同方面。《易经·贲卦·彖辞》云："刚柔交错，天文也；文明以止，人文也。观乎天文，以察时变，观乎人文，以化成天下。"说明"文化"是自然的"文"与人类的"化"相结合的产物。

（一）水文化资源

水文化是社会文化的一个核心组成部分，是有史以来基于人水关系互动过程中由人类创造的与水有关的各种文化的总和。目前我国的水文化研究正在不断深入，取得了一大批有价值、有影响的学术成果，引起了包括官方在内的社会各界的广泛关注。2009 年 11 月，在水利部主办的首届中国水文化论坛上，水利部部长陈雷从社会主义文化大发展大繁荣的高度强调要大力加强水文化建设。之后，水利部于 2011 年颁布了《水文化建设规划纲要（2011—2020 年)》（水规计〔2011〕604 号)，为了贯彻落实《水文化建设规划纲要》精神，水利部于 2013 年 7 月 8 日专门印发了《水文化建设 2013—2015 年行动计划》，在该计划颁布后，各地积极响应，并取得了许多丰硕的水文化建设成果。

随着我国水文化建设实践和学术研究的不断深入，"水文化资源"这一概念也能逐渐为人们所熟知。所谓水文化资源，就是在人类的水文化实践中不断产生和逐渐积累起来的各类活动要素，如治水活动要素、利水活动要素、赏水活动要素等以信息开发的方式加以集合性整理的文化资源。近年来，随着社会形势的发展，特别是生态文明建设的全方位开展，水文化资源的收集、整理和开发已显得极为迫切。

（二）水文化信息资源

严格来说，任何文化资源都是一种信息呈现方式，从信息学的角度来看，水文化资源也是一种信息资源。美国学者沃罗尔科（J.O.Rourke）于 1970 年最早明确提出了"信息资源"一词，他在《加拿大的信息资源》一书中从各种信息资源形式出发，认为信息资源是人类各种信息活动的集合体，包括了信息生产者、信息技术、信息设备与设施等诸多环节。因此，水文化信息资源就是以信息方式呈现出来的各类水文化资源，包含了水文化实践过程中产生、获取、收集、处理、存储、传输、使用和开发的一切信息资源。

二、水文化资源信息数据库

水文化资源信息数据库是以现代数据库技术为手段呈现水文化资源信息的一种举措，主要目标是建设一个完整的水文化信息资源库平台，根据水文化资源的分类，在平台上进行资源的分类建设，把尽可能全面的水文化资源进行整理、归类并迁移到平台中进行管理、发布、检索与利用等。建立水文化资源数据库是开发和利用我国水文化资源最基本、最实用、最具操作性的一种方式。

三、水文化资源信息数据库建设规划

水文化资源信息数据库建设是一个复杂的课题，也是一个庞大的工程，不经过严格的规划设计，就很难保证其合理性、科学性和实用性。所谓"规划"，意思就是针对某一课题的主要内容进行尽可能全面的、具有前瞻性和长远性的谋划和设计，并制定出旨在开展某项活动完备的、具有可操作性的一整套行动方案。依据不同的标准，可以把规划分为各种不同的种类，若按规划所指的对象、规划的基本内容和性质来划分，可以将规划分为总体规划和专业规划两大类。不过这里所说的"总体规划"和"专业规划"也是相对于具体规划项目而言的，范围并不是固定的和一成不变的。

水文化资源信息数据库建设规划就是一种具体的专业规划，如果说水文化建设规划是一个全面的行业规划，那么水文化资源信息数据库建设规划只是在这一全面规划之内的一种具体的专业规划。所谓水文化资源信息数据库建设规划，就是针对水文化资源信息数据库建设这一具体项目而开展的谋划、计划和具体的方案设计。任何规划都必须根据一定社会环境提出在未来一个时期内所要达到的具体目标、完成的任务以及实现规划所设定的目标应具备的实施方案和实施途径。水文化资源信息数据库建设规划也不例外，它必须明确提出这一数据库建设所要达到的目标、具备的功能、设定的项目、构建的框架、运作的流程、应用的范围和实现的途径等。

第二节　先行制定水文化资源信息数据库建设规划的意义

建设水文化资源信息数据库是一项庞大的工程，里面牵涉许多问题，譬如我们为什么要建这个数据库？要建成什么样的数据库？数据的来源在哪里？数据收集的范围如何确定？该数据库的目标如何确定？数据库建设包括哪些主要工作环节？怎样才能保证数据库建设的科学性和有效性？这些问题，都要通过科学的规划设计才能解决。

水文化资源信息数据库的规划设计，既要科学又要实用，既要顶天又要立地，既要立足现实又要着眼未来，既需要在题内显智慧，还需要在题外下功夫。这既是专题研究的特点，亦是难点，有其客观必然性。

具体来说，先行制定水文化资源信息数据库建设规划的意义主要有以下几个方面：

一、确保水文化资源信息数据库建设的系统性

德国古典哲学家黑格尔说："一个活的有机体的官能和肢体并不能仅视作那个有机体的各个部分，因为这些肢体器官只有在它们的统一体

里，它们才是肢体和器官，它们对于那有机的统一体是有联系的，决非毫不相干的。"① 数据库建设是一项系统工程，而合理的规划和计划，能确保水文化资源信息数据库建设的系统性和完整性。在保证建设工作的完整性和层次性的前提下，我们还要利用各种手段来协调不同地区水文化资源大系统中各个分支系统及其不同侧面的相互关系，使整个水文化资源信息数据库的大系统保持完整、和谐、平衡的状态和格局。

二、确保水文化资源信息数据库建设的合理性

一个数据库的建设是否能够发挥其应有的作用，与该数据库建设的合理性和科学性有着直接的关系，那么如何才能保证数据库建设的合理性和科学性？严密而周全的规划设计是最关键的因素。具体而言，规划设计对于保证数据库建设的合理性和科学性主要表现在以下几点：一是能提高建设定位的准确性，也就是能解决建一个什么样数据库的问题；二是能保证数据库总体布局的完整性，也就是能解决数据库建设框架结构的问题；三是能提高数据资料的纯粹性，也就是能解决数据库搜集数据资料的有效性问题；四是能确保数据库建设的先进行，也就是能解决数据库建设与新时代的社会需求和技术需求相结合的问题；第五是能提高数据库建设的可操作性，也就是能解决数据库如何用、用什么的问题。总之，严密而周全的数据库建设规划对提高数据库的合理性有多重的意义，需要综合思考和缜密论证。

---

① 黑格尔：《小逻辑》，商务印书馆 1981 年版，第 282 页。

三、确保水文化资源信息数据库建设的规范性

没有完善、合理、严密的制度，任何事情办起来都会很困难，因为没有制度作支撑和约束，具体工作有可能无章可循，工作秩序和工作力度都会受到影响。工作的方向性也不易把握。因此，为了确保中华水文化资源信息数据库建设工作的顺利进展，必须制定一套旨在让有关人员共同遵守的办事规程或行动准则，在这些规程或准则的引导下，制定一套完整的工作方案和工作计划，最终达到水文化资源信息数据库建设的预期目标。

管理和制度是开展任何一项工作的基本保障，譬如要保证水文化资源的开发利用不错位、不变形、不偏差，就需要制定一系列的原则和规范，并用制度的形式将其权威化与合法化。而水文化资源保护开发的管理规范和制度建设是一项严肃、系统、复杂的工作，需要在充分调研、论证的基础上逐步形成并不断完善，这一切又必须在水文化资源调查研究的基础上来开展。所以，在水文化资源调查研究取得相应成果的前提下，需要及时为水文化资源管理规范和制度建设提出一些基本操作导向和基本思路。

四、确保水文化资源信息数据库建设的前瞻性

汉代思想家刘向在《说苑·说丛》里说："谋先事则昌，事先谋则亡。"[①] 水文化资源信息数据库建设不能流于事实的陈列，而应着眼

---

① 刘向：《说苑全译》，贵州人民出版社 1992 年版，第 669 页。

于未来发展的需要，而科学的规划正是为了避免目光短浅，就事论事。因此，我们制定水文化资源信息数据库建设规划时，要有战略眼光，要善于把握涉水事业的发展趋势，善于观察涉水事业的发展动向，从而把将会出现的发展势态融入其中，达到未雨绸缪、先入为主的目的。

客观地说，事物的发展趋势其实就是事物的发展规律所表露出来的动向，是事物发展的必然性，人们只有认识、把握、利用这种动向，只有遵循这种必然性，按照客观规律办事，才能把事情办好；反之，就会导致所建立的数据库陈旧落后，事与愿违。虽然客观事物的发展规律是不以人的意志为转移的，人们必须遵循它，但人们在事物的发展规律面前并不是无能为力的，而有着自身的主观能动性，即可以认识、把握并利用客观规律，因势利导，谋远利势。正确揣测事物的发展趋势，是从当时的形势出发的，也就是说只有立足当前水文化事业的客观形势，才能合理预测水文化事业的发展动向。为此，规划设计者必须有"谋远"之智，具有对未来形势变化的判断能力和预见能力。《韩非子·孤愤》里说："智术之士，必远见而明察。不明察不能独私。"①《宋史》卷四八一《南汉刘氏世家》说："智者虑于未萌，机者重其先见。"这些都是强调智者能虑远明察的能力。在事件发生之前，就能用自己练就的远见卓识去体察事物的变化趋势，从而做到谋在事先，这样才不至于在新的形势面前无所适从，丧失所建数据库的应用价值。

---

① 梁启雄：《韩子浅解》（上），中华书局 1960 年版，第 80 页。

五、确保水文化资源信息数据库建设的实效性

随着我国水利事业全面、健康的发展，水文化事业也受到国家各方面的高度重视，水利部《水文化建设规划纲要（2011—2020 年）》的颁布标志着我国水文化建设有了自己的行动纲领。各地有关部门很快行动起来，着手谋划实施当地的水文化建设，而开展水文化建设自然不能盲目地进行，其中最为关键的一环就是要摸清家底，以增强决策的针对性。

水文化资源信息数据库建设是针对水文化建设事业的实际应用而开展的，因此要避免华而不实、不切实际的花架子。水文化资源信息数据库建设的实效性首先是它的可行性，也就是说通过科学的规划设计，要保证所建立的数据库切实可行，便于实施和操作；同时还要保证在特定的目标下设计出具体的行动方案，并保证最大限度地达到所设计的目标。为此，严密的事前规划必须注意到以下几点：首先，在内容建设上要重"实"、重"真"，也就是要从实际出发，实事求是，确保数据来源的真实可靠和数据利用的科学有效。其次，在功能开发上要重"用"、重"施"，也就是避免纸上谈兵，装腔作势，防止所建的数据库空泛无着，难以使用。最后，在验证实施上要重"效"、重"绩"，也就是要通过合理的结构和科学的路径，确保所建数据库能发挥较高的使用效率。数据库的使用效率是评定数据库建设的重要指标，提高使用效率就是要求正效率值不断增大，负效率值不断下降以致为"零"。一个数据库是否建设得科学合理，很大程度上要看它所能够发挥的使用效率的高低。

六、确保水文化资源信息数据库建设的层次性

《礼记·学记》指出："杂施而不孙，则坏乱而不修。"从水文化资源的规模、价值和重要性去考虑问题，我们应将其划分为不同的层次和级别，以便重点明确，循序渐进，分门别类，区别对待，增加数据库建设工作的秩序性和针对性。究竟如何确定水文化资源信息的层次，首先需要设定层次分类的标准，然后要根据这些分类标准，相应地进行具体方案的规划设计，依据其主次、性质、特点进行分门别类地归纳、总结和布局，最终保证所建设的数据库主次有序、层次分明、结构合理、逻辑严密，并最大限度地保证数据库使用的便利性和实用性。

七、确保水文化资源信息数据库建设的机动性

水文化资源信息数据库建设的机动性主要是指它的时效性，也就是紧跟形势，与时俱进。水文化事业的现实情况是复杂的，水文化资源信息数据库建设虽然要具备一定的前瞻性，但它的规划设计不可能遵循一成不变的框架方式和一元化的建构方案，原因是随着形势的发展，数据库的内容、数据量、建构方式和应用途径，都有可能随着社会形势和科学技术的发展不断得到改善、更新和补充。就像安德里亚·布兰齐（Andrea Branzi）在他的文章中提到的那样："方案设计在一定程度上已经成为对现实进行修改的一种建议，同时这种建议的效果也可以藉由一种化约现实的模拟演示系统来直观表达。"① 如果未来水文化方面的现实

① 转引自科琳·蒂-奥诺：《设计中的机动性：关于建筑、城市和地景之间的新关系的创新形式》，《世界建筑》2011 年第 6 期。

尺度已经超出了建构设计数据库时共识的结构定义，传统的表现方法已被巨变下的社会现实所淘汰，这个花费巨大精力所建构的数据库难免会成为明日黄花。因此，在规划设计数据库时，应该充分考虑到政策的变动性、行业规范的发展性、技术发展的创新性等，并留下充分的机动空间，使其具有新陈代谢的基本功能，这样有利于该数据库的扩容、改造和更新。

第三节 水文化资源信息数据库建设
规划的主要任务

水文化资源信息数据库建设规划的主要任务，就对该数据库的基本目标、建设内容、建设依据、建设规范、建设路径和手段等进行合理安排和总体设计。

一、确立水文化资源信息数据库的建设目标

目标就是方向，目标不明确就会迷失方向，开展水文化资源信息数据库建设规划首先必须确立水文化资源信息数据库的建设目标。在确立目标的过程中，必须掌握以下几个基本原则：

（一）长远目标和近期目标相结合

水文化资源信息数据库建设既是一个时代课题，也是一个发展课题。从可持续发展的角度讲，必须树立数据库建设的长远目标，以满足社会发展对水文化建设不断提出的新需求、新要求。但是水文化资源信息数据库建设既然是一个时代课题，就应该立足当下，首先满足当前水

文化建设的时代需要，解决水文化建设的当下课题。为此，水文化资源信息数据库建设必须依据不同的现实需求，树立相关的一系列近期目标。长远目标通常也可以看作是理想目标，是"愿景"；近期目标通常也可以看作是实际目标，是"实景"。长远目标和近期目标相结合，其实就是"远景"和"近景"相结合，也是"愿景"和"实景"相结合。

（二）大目标和小目标相结合

所谓"大目标"其实就是整体目标，所谓"小目标"其实就是局部目标。任何目标的确立都不可过大或者过小，而必须大小适中与大小结合。首先，目标过大，容易空泛不实，难以实现；目标过小，容易视野狭窄，往往陷入就事论事，急功近利的境地。其次，作为整体规划的大目标，必须注意兼顾到各种不同的小目标，让大目标渗透到小目标之中，通过一系列小目标的实现最后达到实现大目标的目的。最后，任何大目标都可以依据相应的逻辑规则分解成不同的层级，最终构成诸如一级目标、二级目标、三级目标以致更多目标，也就是先把总体目标分解成二级小目标，再把二级小目标分解成三级小目标以致更多。

（三）坚持目标和优化目标相结合

目标一旦确定，就必须坚持。在具体的工作中，必须对经过科学论证的目标保持足够的信心，这样才能方向明确，保持足够的工作动力。但是，在实现目标的具体工作中，往往会发现原来设定的目标会有不完善、需要改进的地方，这就要求结合工作实际不断对目标进行优化改进，使之不断趋于完善并适应新形势的需要。目标优化管理，是一个复杂的问题，以下几点要特别加以注意：一是要考虑既定目标是否适合当前的实际，是否有华而不实的弊端；二是要考虑既定目标是否过多过杂，质量不高；三是要考虑既定目标是否过高过大，难以实现；四是要考虑既定目标逻辑层次是否合理，主次关系是否明确；五是要考虑实现既定目标的各种物质和人力条件是否支撑得了实际需要；等等。

（四）定性目标和定量目标相结合

定性目标是指该数据库建设的发展方向或基本定位，它是该数据库建设最本质的目标，往往包含着该数据库建设的指导思想、基本内涵和属性特质等；定量目标则是该数据库建设定性目标的具体表现或进一步分解，它是水文化资源信息数据库建设规划目标的表象和表现。定性目标是不能简单地用数字和数据去衡量的，比如，该数据库的学术地位、理想状态，以及影响力、知名度等一般不便于用具体的数字去衡量。而数据库的数据条目、分类构成、使用率是可以通过检索途径去进行量化考评的，这就是所谓的定量目标。需要说明的是，既然量化目标清晰明确，为什么还要设立定性目标呢？这是因为事物的性质、内涵等具有抽象性和复杂性，是不能被量化的，譬如该数据库的指导思想应该是一种高尚的理论设想，只能规范，但不可量化。

（五）目标管理和目标实施相结合

目标管理是指对该数据库建设的整体目标和具体目标进行合理设计、统筹安排和综合调节；目标实施则是要对确定的目标贯彻下去，变成实现目标的具体手段和具体行为。目标管理在现代组织管理中被广泛应用，美国管理大师彼得·德鲁克（Peter F. Drucker）在其《管理实践》一书中最早提出了"目标管理"这一概念，在此之后，他经过长时期的进一步研究，又提出"目标管理和自我控制"的主张。彼得·德鲁克认为，任何一项工作，并不是先开展了具体工作才去确定工作目标，恰好相反，是先有了工作目标才去确定具体的工作职责。而目标的实现必须通过一定的管理方法，确定目标导向，以作为工作主体的人为中心，以工作所应取得和所能取得的成果为标准，以促使组织和个人取得最佳的工作业绩。在开展水文化资源信息数据库建设规划时，必须先把总体目标确定下来，然后自上而下地对具体的工作目标进行分解，让所有参与数据库建设的工作人员都能明确责任，并在工作中依据具体的工作目标进行"自我控制"，促使各种目标一步步趋于实现。另外，在目标实施过程中，根据具体的工作实际，对目标进行合理调节也是目标管理的一部分。这就是说，目标管理和目标实施必须紧密地结合起来，相互促进，确保目标工作的高质量完成，使得数据库建设能够顺利实现各类具体目标。

二、明确水文化资源信息数据库的建设内容

水文化资源信息数据库建设应该包括哪些内容？这些内容在数据库建设中如何设置、如何分类？这些都要在水文化资源信息数据库建设规划中进行明确。需要注意的是，这里所说的数据库建设内容不是指水文化的内容，而是指建设该数据库所应涵盖的具体工作。确定这些具体工作内容，需要从以下几个方面入手。

（一）确定水文化的内涵和外延

建设水文化资源信息数据库必须依据水文化的内涵和外延来进行，如果内涵不明确，这个数据库的建设就会游离主题；如果外延不清晰，这个数据库的建设就会不着边际。因此，要对水文化的内涵和外延进行确定，并理清水文化所涵盖的具体内容。

（二）界定数据库建设的规模和范围

由于水文化所涉及问题十分广泛，我们有必要对数据库建设的规模和范围进行界定，防止建设的数据库过大过空或者过小过窄。这里的一个关键问题是，哪些内容是真正的水文化内容，哪些是似是而非的水文化内容，哪些是主要矛盾，哪些是次要矛盾，以便甄别出一个数据库建设的合理布局。

（三）采用先进的数据库技术手段

数据库建设手段必须与现代科技相结合，而数据库的技术手段包含很多内容，如数据的采集手段、数据库的设计手段、数据库的安全防护手段、数据库的升级改造手段、数据库的检索使用手段等。因此，要对数据库建设的技术条件和技术要求进行摸排和了解，争取吸纳最新的数据库建设技术手段和技术路径。

（四）设计数据库的风格和框架

数据库的风格可能有很多类型，主要是指对数据库不同组件如用户中心、图示说明、构架方式的一种合理组合，而风格的确定又与数据库的框架密切相关，如数据库的单库构架、分组构架、分片构架等都会影响数据库的风格。因此，要对数据库建设的风格和框架进行概念性设计，以提高数据库建设的合理性、规范性和美观性。

（五）优化使用方法和检索方式

建设数据库的根本目的是方便用户使用，因此要对数据库建成后的使用方法和检索方式等进行仔细考量，拿出最优方案，便于建好的数据库方便读者使用。一般来说，数据库的使用方法和检索方式应符合以下基本要求：一是简易性和便捷性，方便用户掌握和使用；二是丰富性和针对性，能迎合不同用户的特殊需要；三是前沿性和时代性，避免一味沿袭陈旧过时的使用方法和检索方式。

（六）掌控数据库建设的发展方向

现代科技日新月异，而随着现代科技的发展，数据库的建构必然要跟上时代的步伐。因此，要把握好数据库建设的发展方向，保证数据库建设的前沿性甚至是超前性，未雨而绸缪，虑远而明智，以适应新时代的发展趋势和资源环境。

三、提供水文化资源信息数据库的建设依据

开展任何工作都不可凭空而起，建设水文化资源信息数据库也是如此，其实这主要是解决为什么要建设该数据库以及建设该数据库的必要性和可能性问题。通常人们把事物的依据分为两类：

（一）事实依据

事实依据是指将客观存在或客观发生过的事物作为判断依据，如宋代思想家司马光在《祫庙议》里说的："事不经见，难可依据"。结合数据库来说，一定要确保该数据库内容的真实性和来源的可靠性。

（二）理论依据

理论依据是与事实依据相对应的。《礼记·曲礼上》中曾说："必则古昔称先王。"汉代学者郑玄注："言必有依据。"所谓"言必有依据"就是指不仅要言之有物，还要言之有据。例如在数据库栏目内容的表述中，每一个概念、定义、用词和判断都不能随意而为之，而应有所依、有所据。

四、理清水文化资源信息数据库的建设手段

水文化资源信息数据库的建设手段其实就是"抓手"，指为达到建设一个科学合理的数据库而具备的条件、采取的方法和开展的措施。它涵盖了以下几个方面的内容。

（一）打好基础

建设水文化资源信息数据库需要具备一定条件，这些条件综合起来就是要做好建设水文化资源信息数据库的各种基础工作，具体来说就是要在人力、物力和财力上做好充分的准备。基本要求是：要有专门的技术人员，要有足够支撑数据库运行的专业设备，要有足够的资金投入。

（二）制定工作方案

任何工作的开展都必须拟定相应的工作方案，包括开展该项工作的设想、思路，设计好具体的工作步骤、时间节点、人员配备、评估方案等，要明确做什么、怎么做。

（三）凸显个性

也就是要明确各类数据库建设的共同点和不同点，在兼顾数据库建设普适性特点的同时，弄清楚水文化资源信息数据库建设的特殊性和专属性，进一步制定出适合该数据库建设的科学手段和方法途径。

（四）汲取经验

数据库建设前应进行充分调研，汲取有关经验，可通过观摩学习、挂职锻炼、搜集情报等各种手段，最大限度地吸纳同行的经验教训，并进行多方沟通协作，争取各方面的合作与支持。

（五）整合现有资源

任何数据库在建设之前都会有一定的资源积累，这些积累可能是有意识专门收集起来的备用材料，也可能是平时开展相关工作留下来的痕迹，对这些资源一定要倍加珍惜，防止因白手起家而造成的工作困境。同时，在资源收集上要充分利用好建设单位现有的各种文献资源以及更多的国内外 OA 资源。

第四节 水文化资源信息数据库建设
规划的基本原则

原则是行事的规范和所依据的准则，干任何事情都不能没有原则，没有原则就会"乱"，乱了就会失去方向，就不会有效率，各项工作的数量和质量都难以保证。做好水文化资源信息数据库建设规划也必须有其所遵循的基本原则。

一、有利于我国水文化资源保护和开发的原则

以我国的优秀传统水文化为例，中国有悠久的水文化传统，从古至今，中华民族在亲水爱水和治水利水的社会实践中，逐渐形成了丰富的水文化资源，这些资源是中华民族一笔宝贵的精神财富。

（一）保护和开发中华民族优秀水文化资源是坚定文化自信的重要举措

党的十九大报告指出："文化是一个国家、一个民族的灵魂。文化兴国运兴，文化强民族强。没有高度的文化自信，没有文化的繁荣兴

盛，就没有中华民族伟大复兴。要坚持中国特色社会主义文化发展道路，激发全民族文化创新创造活力，建设社会主义文化强国。中国特色社会主义文化，源自中华民族五千多年文明历史所孕育的中华优秀传统文化，熔铸于党领导人民在革命、建设、改革中创造的革命文化和社会主义先进文化，植根于中国特色社会主义伟大实践。发展中国特色社会主义文化，就是以马克思主义为指导，坚守中华文化立场，立足当代中国现实，结合当今时代条件，发展面向现代化、面向世界、面向未来的，民族的科学的大众的社会主义文化，推动社会主义精神文明和物质文明协调发展。要坚持为人民服务、为社会主义服务，坚持百花齐放、百家争鸣，坚持创造性转化、创新性发展，不断铸就中华文化新辉煌。"① 中华民族优秀的水文化资源是坚定文化自信的一个有机组成部分，特别是其中的人水和谐思想，是我们必须加以传承保护和开发利用的精髓所在。

（二）人水和谐是中华民族优秀水文化资源的核心理念

习近平总书记十分重视中华民族优秀的传统文化，他的新时代绿色发展思想，蕴含着中国优秀传统文化的天人合一精神，当然也包括了人水和谐的绿色发展理念，并结合时代需要做了新的阐发。和谐是中华传统文化的精髓，构建人类命运共同体有必要让世界了解中国的和谐文化精神。习近平总书记对中华传统文化高度重视、高度尊重，他提出："中华文化积淀着中华民族最深沉的精神追求，是中华民族生生不

---

① 习近平：《决胜全面建成小康社会　夺取新时代中国特色社会主义伟大胜利——在中国共产党第十九次全国代表大会上的报告》，人民出版社 2017 年版，第 40—41 页。

息、发展壮大的丰厚滋养。"① 习近平总书记反复向世界阐释中华民族的和谐文化精神，如 2014 年 5 月 15 日，在北京人民大会堂出席中国国际友好大会暨中国人民对外友好协会成立 60 周年纪念活动发表重要讲话时指出："中华文化崇尚和谐，中国'和'文化源远流长，蕴涵着天人合一的宇宙观、协和万邦的国际观、和而不同的社会观、人心和善的道德观"。② 习近平总书记所强调的和谐价值观表现在人与自然的关系上，是"天人合一"的人与自然和谐观；表现在人与水的关系上就是人水和谐，即人与自然山水的和谐相处、共荣共生。在中国传统文化视野中，人与大自然是一种相互依存的关系，倡导人与自然山水的和谐相处是中国文化的根本理念，人水和谐便是这一理念的具体体现。

（三）崇尚人水和谐蕴涵着丰富的中国传统水文化智慧

以崇尚人水和谐为基本精神的中国传统水文化蕴涵着丰富的文化智慧，尤其是儒、释、道三家在审视人与自然包括人与水的关系时都表现出深邃的传统生态伦理思想。儒家强调了人在自然环境中的作用和重要地位，同时提倡用自然山水来比照人的德行，感悟人的生命。珍惜生命是从要求人的自我完善开始的，通过对自然山水的感悟来寻求对于自我的完善和修身养性的目的。《论语·雍也篇》里说："知者乐水，仁者乐山。知者动，仁者静，知者乐，仁者寿。"这里所说的"智者"和"仁者"，都是指那些有完备的人格修养的君子。据《论语·子罕篇》记载，孔子曾面对流水感喟道："逝者如斯夫，不舍昼夜。"孔子在此借水之流逝而感喟时光易逝，勉励人们要珍惜时光。另据《孔子集语》之《说苑·杂

---

① 《习近平谈治国理政》第一卷，外文出版社 2018 年版，第 155 页。
② 《习近平谈文化自信》，《人民日报》（海外版）2016 年 7 月 13 日。

言》记载，孔子与其弟子子贡之间在关于水的对话时曾说："君子见大水必观。"用"观大水"来启发人们宽广胸怀和宽厚德性。孟子关于水与人格修养关联性的论述较多，其中《孟子·尽心上》云："观水有术，必观其澜。"教给人们以观水之道，通过这种观水之道，体现出一种人水和谐的理念。道家讲求的"天人合一"中的"天"是指宇宙自然之道，也是万事万物的生生化育之道。其中水是最能体现道的品行的东西。《老子》八章说："上善若水，水利万物而不争，处众人之所恶，故几于道。"最高尚的品德像水一样，水是最接近道的东西。《老子》还说："道之在天下，犹川谷之与江海。"意思是说"道"为天下所归依，就像江海为河川所流注一样。《老子》六十六章又说："江海所以能为百谷王者，以其善下之，故能为百谷王。是以圣人欲上民，必以言下之；欲先民，必以身后之。……是以天下乐推而不厌。"同时，人要树立一种人与山水合一的理念，要通过无为改变过去人们那种主宰自然的人类中心主义思想。佛教教人出世，主张人与现实社会的某种游离，要求对世间万物保持一种泛爱的诉求，这种诉求最集中的表现之一就是要爱世间众生万物，当然也包括爱山水，从而达到人与自然之间的和谐共生。

二、致力于当代中国水文化建设的原则

（一）把握新时代人水和谐的内涵

时代的发展必然对我国的水利事业提出更多、更新的要求，这种要求会通过各种具体的水利实践加以贯彻和落实，这也会促使人们重新反思人与自然山水的关系，进而促进与之相应的水文化建构。人水和谐的

理念古已有之，但不同时代却有不同的内涵，我国新时代的水文化建设必须立足于现时代的社会环境和社会条件，以满足新时代的国家发展方略和民生需求为出发点。

（二）化解新时代人水关系的矛盾

作为新时代的社会主义中国，我们不仅要更好地解决人与人的矛盾，还要更好地解决人与自然山水的矛盾；不仅要创造出更高的社会生产效率，还要创造出更美的山水环境，而美的山水环境必须以营造出适合现代人需要的人水和谐局面为前提，或言之，现代意义上的人水和谐是营造美的山水环境的核心要素。我们所建立的这个水文化资源信息数据库也必须以此为根本出发点。

三、服务于当代中国生态文明建设的原则

（一）致力于新时代生态文明建设

水文化建设是一项庞大的系统工程，在放眼全球的同时，更要立足中国的实际，走中国式的发展道路。纵观世界和中国的发展实践，习近平总书记提出的新时代绿色发展思想是关于发展理念、发展方式的时代性抉择，既符合自然规律，更符合我国当前的现实。可以说，绿色发展中所蕴含的生态文明建设是实现人类文明永续发展的必然选择，这其中也蕴含着人水和谐的水文化发展思想。

（二）充分认识我国水生态环境问题的历史背景

与西方国家相比，作为发展中国家，我国的水生态环境问题尤其是水污染问题的出现可以说有着深刻的历史背景。我国现代化晚于西方国家将近两百多年，可以说是在西方许多国家已经完成现代化的历史背景下展开的，这就决定了我国现代化建设是跑步型和"压缩型"的。新中国成立以来，我们用几十年就走完了西方国家几百年才走完的道路，但生态环境问题包括水环境问题也在这几十年的有限历史发展期内不断凸现出来，造成了人水关系的极不和谐局面，人民群众的日常生活用水和农田用水均受到挑战。例如因破坏环境、乱砍滥伐造成的水资源枯竭和短缺，江河湖海因污染而导致水质严重下降，因破坏环境而导致的气候异常和干旱无雨等。

由于受长期以来所形成的世界产业分工格局、经济体制机制以及生产力技术水平等相关因素的制约，在相当长的一个时期内，我国的粗放型发展方式和产业结构一直没有得到有效的转变和调整，造成了当前水生态环境的严峻形势。目前，我国的水资源约束趋紧，水环境污染严重，水生态系统退化。可以说，水生态环境特别是水污染问题已经成为我们决胜小康社会发展目标和实现社会主义现代化的主要障碍之一，是一个躲不开、绕不过、放不下的紧迫问题。

（三）全面贯彻新时代绿色发展理念

进入20世纪90年代后，面对水生态环境恶化和发展不可持续问题，我国相继形成和提出了可持续发展、循环经济、科学发展、两型社会、低碳经济、生态文明等理念。党的十八届五中全会提出实现绿色发展的理念，在发展问题上实现了认识上的新升华，是对未来发展理念的高度概括和战略抉择，更具有现实针对性和长远指导意义。而习近平总书记在十九大报告中，把绿色发展、环境治理包括水污染治理提到了崭新的高度，表明我们党在决胜全面建成小康社会的道路上，必须融入绿色发展理念，而在绿色发展理念中，则必须把人水和谐这一水文化精神融入绿色发展的理念之中。

四、有利于中外水文化交流的原则

当今时代，随着世界一体化进程的加快，构建人类命运共同体已成为当务之急，这就要求世界各个国家之间应有更多的交流与合作，这对我们建设水文化资源信息数据库有良多启发。

（一）建设水文化资源信息数据库有利于吸收和借鉴各国的水文化建设经验

各国之间在中外水文化交流中取长补短，相互促进。世界各国之间水资源分布状况不同，由于受各自文化传统及科学技术水平的影响，往往呈现出各不相同的特点，通过交流互动，有利于学习和吸收各个不同民族的优秀水文化成果，促进本民族水文化事业的发展。我们所构建的水文化资源信息数据库必须适应这一形势，满足这一形势的需要。

（二）建设水文化资源信息数据库有利于构建"人类命运共同体"

当今世界各国的国情虽然不同，但在水环境、水治理和水开发方面却面临着同样的困境。习近平总书记多次谈及人类"命运共同体"，深入思考关乎人类命运的宏大愿景，就是以天下为怀的担当精神，拿出解决人类共同困境的中国方案。

（三）建设水文化资源信息数据库有利于彰显中华水文化资源的普世价值

中华文明传统中有着恒久不变的"天下"情怀，如"以和为贵""协和万邦""四海之内皆兄弟""穷则独善其身，达则兼济天下""计利当计天下利"等价值判断，这种精神价值贯穿到当今的水文化建设中，就是要互融互利，协同共荣，彰显中华水文化资源的普世价值。

（四）建设水文化资源信息数据库是有效开展中外水文化交流的重要手段

中外水文化交流途径和举措很多，但不能简单地停留在人员走访、学术交流的层面上，而通过缜密的策划，利用现代普适性的科技手段，构建一个科学合理、内容丰富的水文化资源信息数据库，是有效开展中外水文化交流的重要手段和有效措施。

（五）建设水文化资源信息数据库有利于扩大中华水文化的国际影响力

丰富多彩的中华水文化资源，不仅是中华民族的精神财富，也是世界各族人们的共同财富，通过科学策划建立一个能凸显中华民族优秀水文化传统的数据库，有利于彰显中华水文化的丰富内涵和科学价值，可以促进中华水文化资源走向世界，扩大中华水文化在国际上的影响力，提高我国的水文化乃至整个文化的竞争力，为增强民族文化自信服务。

五、总体规划和分步实施相结合的原则

构建一个大型的水文化资源信息数据库，不能只见树木不见森林，必须坚持总体规划和分步实施相结合的原则。为此，编制科学合理的《水文化资源信息数据库规划》，必须注意以下几点。

（一）全盘考虑，统筹兼顾

水文化资源信息数据库建设既有全局问题，也有局部问题。作为具体的数据库建设工作来说，首先必须有全局意识，所谓统筹兼顾，就是要全盘考虑，立足于运筹学和系统论的观点，我们必须把握好数据库建设的大方向，知道要统筹什么，兼顾什么。统筹兼顾是坚持科学发展观的基本要求，也是处理好各种不同工作关系的原则。"统"类似于"通"，即通盘考虑，贵在对数据库建设的整体把握；"筹"即筹划、谋划，贵在对数据库建设的运筹、计划和安排；"兼"本义是指一手执两禾，引申为同时处理好几件事情或占有几样东西，贵在处理好数据库建设各项工作的关系；"顾"即顾及，贵在对数据库建设的各种细节都不能遗漏，特别要注意到那些容易忽略的工作环节。

（二）突出重点，兼及一般

根据马克思主义的辩证法原理，事物的发展往往是不均衡的，都会呈现出主要矛盾和次要矛盾，或者矛盾的主要方面和次要方面。水文化资源信息数据库建设是一项复杂的工作，我们必须弄清楚其中的核心问

题和主要问题，也就是抓好主要矛盾或者矛盾的主要方面，这是马克思主义辩证法的重点论在这一工作中的贯彻；同时，为了防止数据库建设工作出现片面性和极端性的弊端，我们还必须在突出重点的同时兼及一般，也就是处理好数据库建设的次要矛盾或者矛盾的次要方面，这则是马克思主义辩证法的两点论在这一工作中的贯彻。

（三）主次有别，分步实施

坚持重点论和两点论，其实就是在数据库建设规划的具体工作中要注意主次有别，从工作的操作层面上讲，就是要分清工作次序，明确工作步骤，按计划、依程序、明前后，有条不紊地开展工作。

第五节　水文化资源信息数据库建设
规划的重点环节

一、搭建多功能软件支撑平台

（一）成熟的产品与定制开发相结合

应对现有的相关软件进行充分的调查与研究，在此基础上，采用集成广泛使用且实践证明很成熟的产品与定制开发新功能相结合的方式，实现水文化信息资源库平台的建设。

（二）软件支撑平台的开发建设

软件支撑平台是数据库建设的基础性工作，也是保证数据库建成后能够有效使用和保证强大的数据库功能得以实现的基本要求。进行软件支撑平台的开发建设，包括软件的编程、测试、平台功能的实现等内容。建成后的整个平台将包含水文化信息资源库网站和后台管理中心两个子系统。

二、制定水文化资源信息数据库建设标准

（一）数据库建设标准的定义

数据库建设的标准其实就是数据库建设的规范，是指在数据库设计、制作、使用等方面所应遵循的原则和要求。不同的数据库会有不同的规范，水文化资源信息数据库的建设标准应结合水文化的特点、潜在用户的需求、现代数据库的技术要求来制定。

（二）数据库建设标准的意义

标准化的水文化电子资源，可以有效地避免因盲目建设而可能出现的低水平重复性开发，最大限度地减少人力、物力、资金等各种相关资源的流失和浪费；通过制定水文化资源信息数据库建设标准，解决资源散乱、难以管理的问题，同时可以有效地利用起这些资源，为广大用户服务，为有需要工程水利资源和现代水利资源的各类人员服务。

（三）数据库建设标准的制定

如何制定科学合理的水文化资源信息数据库建设标准？首先要有科学依据，标准是一种严格的规范，既然是严格的规范就必须有科学依据，不能捕风捉影或随意撷取；其次要跟上时代步伐，任何标准要想取得实效，都必须以时代要求为出发点，也就是紧跟时代步伐，反映时代需求；最后要从实际出发，标准必须合乎实际，符合水文化资源信息数据库建设的实际需要，防止不着边际或华而不实。

三、确定水文化资源信息数据库的文化属性

（一）注重其人文属性

水文化资源说到底也是一种文化资源，既然是文化资源就要注重其文化属性，或者说要注重其人文性。就一般的意义上说，一切凝结了人们精神劳动的水文化遗产，包括非物质类型的水文化遗产和物质类型的水文化遗产，都能构成水文化资源。也就是说，水文化资源包括属于水文化的精神遗产成果，如有关水文化的著作、诗词、书画、神话传说、民间信仰等；也包括属于水文化精神劳动所转化而成的物质遗产成果，如大运河文化遗产、郑国渠文化遗产、红旗渠文化遗产等。在这样的前提下，无论是精神文化遗产或者是物质文化遗产，其实都是凝结了浓郁的水文化智慧和水文化情感，因而都具有浓郁的人文性。

（二）注重其科学属性

水文化还是一种特殊形式的文化，在治水、用水、引水等不同环节，除了人文性还有科学性，例如在治水的过程中，没有科学求实精神是不可能取得任何成果的，大禹治水就是一个鲜明的例子。所以，我们在进行水文化资源整合时必须充分考虑到这一点，把水文化资源人文性与科学性紧密地结合在一起，也要在该项工作中始终贯彻人文性与科学性的有机统一。

四、建设水文化资源信息数据网站

（一）水文化资源信息数据网站的构成

所谓网站（Website）是指依据一定的规则，在互联网上建设的专门性或综合性信息资源储存、展示和提供相关网络服务的网络空间或网络工具。就水文化资源信息数据网站而言，它兼具了专业性和综合性等不同特点。专业性是指它应聚焦水文化这一主题，综合性是指它应从不同方面，通过多种模块来立体地展示水文化信息资源的各种内容，同时具备一般网站应有的注册、检索、体验等功能。

（二）水文化资源信息数据网站的风格

网站的风格与网站的结构、布局、功能密切相关，从结构和布局上讲，一般有物理结构、逻辑结构和审美结构等不同方面，同时，网站的结构也与其开发的功能有关。一般来说，网站都应根据网站的规模首先设定其到底是使用扁平式物理结构还是使用树形物理结构，而网页内部链接所形成的逻辑结构也必须严谨、明晰、递进层次合理，同时要注意网站的美观、简洁和便于使用等。

（三）水文化资源信息数据网站的使用

根据水文化资源信息的内容设计数据库的界面，界面的颜色、风格要与水文化的内容一致，能表达出专题库的内容。界面设计制作完成后，要检查功能的实现情况，在不断完善的基础上，把各模块搭建成为科学合理、便于检索利用的资源网站。

第六节　水文化资源普查整理

文化资源普查是针对某种文化资源所进行的带有普遍性和系统性的调查与评估，通过这种调查与评估，可以全面掌握某种文化资源的现状，明确其结构和构成，以便能够准确把握其特点，并找到保护、开发和利用的对策，从而为当下的社会发展和经济建设服务。水文化资源普查是针对各地区的各类水文化资源展开的普遍性和系统性的调查与评估，目的是为全面开展水文化资源的合理开发和利用打好基础。

一、确定普查任务

各地区都有着丰富的水文化资源，但长期以来我们对各种水文化资源缺乏系统的调查与评估，从而导致对其现状了解不够全面，对其存在的结构和元素理解不够深入，对其保护和抢救的措施落实不到位也缺乏针对性，对其开发利用缺乏决策依据。因此，我们必须高度重视水文化资源普查的意义，使得这项工作能够落到实处，为有关部门制定科学规划，建立、完善水文化资源的基础档案，建设不同地区水文化资源数据库提供依据，真正为各地区的社会经济发展起到积极的推动作用。

（一）普查方案的制定

普查行动，方案先行。实践证明，任何类型的普查都必须首先制定完善而科学的普查方案，只有在科学方案的指导下，普查工作才能取得实质性的成就。我国许多地区水域发达，这些水域大都有丰厚的文化积淀，各种水文化资源在历史和现实中均呈现出错综复杂的局面，如果没有一套完整而科学的普查方案，普查工作将无法实施。而完备的普查方案必须对普查的性质、目的、范围、层次、分工、时间安排、方法步骤等做出合理的统筹与安排。

（二）普查行为的实施

普查行为的实施是指普查的具体行动过程。由于各地区的水文化资源分布广泛，构成复杂，其传承发展各有特色，长期以来又疏于对其进行全面、系统、准确的调查整理，涉水管理、研究、教学、实践部门各自为政，都缺乏对其现状的清醒认识和全面了解。因此，运用一定的科学手段，采取具体的工作手段，深入实际，摸清各地水文化资源的现状就显得特别迫切。

普查行为的实施必须依据先行制定的工作方案进行，进行过程中还要配备得力的普查人员，以高度负责、科学求实的态度开展细致的、有条不紊的工作，同时要做到分工明确，各司其职，讲求实效。为此，还应对参与普查的各种人员进行细致的思想动员和职业技能培训。

（三）普查档案的建立

既然是普查，就要确保该项工作的系统性与完整性，防止出现较大的遗漏，进而达不到普查所要求的效果。对此，要求对普查对象做到完整、全面、细致地了解和收集整理。表面上看，水文化资源类型多样，内容庞杂，给人以散乱的感觉。但任何事物都是有规律可循的，这些看似散乱的资源也有其秩序性和规律性，我们必须深入到这些事物的内部，通过收集、梳理、甄别、分析、归纳、总结，抓住其根本性的特点，并将其设定为一个完善的资源构成体系。在此基础上，应围绕对其现状的普查，以及对普查数据的整理、分析、分类，建立旨在全面了解各地区水文化资源的完整档案，可以说普查档案的建立是一项基础性和必要性的工作，是做好数据库建设的前提条件，例如建立各种《水文化资源名录》和《水文化资源分类分级名录》等。

（四）普查结果的开发

对普查获取数据的整理，最终是为了针对这些数据进行开发和利用。因此，在水文化资源信息数据库建设规划中，应对普查获取的数据及其总结出来的带有规律性的趋向进行说明，并依次对这些普查结果开发应用的范围、目标、途径等进行设计，最终为促使普查结果向数据库建设成果的转化打下基础。

二、设定普查范围

文化资源有其相应的范围，水文化资源的普查也应该有其相应的范围。普查范围的设定是根据水文化资源的性质、特点和分布状况所作出的，因此这个看似简单的问题，其实是一项带有全局性和根本性的问题。

（一）不同地区的水文化资源

不同地区、不同民族、不同环境下的水文化资源遗存往往有很大的区别，这种区别不仅是数量上的，也是质量上的。例如在我国从北至南的边疆地区，分布着大量的少数民族，这些少数民族由于所处的水资源环境和民族风俗习惯的不同，其水文化遗存往往表现出各种不同的特点，如东北地区三江流域的赫哲族，福建沿海一带的畲族以及长期生活在海上的疍民，西南地区各江河流域的白族、布依族、彝族、傣族、纳西族、傈僳族、怒族、普米族、景颇族、哈尼族、仡佬族、瑶族、独龙族、水族、侗族等，其水文化遗存和传承都有自己明显的民族特色，这些必须通过相应的普查才能得以全面了解。

（二）不同时期的水文化资源

各地区的水文化资源源远流长，几乎贯穿到人类文化的各个时期。开展不同地区的水文化资源普查，必须从各地水文化的源头开始，对不同各种水文化资源的形成、拓展、深化、更新等环节作出全面的了解。特别是要弄清不同历史时期和不同历史阶段的水文化资源状况及其特点，既要从历史文献中去查找线索，更要从水文化的历史遗存中去总结提炼。

（三）不同类型的水文化资源

从不同的标准可以将水文化资源分成各种不同的类型，如从宏观上可以将传统水文化资源分为水工程文化资源、精神水文化资源、行为水文化资源、区域水文化资源等；从形态上可以将传统水文化资源分为山水文化资源、河流文化资源、湖池文化资源、雨水文化资源等；从行为上可以将传统水文化资源分为治水文化资源、用水文化资源、亲水文化资源、管水文化资源等；从精神层面上可以将传统水文化资源分为水思想文化资源、水艺术文化资源、水宗教文化资源、水观照文化资源等；从区域上可以将传统水文化资源分为江南水文化资源、沿海水文化资源、长江水文化资源、黄河水文化资源、东北三江流域水文化资源、西南边疆地区水文化资源、运河水文化资源、淮河水文化资源，以及各区域内的水文化资源，如中原地区的洛水文化资源、渭水文化资源、汴水文化资源、卫水文化资源、济水文化资源、濮水文化资源等。

（四）不同层次和不同层面的水文化资源

丰富多彩的水文化资源可以从不同角度分为不同的层次和层面，如从层次上讲，有的属于核心层的水文化资源，有的非核心层的水文化资源，而非核心层的水文化资源又可分为次核心层的水文化资源、一般层面的水文化资源、边缘层面的水文化资源、交叉层面的水文化资源等；如从层面上讲，有的属于物质水文化资源、有的属于精神水文化资源、有的属于制度水文化资源等。

以上所说各地区不同时期、不同类型、不同层次和不同层面的水文化资源立体交叉，相互渗透，共同构成了水文化资源的完整体系，这些内容统统都应该包含在水文化资源的普查范围之内。

三、明确普查方法

长期以来，在社会学和文化学的研究中，已经形成了一系列行之有效的普查方法，如何针对普查的内容和普查的对象，对这些普查方法做出选择，是开展水文化资源普查不可忽视的一个重要环节。

（一）普查方法的实效性

普查方法是否合理对路，往往取决于这些方法是否具有实效性，而实效性又是获得普查成效的关键所在。一般来说，普查方法的实效性与以下几个方面有关：一是普查方案的可行性，要求普查工作量力而行，不贪大求全，不华而不实，不纸上谈兵；二是普查工作的时效性，要抓好时机、抓好机遇，适时开展；三是计划周密，安排得体，讲求效率。

（二）普查方法的科学性

开展水文化资源普查，是为了收集水文化资源的真实数据，从而为准确把握和科学分析水文化资源的现状服务，如果收集来的数据不真实、有偏差，甚至有虚假、错位的数据，哪怕这种虚假、错位的数据很少，我们这项工作的基础就会出现重大错误，得出来的一切结论就会谬之千里，严重影响普查工作的质量。水文化资源普查的真实性与可靠性，就是要确保调查得来的数据真实，内容可靠。这不仅要求我们要脚踏实地，实事求是，还要保有先进的眼光，能够运用科学、合理的手段，及时准确地发现问题和解决问题。在普查过程中，还要及时检查和反复甄别，以确保调查数据的真实可靠。

（三）普查方法的多样性

普查工作涵盖的内容多、环节多，其工作方法应多头并举，全面推进，为此要注意普查方法的多样性，防止因工作方法单一而限制工作的顺利开展。一般来说，水文化资源普查可以借鉴传统的社会调查方法，如实地走访、访谈、文献查询、制定调查表等；同时还必须借助统计分析方法，全面了解各种水文化资源的分布状况和主要特色等。

（四）普查方法的针对性

如前所述，不论从任何一个区域范围来说，水文化资源都具有明显的地域特色。与此同时，从水文化资源的内容构成来说，所涵盖的项目也是纷繁复杂的，其性质、地位、类别、特征都不一样。为此，我们必须准确把握普查项目的特点和普查范围的确定，针对不同项目、不同范围实施有针对性的普查方法。强调普查方法的针对性，主要是为了避免普查方法不能适应普查对象的要求，在具体的工作过程中出现偏差，达不到普查工作应取得的成果。针对性不只是针对问题，还要针对项目、针对人员、针对任务、针对工作目标（长期目标和短期目标、大目标和小目标）等。

（五）普查方法的连贯性

普查方法的连贯性是指普查工作在同一状态下的连续性，目的是为了避免普查工作的断裂和杂乱无章。《论语》里两次提到"一以贯之"，其实就含有工作连贯性的意思。如《论语·里仁》载：子曰："'参乎！吾道一以贯之。'曾子曰：'唯。'"子出，门人问曰：'何谓也？'曾子曰：'夫子之道，忠恕而已矣。'"在这段对话里，孔子让曾参用一个道理把他平时所讲的"道"连贯起来，曾参便以"忠恕"一词来说明孔子平时所讲的为人处世之道。又如《论语·卫灵公》记载，子曰："赐也！女以予为多学而识之者与？"对曰："然，非与？"曰："非也，予一以贯之。"

在这里，孔子用"一以贯之"来说明"多学"并不是终极性的东西，坚持把"道"贯通在各项事物中才是最为关键的。结合水文化资源的普查工作来说，一旦普查项目的内容、范围和普查的任务确定下来，就应该持续不断地开展工作。同时，还要注意到不同工作阶段、环节的连续性、统一性和贯通性。

四、普查资源整理

在水文化资源普查取得一定成效之后，需要对普查得到的成果资料进行汇集梳理。水文化资源普查的最终成果是要形成一部相对完整、系统、科学的调研报告。在这份报告中，必须对收集来的材料进行准确的描述，通过事实的陈述与真实的描述，便于人们合理地把握其内容。但是任何形式的普查都是有特定的指导思想和出发点的，这就要求对收集到的材料进行合理的、客观的、公正的评价。评价时，要细致缜密，有事实依据，避免主观臆断、敷衍了事和望文生义。水文化资源丰富多彩，从重要性、特异性、影响力、传承及开发等不同角度来看，对其进行合理的分类、分级并作出科学评估，是确保调查成果转化为文化生产力的重要环节。从我国一些地区文化资源普查的实际经验来看，都需要对分类分级评估工作作出细致、合理、系统的安排。

第七节　水文化资源信息数据库建设实施

"工欲善其事，必先利其器。"水文化资源信息数据库建设的路径设计，其实就是指该数据库建设所采取的技术手段的科学性、前沿性和有效性。这里的路径主要是指技术路径，建立一个能满足现代技术要求的水文化资源信息数据库，必须利用当前最先进的科学技术手段，吸纳现代数据库建设的最新理念和最新方法。

一、信息资源的遴选与组织

文化资源管理是一项系统的科学和实践活动，要提高文化资源管理的水平，就必须借助现代科学手段收集和分析、辨别第一手材料，以增强管理的针对性和科学性。利用现代科学技术建设水文化资源基础档案和数据库，就是为了给水文化资源管理提供依据和思路，并逐渐提高其管理水平。

建立一个数据库，首先要考虑的问题就是数据是否真实可靠、信息来源是否丰富和充实，以及内容能否吸引用户。数据采集的基本原则就是内容要实、来源要广、类型要全、标准要一致、时间范围要宽泛等。

水文化资源的开发基础是必须建立相应的数据专题库，以特色专题库的形式有效组织资源，去管理庞杂的信息，从而在利用资源时可以从专题库的导航、索引等去查找资源，增加资源寻找的灵活性。水文化信息资源包含两种基本形式，即电子资源与纸质资源。电子资源要在元数据标引、统一规范后导入相应的分类当中；纸质资源要进行数字化加工成电子资源，再进行元数据标引、统一规范化后导入相应的分类当中。

二、数据库框架的设计

数据采集完成之后，就需要对收集到的中华水文化原始信息资源进行整理、加工和分类，并融入一个合理的框架之中。中华水文化资源数据库包含有哪几个子库、每个子库的数据量各有多少、数据来源及其比例如何等，这些都需要提前设计和规划。水文化资源信息数据库建设虽然要全面系统，但其框架的设定不能一味地贪大求全，否则因为涉及面太广而不能及时追加数据，会导致某些分类空洞无物。

三、数据库建设的形式和功能

内容是通过形式体现出来的，所以水文化资源信息数据库的页面设计、各要素的空间布局及配色方案等都是非常重要的，需要专业人员精心设计。一般的大型数据库都具有采编发布、检索和用户管理等基本功能。采编功能可以实时添加数据，并且对数据进行编辑和设置；检索功能包括标题检索、作者检索、关键词检索等，一般建立在 windows 和 SQLsever 基础上的数据库都能实现这些检索功能；用户管理包括账号的开通、修改和删除，可以通过 IP 范围和账号密码、文献层次等要素进行权限控制。

四、数据库的发布和可持续发展

开发人员根据设计要求完成程序开发工作之后，在有了一定数据量的基础上即可正式发布数据库。数据库发布之后，就进入了日常运行维护阶段，可以根据用户需求在形式或者功能上再进行必要的修改和完善。数据库能否保持生命力和吸引力，持续的内容建设是关键。同时，数据库的安全性、稳定性和可扩展性也是需要我们重视的。

第五章

水文化普及与认同研究

　　实现水文化的普及与认同，必须从以下几个方面着力：一要认真研究各类别受众的差异性，在开展水文化教育过程中采用不同的内容和形式；二要从整体上把握水文化传播的特点、理念、内容、方式和载体、新技术的应用等；三要充分发挥好传统媒体的作用，细分水文化传播的受众群体，深挖水文化内涵，强化水文化的品牌意识，发展文化创意产业传播水文化；四要积极使用手机信息推送技术、多媒体立体画演示、幻影成像等现代传播手段，通过推进媒介要素整合、健全多层次全方位人才培养机制、构建多种传播媒介融合的管理系统等途径；五要坚持科学性、时代性、社会性、民族性，采取有力措施，开展多种水文化主题活动，渗透引领时代发展的水文化理念。

文化属于意识形态范畴，是社会存在的产物。但文化又对经济社会发展起着重要的推动作用。水文化是人们长期以来在与水打交道的过程中形成的科学技术、社会关系、思想观念、文化心理、深厚情感、坚定信念、审美情趣等，反过来，水文化的普及与认同，也会产生强大的智力支持、方向引领和精神支撑，在更大范围、更深层次、更强力量促进水利事业和经济社会的可持续发展。要实现水文化普及与认同的目标，必须遵循一定的规律，通过各种形式和载体，大力促进水文化教育和传播的深入发展，形成广泛的社会共识，凝聚起磅礴的现实力量。

第一节 受众差异性视域下的水文化普及与认同

我国古代先哲在识水、用水、赏水的社会生活实践中,创造出了丰富的水文化。作为中国优秀文化的重要组成部分,中国水文化亟需传承与发展。尽管社会大众对大禹治水、女娲造人等涉水神话传说,都江堰、大运河等举世闻名的水利工程都耳熟能详,但水文化离真正的普及与认同还有较大距离,这就要求我们在高度重视水利建设的同时,也要聚焦水文化建设,把水文化教育作为加强水文化普及与认同的基础性工程。因此,我们必须充分考虑受众的差异性,有针对性地开展水文化教育,使水文化理念与精神能够真正得到认同与传播。

一、水文化普及与认同受众的差异性

水利部《水文化建设规划纲要(2011—2020 年)》强调指出:水文化教育要"针对不同对象,分层次、有重点地开展"①。这里的"不同对象"就是水文化普及与认同的不同受众。岳法家在《高校特色水文化教

---

① 中华人民共和国水利部:《水文化建设规划纲要(2011—2020 年)》,见 http.//www.mwr.gov.cn/slzx/sjzsdwdt/20112/t20111220_311789.html。

育传播体系构建研究》一文中指出："在研究传统的水文化传播理论时，我们发现研究者经常是坚持传播者本位，从而忽视对受众的分析，导致传播效果演变为刻板的大篇幅的文字宣传，使部分受众不仅失去学习动力，甚至可能产生抵触心理。因此，要取得良好的传播效果，必须注重受众分析。"[1] 著名水文化学者尉天骄则特别强调了水文化教育主要在水利行业、水利院校和全社会三个层面展开，从而促进水利职工提高文化自觉，增强文化自信，把水文化知识和理论运用于民生水利、现代水利工作实践中；加强水利院校学生的水文化教育，在全社会开展水文化的教育与宣传，发挥中华优秀水文化的教育、宣传、熏陶作用，培养受众水危机意识和先进节水理念，以利于人水和谐的社会环境的建设[2]。

水文化普及与认同的受众具有广义和狭义之分。从广义上看，水文化普及与认同的受众是一个巨大的人的集合体，既包括接受各级各类教育的学生群体、水利系统和水利行业的从业人员群体，也包括社会的一般民众。从狭义上看，水文化普及与认同的受众特指水利系统和水利行业的从业人员群体。从中可以看出，水文化普及与认同的受众涉及各类人群，是由学前教育、学校教育、社会教育组成的多元集合体，包含各级各类学校学生、公务人员尤其是水利系统干部职工和社会公众三个层次。

（一）学生水文化普及认同的差异性

学生群体包括学前教育阶段、义务教育阶段、高中教育阶段、大学

---

[1] 岳法家：《高校特色水文化教育传播体系构建研究》，《经营管理者》2016 年第 13 期。

[2] 尉天骄：《水文化教育的三个层面》，《中国水利报》2012 年 6 月 28 日。

教育阶段及大学后教育阶段等各级各类学校的在校生。根据全国教育事业统计公报，截至 2017 年，我国幼儿园在园儿童、小学阶段在校生、初中阶段在校生、高中阶段在校学生、各类高等教育在学学生分别达到 4600.14 万人、10093.70 万人、4442.06 万人、3970.99 万人、3779 万人，总教育人口近 3 亿。这一类水文化教育的受众分别处于幼儿时期、少年时期、青年初期，不同年龄段的他们不仅身体发育特征、心理发展特点各异，存在着年龄差异、思维差异、认知差异，而且他们成长的家庭背景、所受教育条件、所处的环境条件也各不相同，影响他们成长的因素是多维的、复杂的，存在形形色色的差异也是客观存在的。学生群体在不同阶段的心理特点和客观差异都是我们进行水文化普及和水文化认同必须予以考虑的重要因素。

（二）公职人员水文化普及认同的差异性

我国是一个水利大国，江河湖泊众多，各大江大湖流域，设置了黄河水利委员会、长江水利委员会、淮河水利委员会等大江大河流域管理机构和相关的水利科研、水利施工机构，不仅需要充足的人力资源，更需要具有一定专业素养的水利科技人员。根据《2017 年全国水利发展统计公报》，截至 2017 年年底，全国水利系统从业人员已达 93.2 万人，其中水利系统在岗职工 90.4 万人。在岗职工中，水利部直属单位在岗职工 6.4 万人，地方水利系统在岗职工 84 万人。[①] 随着时代的发展，当前水利系统从业人员一般都接受过具体的大学教育或大学后教育，他们基本都具有较高的水利科技知识和解决水利实际问题的能力，但由于这

---

① 参见中华人民共和国水利部：《2017 年全国水利发展统计公报》，中国水利水电出版社 2018 年版。

些从业人员主要是理工科出身,受限于中国分科教育的影响,一些人只专注于水利科技本身,而对水文化的了解与掌握也参差不齐,有的已系统了解水利史和水文化,有的仅仅一知半解,有的甚至一无所知,这对肩负推进新时代水利事业发展的主体而言,无疑是不够的,也极易成为水利事业持续发展的一大障碍。因此,加强水利系统从业人员的继续教育,尤其是水文化的普及教育,已经刻不容缓。

(三)普通民众水文化普及认同的差异性

从水与人类、与社会的关系讲,水文化既是一种社会文化,也是一种民族文化。水是人类社会须臾不可缺少的资源,自从有了人类的社会活动,以水为载体的水事活动就客观存在着,在这些活动中创造的水文化也客观地存在并不断传播、传承。参与水事活动的不仅有历代的帝王将相、广大的水利工作者,更有广大的人民群众,这些人员都积极地参与和创造了中华水文化,因此水文化首先是一种社会文化。从这个角度说,除了学生群体和水利系统从业人员,水文化普及的最大量的对象应该是大众。与学生群体和水利系统从业人员相比,这一类受众具有更鲜明的特点,一是数量众多,他们遍布工农兵学商,是水文化普及最大的受众群体;二是差异性明显,这类受众既有城市人口,也有农村居民;既有接受一定受教育年限的人口,也有文化水平较低的人口,他们工作性质、文化层次、文化需求各不相同。特别是一些民众尽管对水的重要性有自己切身的认识与体会,甚至对大禹治水等神话故事耳熟能详,但从"水文化"视角来说,这一概念对更多社会公众而言应该是说知之甚少,他们对水文化的理解也许仅仅停留在像"节约用水""洪水危害"等一般认知水平上,对水文化普及与认同的重要意义和实际状况了解比较少、关注度也不高，因此对水文化的认同感和归属感不高，水文化不论从影响面还是影响力方面都较为有限，更谈不上从水利整体事业或长远高度看待水文化，更不易把自身的水文化素质提高与水生态改善、水利文明建设和人类社会进步联系起来，并自觉参与到水文化普及与传播这一进程中。

总体来说，水文化普及与认同的受众是一个个具有自身特质和丰富社会多样性的个体。这一受众的多样性与复杂性，决定了水文化普及与认同能否成功的关键在于是否尽可能多地照顾到不同受众，满足不同受众的水文化需求。

二、水文化普及与认同的基本路径

水文化看似简单，实则无比深奥，其复杂性、深邃性决定了水文化的普及与认同不可能一概而论，更不可能一蹴而就。水利部《水文化建设规划纲要（2011—2020 年）》明确指出："水文化研究与解决中国现实水问题结合不够紧密；水文化的传播还不够广泛深入；水文化建设的成果尚不能满足人民群众多元化、多样化、多层次的需求，水文化人才队伍建设亟待进一步加强。"[①] 因此，大力高扬起水文化这面旗帜，让这一文化走进农村、走进城市、走进社区、走进学校、进入每一个人的心目中，让学生、水利从业人员以及普通民众都来关心水、爱护水、保护水，通过水文化的普及与认同，呼吁全社会关注水问题，珍惜和保护我们赖以生存的生命之水，从而实现水利事业的可持续发展和美丽中国建设。

---

① 中华人民共和国水利部：《水文化建设规划纲要（2011—2020 年）》，见 http.//www.mwr.gov.cn/slzx/sjzsdwdt/20112/t20111220_311789.html。

（一）学校水文化教育

1.学校水文化教育是基础

学校教育是根据国家教育方针有组织、有计划、有步骤地培养学生全面发展，为他们接受进一步的教育打下良好基础。虽然学校教育是水文化普及与认同的基础和关键，但由于缺乏国家层面的顶层设计和政策引导，目前学校水文化教育社会认同程度不高，尚未引起各级各类教育主管机关的足够重视，各级各类学校也缺乏相关意识，从根本上导致学校水文化普及教育不尽如人意，进而造成水文化普及教育仍然覆盖面不广、影响力比较小，尤其突出表现在学校幼儿教育、初级教育、中等教育、甚至高等教育领域，在我国从幼儿园到义务教育阶段，从高中教育到大学教育阶段，基本缺乏专门的、连贯性水文化教育，即便有水文化教育，其内容也仅仅散见于个别的课程中，以水为载体开展的水文化实践活动也非常罕见。因此，新形势下，建设美好幸福的生活，在学校面向学生开展系统的水文化教育不仅意义重大，而且切实可行。

一是学校水文化教育的极端重要性。优秀且富含特色的中国水文化也是人类优秀文化成果的重要组成部分，不仅对于水利系统从业人员，而且对一般人，尤其是学生群体思想观念、道德情操、意志品质的养成，发挥着潜移默化的作用。在各级各类学校教育中有针对性地开展水文化教育既是贯彻新时代国家水利政策、文化政策的时代要求，也是推进水利事业发展，培养高素质水利人才的必然要求。在各级各类学校教育过程中加强水文化普及与认同教育具有重要意义，不仅可以让学生从本源了解水文化的历史和基本知识，提高他们对水文化内涵的认知程度，也可以使他们在学习中不断感悟我国伟大先哲的治水智慧和优秀的治水思想，并把这些各个时代水利人的伟大智慧和精神内化为自己的行为规范，同时也可以通过专业的、系统的水文化学习，促进学生掌握一定的水文化技能，为他们推进水文化普及、水文化传承和创新，提升国民整体素质打下坚实基础，并引导他们自觉增强在全社会传播与普及优秀水文化的责任感和使命感。

二是学校水文化教育具有鲜明特点。首先，学校水文化教育有明确的教育目的。在学校教育中广泛融入水文化教育，不仅是时代发展的要求，也是培养国家建设急需的高素质复合型人才的重要途径，通过学校水文化教育为他们成人、成才打下坚实的基础。其次，学校水文化教育有丰富的教育内容。我国水利文献浩如烟海、水利科技成就斐然、水利工程熠熠生辉，这些都可以为学校水文化教育提供丰富内容。吴怡璇在《开展水文化教育的思考与实践》认为："学校教育是水文化教育的重心。对中小学生开展水文化教育，重在结合我国国情、水情，确定水文化教育的内容，切实把水文化教育纳入中小学生的课程体系，培养学生热爱中华水文化的感情，使其在日常学习生活中增强对水文化的认识。对大学生实施水文化教育，重在从知识层面丰富其水文化知识，从理念层面培育其水文化情感，从行动层面塑造其良好的水文化行为习惯。"[①] 最后，学校水文化教育有适当的教育计划。由于学校教育的对象具有鲜明的身体差异、年龄差异、认知差异，学校水文化教育必须遵循不同教育阶段学生的特点，有计划有步骤地实施。作为一种社会的文化，要在国民素质教育体系纳入水文化教育，进而推动全社会水文化知识的普及，提升他们的水文化意识，进一步推进爱水、惜水、护水社会意识的形

---

① 吴怡璇：《开展水文化教育的思考与实践》，《华北水利水电大学学报（社会科学版）》2016 年第 3 期。

成，实现教育当代人、培育下代人的文化氛围。当然，这种教育必须考虑到学生的年龄特征和教育阶段。

三是学校水文化教育具有明确要求。首先，水文化普及教育必须从小学抓起。北京史家小学开展丰富多彩的水文化实践活动就是一个鲜活的例子。该校根据学生的心理特点，寻找教育的切入点，作为切入点，组织学生进行节水护水的科学实践活动，寓教于乐，使节水、护水、爱水的意识在学生的心里扎根。其次，学校水文化教育必须营造良好环境。要高度重视营造水特色校园文化环境，尤其是要大力构建以水文化为主题的校园物质文化、制度文化、精神文化等组成的教育体系。在学校水文化教育过程中，通过以水为核心、以水为载体的文化教育，可以引导学生在亲水、戏水的活动中去切身感受水之韵、水之美；领略古代先哲在识水、治水过程中所取得的辉煌业绩，从而在内心涌起民族自豪感，推动他们积极地去了解当代水危机，进而提出解决的新办法，在这一过程中增强自己的历史责任感。再次，学校水文化教育活动必须创造丰富的教育模式方法。例如，开展"饮水思源"活动。组织学生在学校、家庭进行节水小调查，或开展各种节水活动，让孩子在活动中了解节水的意义并积极宣传节水活动。开展"节水护水"活动。安排学生充分利用假期时间，把节水的活动从学校、家庭推广到社区和社会。开展"感恩"行动。如组织学生通过回收废旧物品建立感恩基金，不仅可以养成学生环保的意识，而且培养了学生从小树立节水护水的意识。最后，学校水文化教育必须拓宽水文化教育途径。根据学生不同年龄、不同教育阶段的差异性，通过有针对性的教学活动，把中华优秀水文化教育系统全面融入各级各类学校的课程和教材体系，夯实学生的水文化知识结构，发挥水文化理论课主渠道作用；积极营造校园水文化氛围，潜移默化培养学生的水文化意识观念，发挥校园文化"润物无声"的独特传播作用；通过大量丰富多彩的适合他们年龄特征的社会实践，深化学生的人水和谐理念，不断提升学生的精神境界和综合素质；打造特色水文化传播教育的新媒体平台，利用新兴媒体传播优秀水文化的正能量，为他们投身美丽中国建设打下坚实的文化之根。

2.提升学校水文化教育水平

一是突出特色抓水文化课程建设。富有特色课程建设是开展学校水文化教育的基础，在课程建设上，我们要总结经验，砥砺前行，以《中国水文化概论》为核心，加强水利史、水哲学、水文学、地方水文化等配套课程体系建设，为不同年龄层受众打造一套适合于他们的课程教材。国外开展的水文化研究和水文化普及教育取得了很多经验，在以美国和澳大利亚为代表的西方国家中，已经开发出与其国民课程教学要求相适应的基础教育水文化课程计划。在美国的高等教育中，一些高校学者已经在大学的教学体系中纳入水人类学，很多高校都开设有诸如水和人类文化多样性、水历史等方面的教学课程。目前，我们专门的水文化教育类教材编撰还不够，尤其是针对各级各类学校学生的专门水文化教材基本还是空白，各有关方面需要进一步加强这类教材的编写工作。中国水利水电出版社已经出版中华水文化书系，其中一个专题系列就是面向小学、中学、高中、大学、研究生、水利职工、一般民众的水文化教育读本系列，这是一个非常有益的尝试。未来有必要按照不同受众的差异性深入挖掘不同受众水文化教育内容的内涵，精选水文化教育内容，构建水文化教材的基本体系，突出特色，进一步增强水文化课程的针对性、实效性。近年来，开展水文化教育的高校不断增多，华北水利水电大学、河海大学、浙江水利水电学院、南昌工程学院等水利院校，先后开设了《中华水文化概论》选修课，课程建设得到学校领导、教师的高度重视，认识到学习水文化重要性，选修水文化课程的学生也不断增多。十几年前，为了在全体学生中普及水文化知识，培养学生的水文化素质，华北水利水电大学面向全校学生开设了《中国水文化概论》公共选修课课程，让学生在学习水文化知识的过程中感受水与自然、水与社会、水与人生的和谐共融。通过水文化教育，营造爱水、亲水、节水、护水的普遍社会意识，形成水文化的共同认知认同，在这一过程中推动社会公众不断提升水文化素养，最大可能实现人水和谐发展以及人与自然、人与环境和谐发展。

二是突出基础抓水文化学科建设。学科和专业建设是高等学校的重要工作。不同的学科就意味着不同的科学知识体系，专业是建立在一定学科知识体系基础上的，当然不同学科之间也可以组成跨学科专业。在水文化学科专业建设上，我国大学的水文化教育起步较晚，学科专业建设更是无从谈起。回顾我国水利学科专业发展历史，1997年，在国家修订研究生学位和培养的学科、专业目录中，第一次把水利类专业从土木工程中分离出来。到目前为止，水利类本科专业中还没有看到水文化专业的影子，大多只是开设了一门或两门水文化类课程而已，这说明水文化学科专业建设还任重道远，所以水文化学科建设一定要突出基础建设，才能行稳致远。

三是突出关键抓水文化师资建设。要搞好学校水文化教育，学科专业建设是必不可少的平台，师资队伍建设则是关键一环。由于缺乏相应的专业和人才培养体系，水文化专门师资比较匮乏，当前一些大学的水文化教育师资要么是历史专业、科技哲学专业的老师，要么是一些水文化的爱好者，他们有热情、有干劲，但缺乏必要的专业素质和专业能力，目前迫切需要加强水文化普及与认知教育师资力量的培养，尤其需要在水利院校整体师资队伍建设规划中纳入水文化培训，针对师资的不同学科专业特点，分层次、有区别、有重点地开展水文化教育，有计划地安排水文化教师外出培训进修，在用好现有人才的基础上，大力培养水文化专业人才，真正从整体上提升水文化师资队伍的专业实力和教学实力。

四是突出重点抓水文化基地建设。为了深入开展水文化的普及教育研究，2010 年，华北水利水电大学成立了水文化研究中心，并于 2014 年获批为河南省高校人文社科重点研究培育基地；2011 年，《华北水利水电大学文化建设规划纲要（2011—2020 年）》明确指出："我校是以水利为特色和优势的高等学校，文化建设理应坚持以水文化精神内涵打造华水文化底色，彰显华水文化个性特色。"该纲要强调"要通过加强水文化系列课程建设、开展课外水文化活动、开展干部职工培训、学术研讨等形式，在广大师生中普及水文化知识，增强水文化意识，继承和发扬古往今来水利人的伟大智慧和精神，牢固树立'献身、负责、求实'的水利行业精神，积蓄和凝练推动我国现代水利事业可持续发展的精神动力。"其后，学校水文化中心建立了水文化陈列馆，积极开展水情教育，承担对外水文化服务工作，大力培养水文化研究的专业人才，积极推进水文化建设、宣传与传播工作。

2016 年，学校获批首批国家水情教育基地后，积极开展水情水文化进课堂活动；开展特色校园水情水文化教育；开展水情教育主题宣传、社会实践和社团活动；建设网站、微博、微信、数据库等现代水情教育传播平台；开展专题讲座、水情教材编撰和科学研究；开展水情教育实习实训基地建设；开展水情培训和公众水情教育。

学校其他部门也积极协同推进水文化的普及教育、水文化社会实践、水文化研究工作等。学校团委指导"中国水情教育助理者协会""尚水国学社"和"大学生读书协会"等学生社团积极开展工作，并利用寒暑假的社会实践，积极走进城乡、走进学校、走进群众之中、开展水文化的调研与普及。学校主办的《华北水利水电大学学报（社会科学版）》开设"水文化"专栏已有 20 年历史，专门刊发高质量水文化论文，在推进水文化的研究与普及上做了许多有益的工作。学校图书馆建设水情教育专题书库和"中华水文化信息资源库"，可以方便师生的查阅和研究。

学校党委宣传部开通了"华水苇渡""华水水协"微博平台，建设了"中国水情教育及水文化传承"微信公共平台、"水情教育与水文化研究网"，利用网站、微博、微信等现代传媒平台，开展水文化传承与水情教育活动。

（三）水利职工水文化教育

水利职工是我国水利事业的中坚力量，他们素质的高低直接决定着新时代水利蓝图的绘制与实施。因此，对水利系统从业人员而言，对于他们的水文化的普及与认同培训，除了继续普及水文化基本知识外，更要通过系统、专业的水文化教育培训，不断提升广大水利职工的水文化素养，提高他们的水文化自信，并自觉地把习得的水文化知识理论运用于水利工作实践中，形成共同热爱水利事业的使命感、归属感和认同感，从而产生强大的精神动力，使职工从内心深处热爱本职工作，关心水利事业发展，并积极在这一过程中建功立业。

1. 水利职工是水文化教育的重点人群

水利职工涉及水电、农业、航运、供水、饮水等一切与水有关的部门，他们理应是水文化教育的重点人群。相关学校和培训机构在启动水文化培训之初必须深入调查他们的水文化知识现状，分析他们具体的水文化教育需求，进而有的放矢地开展水文化培训，这对于水利职工个体发展以及整个水利事业发展都具有重要意义。

首先，水文化是水利行业的思想精神旗帜，加强水利职工的水文化培训，有助于增强水利行业的凝聚力、向心力，提高水行业职工队伍的整体素质，为水行业的发展提供精神动力和智力支持。这里的"水行业"，是以水利部门为主，包括一切与水有关的行业。如水电、农业、航运、供水、饮水等一切与水有关的部门。2010年，由水利部文明办与中国水利协共同举办、华北水利水电大学承办的"首届水文化培训班"在郑州举行。此次面向全国各单位精神文明建设工作者、水文化工作者和各级行政领导干部及水文化研究爱好者的培训班，采取理论授课和实地考察相结合的形式，主要学习内容包括水文化建设的重要意义及主要任务、河流伦理学的探讨、水文化研究的对象及简要历程、人水情缘与和谐水利等，是水文化普及教育一次非常有益的尝试，对在水利职工中广泛普及水文化的基础知识，构建人水和谐的文明社会具有重要推动作用。

其次，水文化是水利行业核心价值体系的重要体现，加强水利职工的水文化培训，有助于形成水利行业全体职工团结奋斗的共同思想基础。水利行业的核心价值体系是：以可持续发展的治水思路指导水利事业发展，以"人水和谐"的共同理想凝聚力量，以大禹治水的民族精神和"献身、负责、求实"的水利行业的时代精神鼓舞斗志，以"上善若水""智者乐水"的基本道德规范引领风尚。因此，针对水利职工需求的有针对性的水文化培训，有利于水利职工把水利行业核心价值真正作为他们的行为遵循和价值规范。

最后，水文化富含和谐之魂，加强水利职工水文化培训，有助于丰富水利职工的精神文化生活，满足他们高层次精神文化需求，在水利职工中大力弘扬和谐精神和和谐理念，使水利职工在说水、讲水、演水、唱水、表现水的浓厚水文化氛围中塑造美好心灵，陶冶和升华思想和情操。水利职工更有优势把习得的水文化成果付诸水利实践活动过程中，并在这一过程中创造无愧于时代的先进水文化。针对性的水文化培训有助于鼓励水利系统从业人员广泛开展群众性文学艺术创作，创作出极具感召力、震撼力的水文学著作。

2. 提高水利职工水文化教育实效

水利职工水文化教育要取得实效，必须加强水利系统职工水文化教育组织领导，健全水利系统职工水文化教育培训制度，加强水利系统职工水文化教育基地建设，选好水利系统职工水文化教育载体方法，坚持岗前、岗中、岗后水文化培训有机统一，实用性、先进性有机结合，通盘考虑水利职工的工学矛盾，不断提升水利职工职业素养和干事创业的能力。

一是加强水利系统职工水文化教育组织领导。2011 年，水利部颁布的《水文化建设规划纲要（2011—2020 年）》明确指出："各级水利部门要提高对加强文化建设重要意义的认识，切实担负起推进水文化改革发展的政治责任，认真贯彻落实国家关于文化建设的政策措施，把水文化建设摆在全局工作的重要位置，纳入水利发展总体规划，纳入科学发展考核评价体系，与水利工作一同部署推进。"[①] 因此，加强水文化培训

---

① 中华人民共和国水利部：《水文化建设规划纲要（2011—2020 年）》，见 http//www.mwr.gov.cn/slzx/sjzsdwdt/20112/t20111220_311789.Html。

的组织领导是构建体制机制的重要一环。水利部已明确水利部精神文明建设指导委员会是全国水利行业文化建设的主管部门，并由办公室负责统筹协调工作。水利行业各部门要围绕中心，统筹安排，精心组织，把水文化建设和水文化培训作为评价各单位业绩和领导干部工作实绩的重要内容。

二是健全水利系统职工水文化教育培训制度。目前，水利职工的水文化培训管理机制不完善，培训机构、培训基地、配套设施严重滞后，在实际的教育培训过程中，方式方法相对单一，培训内容枯燥乏味，使水利的发展需求与水利系统职工培训工作之间出现较大偏差，极易削弱水利职工参加水文化培训的积极性。因此，加强职工水文化培训的体制机制建设成为水文化培训取得成效的重中之重。其一，需要加强水文化培训制度建设，健全水文化培训管理机制。水利职工水文化教育培训要取得实效，必须重视水文化培训的规范化，也就是说要积极建立完善的水文化教育培训机制，当前，水利职工的水文化培训制度建设亟须从以下几方面入手。一是制定水利职工继续教育条例，妥善处理工学矛盾，也就是水利职工的水文化培训要确保水利行政部门、水利施工企业等工作正常开展，做到"两不误，两促进"；二是制定促进水利职工积极参加水文化培训的体制机制，特别是要建立水文化培训的监督、评估、考核、激励等制度，并把这些奖惩考核措施与水利职工的职称评聘、晋级晋薪等要素联系起来，不断推进水利职工水文化教育培训的规范化和制度化。其二，需要构建科学的水文化教育培训体系，突出水文化教育培训的实效。首先，细分水利职工水文化培训对象，具体而微分析他们的培训需求，例如培训时长、培训内容等，然后量身制定相应的水文化培训方案，选择最佳的水文化培训路线。其次，创新水文化培训方式方法，改革传统的水文化"满堂灌"教学形式，与涉水高校及相关科研院所开展合作，或让水利职工"走出去"，或把水文化专家"请进来"，最终目的是提升水文化教育培训效果。最后，追踪水文化培训的实际效果，分析水文化培训中存在的问题，找寻解决方案，达到最优培训效果。

三是加强水利系统职工水文化教育基地建设。首先，要统筹谋划，凝练水文化培训方向，精选水文化培训内容，整合水文化培训力量，提升水文化教育基地内生动力。其次，要强化水文化教育队伍建设，加大人才培育、引进力度，提升水文化教育队伍的整体水平。最后，要突出水文化教育基地的特色建设，传承水文化基因，打造水文化名片，提升水文化教育基地品位，让每一个参加水文化教育培训的职工能不虚此行，有真收获。

四是选好水利系统职工水文化教育载体方法。首先，在水文化培训中，必须灵活运用不同的载体，才能把这一重要工作落到实处。要以培训班级为载体，充分发挥培训班级主渠道作用，进行集中专题水文化学习和分散个体水文化学习；要充分发挥培训学校或培训机构的图书馆、阅览室、文化广场等载体的阵地作用，扩大水文化在培训学员中的影响；要以水声音图像、水标识文化、水文字材料等为载体，大力宣传水文化；要以传统媒体和新媒介为载体，充分发挥《中国水利报》《河海大学学报》《华北水利水电大学学报（社会科学版）》等报纸和期刊以及水文化网站、微博、微信、手机 APP 等各种传媒的导向作用，同时，这一类载体受众覆盖面广、传播迅速及时，可以有效引导水文化研究和水文化培训的健康发展。其次，水文化培训要重视教育的方式方法，突出教育培训的重点，特别要高度重视水文化培训与水利职工文化需求的有效契合，这是提高水利职工水文化培训质量的关键。职工教育水文化培训要紧密结合水利职工的工作实际，形成系统的水文化培训计划，以"实用"为培训导向，突出培训的重点。这样有的放矢的培训，可以确保水文化培训的有效性。一是切实加强水利行业党政干部的水文化教育培训，通过他们以上率下，起到导向和榜样作用；二是认真开展水利系统骨干人员的水文化教育培训，通过系统的水文化、水法律、水利史等的专项培训，进一步提高骨干人员的整体素质，通过他们具体落实水文化建设，并影响身边的水利人；三是扎实抓好水利系统新进人员的水文化教育培训，通过丰富多彩的水文化培训，使他们坚定献身水利行业的信心和决心，积极投身于水利行业科技研究和水利建设实践中。

（三）社会民众水文化教育

1. 社会民众是水文化教育的主体

首先，社会民众才是水文化教育真正的主体。水是人类和一切生物赖以生存与发展的最重要的物质基础，自从人类诞生之日起就与水休戚与共，并在长期的治水实践过程中创造了灿烂而辉煌的水文化，生动地谱写了人类文明的发展史。生生不息的华夏文明史就是一部源远流长的人水关系史。在远古的神话传说中被推崇为人类始祖的盘古和女娲，一个开天辟地，化血液为江河，一个抟泥为人，炼石补天，堵塞洪流，都与水结下不解之缘，水也因此始终扮演着慎终追远、追根溯源的角色。我国古代劳动人民在与洪水作斗争的漫长历史中积累了丰富的治水经验，形成了流派各异的治河思想，建设了流传至今的水利工程，逐渐形成了富有特色的中国水文化，也创造了独具魅力的中华文明。因此，水文化产生于劳动人民的社会生产活动之中，一般社会民众才是水文化教育真正的主体，水文化的普及教育也必须贴近民众，贴近生活。

其次，水文化要走进普通民众。我们必须进一步加强水文化建设，强化水文化教育的社会责任，让水文化教育走进社会、走进社区、走进企业、走进农村、走进民众的日常生活，在不断扩大水文化教育覆盖面的同时，让灿烂的中华水文化在全社会获得高度认同。通过以文化人，使"知水、爱水、节水、护水"的先进水文化的核心理念融入每个公民的生活中。

最后，激发民众创新水文化。水文化本就产生于一般民众的日常生产生活之中，民间社会也蕴藏着水文化创造创新的巨大力量。纵观人类几千年的发展历史，从古代的村落到现代的都市，没有源源不断的水的孕育和滋养，最终也只能淹没于历史长河中。四大文明古国全都是因水而生，缘水而长，逐水而变。底格里斯河和幼发拉底河流域是古巴比伦文明的发祥地，印度河、恒河流域诞生了古印度文明，尼罗河流域孕育了古埃及文明，黄河与长江则是中华民族繁衍生息的力量之源。正是这些川流不息的大江大河，演绎了一幕幕曲折跌宕的治水传说，汇成了灿烂多姿的人类文化，成就了博大精深的人类文明。这些水利遗存、水利文化同样具有信念认同、心理认同、机制认同、行为认同等多方面的价值功能，鼓励一般民众投身水文化创造创作之中，推动水文化在一般社会民众中的普及与传播，有助于提升民众综合素质，提高社会文明程度，为社会进步和发展提供思想力量、科学力量、信仰力量和精神力量。

2. 社会民众水文化教育载体方法

社会民众水要认知水文化、深入地了解水文化，就必须有具体的水文化教育载体，除了通过水文化广播、水文化影视、水文化广告、水文化报刊等传播媒介外，还有必要积极打造涉水文化活动、科学构建新媒体教育平台、充分利用好水文化遗存，唤起社会民众关注，激起他们的水文化共鸣，进而扩大水文化在普通民众中的渗透力和影响力

首先，要积极打造涉水文化活动。积极在世界水日、中国水周、世界环境日等活动中引入水文化元素，在社会民众中宣传水文化；积极利用地方民俗，如龙舟节、开水节、泼水节、沐浴节等，促进水文化与地域文化的紧密结合，鼓励群众广泛参与，并在轻松愉快中认知、认同和接受水文化。

其次，要科学构建新媒体教育平台。可以利用开微博、微信、手机APP等，开发水文化专题，做到内容体系完整、文字简洁易懂、图片内涵精美，既要突出"上善若水"的文化意蕴，更要让普通民众有强烈的水视觉冲击力，且有全新的水文化体验。

最后，要利用好水文化遗存。我国五千年灿烂历史，不仅许多江河湖泊都有丰厚的水文化遗迹遗存，就是在一般民众中也有大量的口耳相传的水文化传说。因此，我们必须树立高度的历史责任感，甘当小学生，走进民众中间，进一步收集整理优秀的民间水文化，并在这一过程中，推动普通民众认识水文化，以在地水文化而自豪，自觉形成爱护水、珍惜水、保护水的社会理念，与水和谐相处，实现人与水、人与自然、人与环境的和谐发展。

第二节　水文化传播体系的构建

何为水文化传播？水利部原部长陈雷指出："没有传播就难以普及，没有普及就难以繁荣，没有繁荣就难以提高。必须一手抓传播普及，一手抓繁荣提高，大力拓展水文化的传播渠道，丰富传播手段，逐步构建传输快捷、覆盖广泛的水文化传播普及体系，让水文化走向社会，让人们了解水文化，了解水文化传播的理念，理解并支持水文化倡导的价值选择和政策导向，增进全社会对水利发展与改革的共识，凝聚全社会关心、重视、支持水利发展与改革的力量。"① 可见，水文化传播对于水文化的发展至关重要，没有传播就没有水文化的繁荣。但是水文化传播不是"单兵突击"。也有学者认为"水文化传播指的是在人类水利活动中产生的以水为载体的各种文化信息的传递"。还有学者认为："水文化传播是指水利组织和其他组织凭借一定的传播途径交流信息、把特定的水文化信息、价值理念有计划地传递扩散给公众，并使其得到共享、相互理解、协同合作的过程。"王伟英在《水文化传播教育的途径和方式》一文中将水文化传播界定为人们在认识和开发利用水资源的活动中产生

---

① 陈雷：《弘扬和发展先进水文化 促进传统水利向现代水利转变》，《中国水利》2009 年第 22 期。

的与水有关的各种文化信息，面向社会公众的传递、接受或反馈活动的总称。从水文化传播的定义中可以看到，水文化传播本质上就是一种文化信息的传递。需要系统的传播体系，才能形成传播合力，才能取得水文化传播效果的最大化。水文化传播体系的构建应该包括水文化传播的方方面面。因为一个体系的形成包括若干有关事物或某些意识相互联系的系统，是一个有特定功能的有机整体。因此要研究水文化传播体系需要研究与水文化传播的相关要素，主要内容包括水文化传播的特点、理念、内容、方式和载体、新技术的应用等。[①]

一、水文化及其传播的特点

（一）水文化是以水和水事活动为载体形成的文化

水文化并不是说水本身就是文化，水只是一个载体，即承载某种事物的物体或介质。水文化是人们以水和水事活动为载体创造的一种"姓水"的文化。以水和水事活动为载体包含两个方面的意思：一是说，水，承载着对人类和社会的伟大贡献。如水对人的生命、健康；水与社会政治、经济、军事、科学、技术、文学、艺术、审美等有重要联系，对它们有伟大贡献。二是说，水，承载着人类对水的伟大实践。这种伟大实践就是我们说的水事活动，即人与水发生联系过程中所从事的一切活动。主要包括人类的饮水、用水、治水、管水、护水、节水、亲水、观水、写水、绘水等重要社会实践活动。

---

① 　王伟英：《水文化传播教育的途径和方式》，《前沿》2014 年第 28 期。

（二）水文化是人和社会生活各方面与水产生的联系中形成和发展的文化

因为水与人的生命、生存、健康、生产生活方式；水与社会的政治、经济、文化、军事、生态等方面有十分密切的联系。水文化就是在这些联系中形成和发展起来的，如果没有这种联系就没有水文化的形成，也就没有水文化的发展。

（三）水文化具有母体文化的性质

因为没有水，就没有人，也就没有文化，水是文明之源，也是文化之源，水文化渗透到所有文化的各个方面，因此，我们说，水是各种文化形态的母体文化，水文化好比是母体文化的女儿文化，脱胎于母体文化，具有母体文化的特性和气质。

（四）水文化的内容博大精深

既有物质形态的水文化，也有精神形态的水文化。介于物质形态和精神形态之间，还有一个制度形态的水文化。这三种水文化形态的关系我们可以这样来认识：人类与水的联系作用于自然界，产生了物质形态的水文化；作用于社会，产生了制度形态的水文化；作用人本身，产生了精神形态的水文化。三者之间，互相联系，各有侧重。

二、水文化传播的特征

（一）水文化传播的主题及核心内容都应该是水文化

只有依托于水文化，水文化传播才能有生命力。不管是物质层面的水形态、水工程、水工具、水环境、水景观等；还是制度层面的与水有关的法律法规、方针政策、条例、制度、重大决定等；更或者是精神层面的与水有关的意识形态，主要包括水哲学、水精神、水价值、水文艺、水著作、治水人物等。水文化传播的核心要义是水。水文化传播是在做好深刻挖掘水文化内涵这一"对内"工作之后，向受众做好水文化宣传的"对外"工作。

（二）水文化传播的内容与人们的日常生活紧密相关

水与我们的日常生活息息相关，我们每时每秒的生活都无法与水隔绝，在我们的日常生活中占有重要地位，比如我们每天必需的刷牙、洗脸、洗碗、洗衣服、做饭、沐浴等都离不开水；水在各项社会活动中也发挥着重要作用，比如消防员用水扑火，农民用水灌溉庄稼，厨师用水做饭等。因此也就形成了丰富的水文化，可以用于传播的水文化也比比皆是。从日常用水到节约用水，从水文工程到水利风景区，从水文化著作到水博物馆，这些都是我们生活中的场景，与我们的生活有关，也是水文化传播的重点内容。

（三）水文化传播具有鲜明的地域特色

水文化虽与我们每个人都有关系，有一定的普遍性，但是我国地域辽阔，地域特色鲜明，每个地方产生的水文化也有一定的独特性，例如，傣族、阿昌族有泼水节，藏族的沐浴节，白族的春水节等民族习俗以及放河灯、迎河神、龙王庙祭等宗教仪规等。在水资源丰富的地区可以建立水利风景区，在水资源匮乏的地区则需要修建蓄水工程。这些都反映不同地域的水文化的特性。因此，在水文化传播的过程中也要因地制宜地体现这种地域特色，如此才能扩大水文化传播效果。

三、水文化传播理念、对象、内容

（一）理念

水文化传播是旨在传播三种水文化形态内部所蕴含的深刻内涵。中华民族的历史是一部与水斗争的历史，在这个过程中形成了很多与水有关的人和物，而这些是博大精深水文化的重要组成部分。在与水打交道的过程中，我们涌现了大禹、李冰等英雄人物，形成了可歌可泣的治水典故，建成了功在当代、利在千秋的水利工程。因此水文化传播的理念应该是多方面、全方位地体现水文化的深刻内涵。一是颂扬水伟大、水贡献、水精神；二是展现人水相亲、人水和谐、人水共荣的美好蓝图；三是记述人们爱水、治水、护水的思想历程。

（二）对象

水文化传播的最终目的是向社会公众开展水文化教育。因此水文化传播的对象范围是一个不断扩大的过程。为了更有效地开展水文化传播工作，需要有步骤、分阶段进行水文化传播。张翠英在《基于两级传播的水文化传播载体研究》一文中提出了水文化两级传播的观点，即面向院校师生和专业水利行业工作者的一级传播和面向社会公众的二级传播，传播内容可以是水文化的相关知识，如水资源与水文化、水文化与人类文明、水政策、水教育等。方式可以多样，既可以是书籍报刊、广播电视，也可以是诗歌散文、琴棋书画，或者各种水文化会议、论坛、宣传推广活动。面向社会公众的二级传播由于社会公众在知识水平、接受能力上存在较大差距，需要细分群体并有针对性地开展传播工作。①

（三）内容

水文化传播的内容是博大精深的水文化，既包括浅层的水文化内涵，也包括这些与水有关的人和物背后所蕴含的深刻要义。

1. 水政治

地球虽被称为"水球"，但97.5%是咸水，人类无法利用。在仅有的2.5%淡水中，难以利用的两极冰盖、冰川、冰雪占87%。因此，可供人类使用的淡水少之又少。另外，因时空、地域水资源分配的不均衡，水资源必将成为各国争抢的战略资源。以色列—阿拉伯战争就是因水资源引发的战争。早在1977年，就有"水不久将成为一种严重的社会危机，石油危机之后下一个危机便是水"的论断，水资源将"最严重地威胁着人类的生存"。

2. 水文学

水孕育生命，渗透进我们的生活。生活中处处可见水的踪影，或涓涓细流，或湍急汹涌。因而，水成为文人骚客笔下的常客，留下很多与

---

① 张翠英：《基于两级传播的水文化传播载体研究》，《华北水利水电大学学报（社会科学版）》2012年第1期。

水有关的作品，他们借由水这一媒介，表达不同的情感。

3. 水哲学

孔子云："水有五德，有德、有义、有道、有勇、有法，君子遇水必观。"溯古及今，水蕴含丰富的哲理。"上善若水。水善利万物而不争，处众人之所恶，故几于道。"老子通过水的具体形象表达"道"玄而又玄的真谛。用水表达哲理的话语也比比皆是，如"海纳百川，有容乃大""水至清则无鱼，人至察则无徒""天下莫柔弱于水，而攻坚强者莫之能胜也"等。

4. 水宗教

古往今来，不乏与水有关的神话故事，如"诺亚方舟""希腊海神波塞冬""女娲补天""精卫填海""鲤鱼跳龙门""大禹治水"，这些神话故事让我们的精神世界更加丰富多彩。中华民族对龙的形象有着特殊的寄托。龙的外形似蛇，有兽头、鹰脚、马髭，威严神秘，能上天入水，呼风唤雨，是中华民族五千多年来与水抗争的精神寄托，是华夏儿女祈求风调雨顺、民族腾飞的精神寄托。因此，水文化传播的内容应该包括水文化内涵的上述多个方面，如此才能做到水文化传播的全面性、深刻性。

四、水文化传播的方式和载体

水文化传播的方式和载体有很多，如我们常见的水文化著作、水文化学术会议、电视与报纸杂志的传统媒体的报道、网络等新媒体的应用等，随着水文化传播的大众化需求，水文化主题展馆、水利风景区旅游等新兴的传播方式不断涌现，丰富着水文化传播的方式和载体，也扩大水文化传播的效应。水文化传播的方式和载体按照不同的标准有不同的划分。

（一）按照传播的媒介的不同进行划分

1.以学校教育为载体

通过学校教育向不同教育阶段的师生传递水文化知识，形式可以多样，如开设水文化课程、开展水文化课外活动或讲座等。

2.以传统文化为载体

将水文化融入我国优秀的传统文化中，如诗词歌赋、汉字书法、对联、灯谜等，通过长期耳濡目染的熏陶，宣传水文化。

3.以传统媒体为载体

以报纸、杂志、电视、广播为代表的传统媒体，因传播范围广、受众面大，具有一定的优势。

4.以网络为载体

微博是近几年兴起的新兴传播载体，水文化传播可借助其优势，扩大传播范围和提升传播影响力。

（二）按传播的时间和效果进行划分

1.水利工程的修建

中华民族的历史就是一部治水的历史。自夏代以来，就未间断过治水的进程，取得了显著的成就，修建了一批享誉中外的水利工程，如都江堰、郑国渠、江南运河、大运河等。时至今日，这些水利工程依然发挥功效，丰富了我国水文化的内涵。

2. 名著典籍的归纳

在《老子》《诗经》《论语》等典籍，通过独特的视角诠释着水文化内涵，这是建立在对水本质的深刻理解基础之上、对水文化的其他层次含义的延伸。

3. 水文化精神的价值引领

我国是一个文明古国和农业大国，而且水资源丰富。在古代生产力水平相对低下的条件下，水对农业生产及其他如畜牧业、养殖业、交通运输业等都起着决定性的作用，这些特点决定了我国古代的历史是不断与水打交道的历史。与水在长期的交往中，人类不可避免地产生出许多优秀的事迹。现代人在进行水利建设时，对文化底蕴进行充分的挖掘，不仅可以借鉴历史，同时还可以起到教育现代人继承古代优良的治水思想、治水理念，培养高尚的爱国主义情操，珍惜水资源、开创良好的人水关系的新局面、建设和谐社会、促进可持续发展有着重要的意义。

（三）按传播的地域和范围进行划分

1. 加大我国水文化在国内的传播力度

当前国内水文化传播已取得一定成绩，主要表现在：

一是兴建水文化传播的实物载体。有形的载体包括水博物馆、水展览馆、水工程、水文化广场等。全国以水为主题的陈列馆、展览馆、博物馆有100余处，国家级水利风景区778处，省级水利风景区2000多处，其中江苏55处，名列全国前茅。

二是开展丰富多彩的水文化活动扩大水文化传播。形式主要有以水为主题的水文化论坛、研讨会、考察，发布水文化研究课题，开设水文化教育课程等，这些丰富多彩的水文化传播形式，加速水文化"飞入寻常百姓家"。

三是通过大众传媒传播水文化。党报党刊《人民日报》《求是》等中央媒体都发表过水文化的文章和消息。各省市和水利行业的各级报刊发表过不计其数的水文化文章。水文化的专著如雨后春笋般问世，水文化的期刊琳琅满目。这些都营造了良好的水文化舆论氛围。

四是通过发展水文化创意产业来传播水文化。在影视业、出版业、旅游业、文化会展业等行业中融入水文化元素，运用产业化发展模式，扩散水文化传播效应。

五是采用互联网的形式传播水文化。互联网在传播水文化方面具有覆盖范围广泛、快捷高效、影响巨大的优势。全国及各省市水利水务厅局、水利院校及有关单位都开办了水文化的网站和水文化专栏。"互联网＋水文化"的模式极大地扩大了水文化的影响。

因此，我们要在现有的基础上，一方面不断提高水文化传播内容的精准性和权威性，另一方面还要进一步创新传播的形式，不断提高水文化的传播实效。

2. 加大我国水文化在国际上的传播力度

1996 年，由北京市水利局和中国水文化研究会联合，在《人民日报》（海外版）进行了水文化专题系列报道，在国际上产生了一定的影响。2014 年 8 月中国社会出版社出版了朱海风主编的八卷本《水文化研究丛书》，2015 年，由中国水利水电出版社出版的《中华水文化书系》三套丛书共 25 本。2015 年 11 月，在美国举办的国际书展和 2016 年 1 月在中国和印度的国际书展中，中国水利水电出版社都把《中华水文化书系》三套丛书作为重头戏展出，向世界传播中华水文化作出了重要贡献。2017 年 3 月中国社会科学出版社出版了朱海风等著的《中原水文化资源开发利用与数据库建设》，是国内第一部系统整理区域水文化数据的著作。2017 年 8 月年中国水利水电出版社出版朱海风主编的四卷本《中外水文化研究丛书》。但是我国在国际上水文化的话语权仍有待提升。为此，应实施"走出去"战略，多渠道、多形式、多层次地开展对外水文化交流活动，广泛参与世界水文化的对话，努力创新中华水文化对外宣传方式方法，广泛传播"中华水文化的好声音"，讲好"中华水文化的好故事"。

第三节 传统媒体在水文化传播中的作用

在当代社会的文化传播过程中，从文化的传承与价值的发挥到文化的创新与发展，媒体起到越来越重要的作用。在媒体发展日新月异的今天，人们愈来愈关注新媒体的重要性，逐渐对传统媒体的作用有所轻视，但是由于传统媒体在人们生活中所形成的历史沉淀和历史地位，其在水文化传播中依然有其独特的价值和优势。

一、传统媒体具有的优势

传统媒体主要是指以传统的大众传播方式，即通过纸质媒介、某种机械装置定期向社会公众发布信息或提供教育娱乐的文化交流活动。一般包括报纸、杂志、电视、广播、户外等传播方式。这一概念的提出主要是相对于近几年兴起的网络新媒体而言的。传统的大众媒体使得原本在人际口耳相传的文化传承关系跃上了社会性传播的新层面。近一个多世纪以来，传统媒体在文化信息传播过程起到了愈来愈重要的作用，已经成为社会的主流传播方式。水文化传播作为一种文化传播，传统媒体依然是最为重要的媒介，是推动水文化构建和发展的重要力量，因此，传统媒体作为大众习惯的传播方式具有许多突出的特点和优势，主要有以下几个方面：

一是具有强大的公信力。对传播媒体的公信力国内有学者曾这样定义："新闻传媒的公信力是新闻传媒能够获得受众信任的能力，反映了新闻传媒以新闻报道为主体的信息产品被受众认可、信任乃至赞美的程度。"① 传统媒体的公信力是在长期的发展中日积月累形成的，体现着媒体的权威性、信誉度以及影响力，对社会来讲是一种无形的资产和宝贵的财富。新媒体是基于互联网技术和数字化技术而出现的新的传播媒介，其突出的特点之一是方便和快捷，传播速度非常快，每当事件发生后就会通过网络、微信、微博等新媒体几乎同步传播到社会的各个角落。但是当人们想要进一步了解事情的真相时，新媒体往往不能提供比较权威的、翔实的、可靠的解释，还需要依靠传统媒体来挖掘真相，细致分析，澄清事实，权威发布，给受众一个可以信服的答案和解释。传统媒体掌握舆论主动权，尊重新闻传播规律，人们依然把相信传统媒体作为获得可靠的信息来源的第一途径，这就是传统媒体公信力的魅力和价值所在。

二是传播内容品质高、可靠性强。一直以来，传统媒体作为主流媒体，对于传播内容的处理具有专业品质，向受众传递的信息是可靠的、经得起考验的。特别是在我国，传统媒体作为党和政府的喉舌，受社会主义性质的新闻媒体要求，向受众群体传播人们所需的专业品质的、内容可靠的信息，弘扬的是社会的正能量。新闻传播界信奉真实内容为上，那对来源不靠谱的"小道消息"不屑一顾，由于有固定的新闻信息

---

① 郑保卫、唐远清：《试论新闻传媒的公信力》，《新闻爱好者·上半月》2004年第3期。

来源渠道，传统媒体就通过传播内容过硬的品质和强大的可靠性赢得了广泛的、忠实的受众群体。

三是具有严谨性和深刻性。传统媒体在新闻报道的深度、广度、高度方面是新媒体所不能比拟的。新媒体在多数时候提供的往往是一种简单的"新闻快餐"，其内容的严谨性和深刻性都有所欠缺。而传统媒体则可以投入相当充足的时间和精力来进行更为充分的采访和调研，从而做出更全面、更深刻的新闻报道。可以说，传统媒体在提供调查性或解释性新闻报道等方面具有新媒体难以企及的后发优势。媒体人何力曾说："在一个产业发展和更替的过程中，内容的意义会发生变化。在不同的产业发展阶段，比如在这个产业初期发展阶段，可能渠道的价值显得更大；当产业发展相对成熟，内容的价值必然要显现出来。"[①] 新媒体的发展使得信息传播的渠道不断地拓宽，随之而来，对内容的需求也相应加大。相对新媒体，传统媒体可以对新闻事件传播内容进行深入探究，以满足受众对传播内容的真实性和细节性越来越高的要求，满足受众渴望听到权威、专业声音的要求。因此，传播内容的严谨性和深刻性是传统媒体彰显其专业价值的重要方式。[②]

四是拥有丰富的人力物力资源。人才资源是传统媒体最大的优势之一。由于历史悠久，随着时间的推移，传统媒体行业领域聚集了大批新闻传播方面的专业人才，他们实践经验丰富，知识和理念专业，工作方法科学严谨，具有坚定的职业信仰和无私的敬业精神，为传统媒体的发展做出了巨大的贡献。同时，传统媒体的强大官方背景，使其在财力资源方面有着坚实的后盾，拥有先进的传播设施、充足的办公场所、优越

---

① 童妮燕：《新媒体时代的王者之争》，《互联网周刊》2010 年第 7 期。

② 刘晓林、邓利平：《传统媒体的传统优势》，《青年记者》2012 年 7 月下。

的地理位置，还有着长久以来吸引公众的品牌，这些条件都是新媒体无法比拟的。这也是传统媒体在当今社会能够与新媒体相抗衡的重要法宝之一。

五是拥有强大的内容生产力。传统媒体拥有的丰富的人力物力资源为其强大的内容生产力提供了有力保障和强大支持。在全媒体时代，内容生产力是重要的生产要素，而传统媒体最核心的优势之一恰恰就是内容的生产。虽然新媒体的崛起挤占了传统媒体的市场，但是大量的原创性内容仍来自传统媒体。国内研究也表明，即便是像美国这样发的国家的新媒体，其内容的生产能力也是有限的，还得依赖于传统媒体。据统计，其国内新媒体网站的 80% 的链接都是美国传统媒体公司；站点内容中仅 14% 为原创，67% 的热门新闻站点的新闻源于传统媒体；站点人员中 13% 的人是收集管理员，专门收集传统媒体的新闻。[①] 由此可见，新媒体在内容生产方面对于传统媒体的依赖性是相当高的。特别是在我国，根据我国当前的相关法规政策，新媒体在新闻报道的采编权限方面有很大的限制，其发布的新闻信息在很多时候只能是转自传统媒体。所以，对于我国传统媒体在这一点上的优势更是具有决定性的。

六是拥有广阔的覆盖范围。在新媒体日新月异发展的今天，其势头大有盖过传统媒体之势，但是传统媒体依然用超高的覆盖率和辐射性牢牢占据着主流媒体的阵地，把各种各样的信息内容输送到广泛的受众群体当中。特别是在边远地区以及一些由于知识、技术等条件限制无法使用新媒体资源的人群中，传统媒体传播内容的覆盖率还是要大于新媒体的。

---

① 凌曦：《美国传统媒体应对新媒体竞争的启示——做内容提供商，实施多平台传播》，《传媒观察》2011 年第 3 期。

根据原国家新闻出版广电总局的报告，新中国成立以来，在国家的大力投入和建设下，传统媒体迅速发展，已经形成了广阔的覆盖网络，全国的广播电视覆盖率已经达到 96.95%，覆盖了中国绝大多数家庭。特别是在地广人稀的山区，居住分散、偏远的边疆地区，广播、电视等传统媒体的地位就显得特别重要，更能突出地发挥其独特作用。

二、传统媒体在水文化传播中的作用

传统媒体也是大众传播媒介，具有强大的规模优势和舆论引导功能。传统媒体的优势在于传播范围广泛，受众接触面广，它是广大受众接收信息的重要来源，因此传统媒体在水文化的传播过程中产生的作用也不可小视。

首先，扩大水文化的受众范围。目前我国水文化的传播范围主要集中在水利行业，以及和水利教育相关的院校，局限在非常狭小的范围之内，其传播的受众和影响力也是非常有限的。一般普通民众对水文化的内容了解甚少、接触很少，甚至一无所知，部分民众虽有关注水文化的意愿但却很难被吸引，如果水文化的传播能够和传统媒体结合起来，依托传统媒体的优势，将会迅速扩大水文化的传播和受众范围，能够使全社会认识和了解水文化知识，并为社会民众广泛接受。

其次，增强社会重视水文化的氛围。水是牵涉千家万户的基础性资源，通过传统媒体的广泛传播，进而会在全社会形成重视水文化氛围。培养人们用文化的眼光看待水，用科学的态度尊重水的自然规律和社会经济规律，合理地开发利用、节约保护水资源，对于建设资源节约型、环境友好型社会有着积极的促进作用。同时，要通过水文化的大众化传播，普及水知识，提高水意识，转变水观念，形成良好的社会风尚和社会氛围。对于水利部门来讲，利用传统媒体宣传水文化，必须切实转变观念，站在社会的角度审视自身工作，使水文化深入人心，培养全社会积极健康的生产生活方式，以水资源的可持续利用保证社会经济环境的可持续发展，实现人水和谐。

再次，引导大众形成正确的水文化观念。中外学者研究表明，传统新闻媒介是一种能引导舆论的有力工具，大众传媒对某些问题的强调和这些问题在受众中被重视的程度成正比，报道的内容决定了大多数人要议论的主题，而且决定了大多数受众对这些问题的看法及采取何种相应措施来应对，而大众传媒最重要的社会责任之一就是将社会舆论引导到有利于社会发展和进步的轨道上。媒体通过信息的传递、解释等使受众对某一部分传播对象形成全社会范围内基本一致的意见、态度和看法。因此，媒体对水文化的关注也可引发大众对水文化的重视，使受众在接触大众传播媒介发布的有关水文化信息时，会对水产生更多的了解，并逐步接受有关水文化的信息内容，从而形成正确的水文化观念。由于传统传播媒体具有左右公共舆论的生成及其形态的能力，借助公共舆论的强大力量，传统媒体取得了公共性的权威地位，所以传统媒体的传播决定着水文化传播的总体方向，也决定着水文化传播活动的传播目的、传播的目标群体以及传播界限等内容，它决定着受众将以何种方式、接受何种样式的水文化信息。

最后，使水文化对社会形成持久的影响。根据传统媒体的特点可知，社会的主流意识是由社会上的大多数人对某一事物看法相同或类似而，形成的，它总汇了社会公众共同的强烈持久的意见、态度与信念，代表着一种强烈的倾向、愿望和要求。主流意识可以自发形成，也可经外力引导而成，而传统媒体就是可以引导主流意识形成的外力。在传播学中，"沉默的螺旋"理论认为，在某一特定时期内，大众媒介宣传和引导的某些观点在社会上占有强大的优势，会对受众造成一种无形的压力，大多数受众为了避免因持有某种态度和信念而造成孤立，因而在表达支配意见和不表达意见的个人数量增加的时候会放弃原有的想法和观点，趋同主导和主流意见。这个过程会不断地把一种意见确立为多数人的主要意见，原来持非主要观点和态度的人，在大众传播的压力下，随着时间的推移，会变得越来越少。① 根据这一理论可知，如果传统媒体通过持续不断地传播有关水文化的信息，这种日积月累、逐渐渗透到受众头脑中的文化信息会对受众对象产生潜移默化的影响，促使其协调自己的文化行为，使之能够得到全社会的共同文化认可。有效的舆论引导是一种双向交流的形式，传媒一方面需要了解受众的需求，及时检验传播的效果，另一方面要在及时反馈信息的基础上不断调整传播内容才会更加有效，简单单向的强制灌输无法起到良好的效果。由传统媒体所传播的文化最终被受众接收并内化为自己的行为意识、社会的风俗习惯，从而使文化得以延续和发展，这种文化传播对社会的影响是潜在的、长期的。

三、水文化传播过程中的传统媒体应用策略

文化传播的功能主要是承接和传播文化、选择和创造文化、积淀和享用文化，这在传统媒体传播文化过程中尤为显著。通过分析媒体的基

---

① 姚羽中：《从传播学的角度看水文化的大众传播》，《北京水务》2007 年第 6 期。

本功能属性，媒体实际上是在不同的社会群体之间建立起信息传递关系。传统媒体具有关系服务能力，通过不断地探寻了解受众的需求，了解他们喜欢的接收信息方式，自觉应用传统媒体的关系服务能力，从而增强传统媒体与受众的黏性关系，达到上传下达的传播效果，增强传统媒体的核心竞争力。依照传统媒体所固有的核心竞争力，我们可以尝试在水文化传播中应用以下具体的策略。

（一）细分水文化传播的受众群体

基于文化传播中受众个体的差异性，可以将水文化传播的对象细分为若干个受众群，并且根据各个受众群的特点，精准定位传播受众，开展有针对性的水文化信息传播。这样不仅可以避免在水文化传播中分散用力，还能将现有的人力、物力、财力资源集中于一个或几个目标受众群，使得资源配置更为合理，为不同层次、不同兴趣的受众群分别提供各具特色的水文化内容，传播效果将更为显著。

面向水利行业要侧重制度水文化、工程水文化等专业内容的传播。这既是水利事业发展之所需，也是广大水利职工之所盼。水利文化是水文化内容的重要构成部分，而水利文化传播与建设的主体理所当然是水利人。因此，水文化首先立足水利行业，面向水利干部职工传播水文化建设成果，使他们成为既是业务精通、技术精湛的水利人，又是水文化建设和传播的实践者，更是情操高尚、情感丰富的文化人。

面向校园师生则侧重系统的、理论化的水文化传播。今天的学生就是未来的社会公民和社会各行业的从业者，因此在国民教育过程中加强水文化方面的教育具有非常重要的作用。针对不同教育阶段来制定相应的水文化教育，如在中小学中可以进行水资源、节水意识等方面的教育，在高校中特别是水利特色的高校开展系统的、理论化的水文化教育。

　　面向社会各界则侧重行为水文化、精神水文化的通俗化传播。水文化传播面临的现实而紧迫的任务之一，就是对全体公民开展科学的水文化知识教育，进行先进的水文化成果传播。水与全社会的生产、生活息息相关，水文化不仅仅是限于水利部门的行业文化，也不是固定在校园里的校园文化，而是全社会性的大众文化。针对这一最广大的水文化传播的受众群体，我们可以报告会、培训讲座、展览展示等活动和出版发行、演出播放文学艺术作品等多种形式，进机关、进工厂、进社区、进家户，让水文化深入千家万户，根植在广大人民群众心中。

　　除了上述以受众来细化传播的内容以外，还可以地域文化来进行划分。不同的地域有着自身的文化特质，按照地域划分则可以依照不同的地域水文化特色来进行具有地方文化特点的传播。当然这只是按照不同的传播进行的细化，并非将这样的文化内容做严格的限制和区分，实际上不同的受众对水文化的接受是具有交叉和互通的。这就需要在进行水文化传播的同时，既要有所侧重，又要有所兼顾，以使其达到最佳的水文化传播效果。

（二）深挖水文化内涵

　　在文化信息爆炸式增长的今天，如何吸引受众注意，让受众对象成为自身分众体系的一员，是信息传播的关键环节。因此，只有坚持内容为王，致力于向受众提供更为权威、深度、多元的文化信息内容，才是传统媒体扬长避短的制胜之道。水文化具有丰富的文化内涵，可以满足社会各阶层、各种群体的文化需求，传播者可以通过分类加工优质的传播内容，最大限度地吸引受众注意，实现广覆盖、多层次、立体化的水文化传播效果。

一要深挖水文化不同的主题内涵，建设好各种以水为主题的传播载体形式。如以中国水利博物馆、上海自来水展示馆、杭州京杭运河博物馆、滨州水文化博物馆为代表的博物馆形式；以天津海河文化带、南京秦淮河风光带、绍兴治水文化广场等为代表的主体文化表现形式，以各种以水为主题的公园、雕塑等水文化设施形式。近年来还涌现出各种水利博览会、各种水文化论坛、水产品推介会等，都是水文化传播的重要物质载体。水文艺演出、水知识竞赛等的文化表现形式，也发挥了各自独特的水文化传播作用。

二要深挖水利风景区的文化内涵。随着我国水利事业的迅猛发展，各地依托水利设施精心打造的水利风景区已成为展示和传播水文化的重要平台。因此，各地在水利风景区的建设过程中要将水文化的塑造作为核心与灵魂，挖掘水文化的内涵和物化水文化的表现形态，丰富水利风景区的文化底蕴，提升其品位，使其担负起传承和弘扬水文化的历史重任和神圣使命。

三要深挖水文化节日内涵。可以把水文化的传播与涉水节日活动有机地结合起来，例如，在一年一度的世界水日、中国水周、节水周、环境日等活动中着力构建水文化元素，加大水文化的宣传力度。同时大力挖掘民族、民俗水文化节日的内涵（如龙舟节、开水节、泼水节、沐浴节），寓教于乐，使人们在积极参与活动的过程中，轻松愉快地感受、认同和接受水文化。

（三）强化水文化的品牌意识

文化品牌具有独特的文化意义和文化价值，并具有独特的文化标记，具有战略性、独特性、稀缺性，能给受众带来独特的文化感受。打造文化品牌是对文化资源的整合、利用和提升的过程。文化品牌是文化产品发展到高级阶段的重要体现，它既是行业精神和文化价值的有形载体，又是得到大众广泛认同的特殊文化标识。利用国内丰富的水文化资源来打造水文化品牌，既是社会文化建设的现实需要，也是水文化传播的功能要求，利用文化品牌的形式进行水文化传播，往往能收获事半功倍的效果，可以从以下几个方面来进行水文化品牌建设。

一是打造工程水文化品牌。在当代如火如荼的水利事业建设过程中，每一项经典工程都是潜在的一张水文化名片，如黄河小浪底水利枢纽工程、长江三峡工程、南水北调工程、淮河入海水道工程和东深供水改造工程等，无一不凝聚着广大水利建设者的智慧和汗水，体现着水利人勇于开拓的创新精神和追求卓越的进取精神。古代的水利工程更是经过历史的沉淀而形成的水文化品牌。我们可以进一步挖掘像都江堰、京杭运河、黄河大堤、江浙海塘等这样的古代水利工程的历史文化内涵，使之成为传播水文化的"形象大使"。例如都江堰工程就蕴含着丰富的文化内涵，体现了"道法自然""天人合一"的精神，既与自然环境和谐相处，又能让自然为人类的生存与发展服务，千百年来都在向世人彰显和传播中华水文化的智慧和魅力。

二是加大水文化品牌的宣传力度。可以借力水利旅游景区开发建设过程中的市场营销工作，加强与新闻媒体的沟通和联系，通过电视、报刊、网络等多种形式宣传展示水文化产品，深化品牌意识。传统媒体所具有的特殊优势是新媒体不可替代的，如长期性和持久性。在宣传水文化品牌的过程中，一定大力发挥传统媒介的这一优势。利用大众媒体的报道、推介会、学术研究会和文学艺术创作等人际传播媒介进行深入传播，强化水文化的渗透性。

三是把水文化品牌和资源地的其他人文品牌结合在一起。如，杭州市在对"世界水日""中国水周"主题活动中，就将本地文化同水文化的内容紧密地结合起来，积极组织和加强宣传，就是一个典型的水文化构建行为；又如，上海世博会中杭州城市实践展馆通过"五水共导，品质生活"主题活动反映杭州治水兴城的理念。这种将地方的文化资源同水文化品牌结合起来的方式，产生了双赢的效果。

四是要有针对性地选择传播媒体和注重传播的形式设计。在水文化传播阶段应充分利用传统媒体的特点，选择公众接触率高的传统媒体形式。如以节水知识为切入点，采用电视、广播等形式传播公益广告。另外，以传统媒体为水文化传播载体，要注意根据受众特征选择采用差异化传播策略，在传统媒体中传递的水文化信息应当把公众普遍感兴趣的内容设计成受众对象喜闻乐见的信息形式，这样更有利于受众对水文化信息的接受。

（四）借力文化创意产业传播水文化

将水文化资源纳入文化产业链中，使其在与旅游、环境、流通等的交融中产生边际效应，并且可以在影视业、出版业、文化会展业等多个行业中占有一席之地。借力文化创意产业的发展，加强宣传力度，既可以维持自身和相关产业的可持续发展，又能在其中获得经济价值，对于水文化的产业化来说，产业化本身并不是目的，而是通过产业化这种方式，加大文化自身的传播，发挥和放大其文化效应。

在文化创意产业中融入水文化元素，一方面可以使水文化产业创意更加具有新意和吸引力，另一方也使水文化内容在产业化的链条中得到新的传播路径。因此，要大力倡导文化产业创意融合水文化内容，通过文化产业的各方面因素的创新，运用水文化研究者的智慧和灵感，推动水文化创意产业发展。在传统媒体方面的产业，文化的产业创意有着广阔的空间，如，可以建设水文化创意产业园区，通过招商引资，本土孵化方式进行创意设计、传媒产业、文化艺术产业等载体建设；打造水文化创业产业业态，重点发展以水文化数字化、信息化、网络化为特征的创意产业，将文化创意产业与水文化创新结合，逐渐培育出具有水文化的特色的文化创意产业新业态。

（五）强化政府主导作用以整合传统媒体资源

政府在整合社会资源方面具有强大的主导作用，传统媒体在传播水文化过程中要发挥最大的效益和作用，必须依靠政府的主导力量，合理整合传统媒体各种优势资源。在传统媒体的整合过程中要强化政府的主导作用，突出传统媒体的主角地位，抢占文化传播的制高点，掌控水文化传播的舆论导向。

政府在整合传统媒体资源时，可以有目的地选择合适的水文化传播的合作媒介，在政府的主导下，将这些传统媒体资源组织起来，形成专门的传播水文化的媒体机构，有利于加强水文化传播的力量和规模。在挖掘水文化的传播内容时，传统媒体能够充分展现自身优势，互通有无，有利于培育传播品牌。在组织重点推介宣传活动中，能够做到多方联动，倾力凝聚传播的合力，避免各行其是，以达到最佳的传播效果。

　　水文化传播是当代社会文化建设的重大任务，既是推进水利事业改革与发展的软实力，也是建设社会主义特色文化的重要组成部分，积极有效地利用传统媒体在全社会范围内扩大水文化宣传是水利行业的一项重要文化建设任务，它需要水文化研究者和传播者乃至全社会不断地继承、创新和传播。

第四节　水文化传播中新技术的应用及与
传统媒体的融合创新

随着技术的进步，科技的发展，在水文化的传播过程中也不断融合进新的科技，不断创新着水文化传播的手段和形式。同时，传统媒体依然发挥着重要作用，需要有机融合、互相补充、综合使用。

一、水文化传播中新技术的应用

（一）手机信息推送技术的应用

信息推送是根据用户的兴趣爱好，定时传送信息，可以减少用户信息搜索时间。在水文化传播中，过去通过广播，按照指定的频道和次数向听众推送水文化知识和信息。随着技术的更新，手机报、彩信、微信公众号等依托于手机媒体的推送方式不断产生，它们可以向特定用户传播信息，不受地域、时间条件限制，同时也提高了传播的精准性。

（二）多媒体立体画演示

"城市立体画"在国际上已流行多年，画家绘画时透视角度和垂直方向都不同于常规作画，参观者见到的画面不是平面意义上的景致，而是具有三维立体的视觉效果。水文化立体画是运用透视法和特殊技巧，以地面为画布，绘制画作，并通过摄影或摄像成影成像，产生三维立体的效果，让受众产生身临其境的真实触感。这种三维立体效果在照相机的镜头里尤为突出，让人感觉不是拍摄的画作，而是某处江河湖泊实景的再现。

（三）幻影成像

幻影成像系统也称为虚拟成像，是"实景造型"和"幻影"的光学成像的结合物，将所拍摄的影像（人、物）投射到布景箱中的主体模型景观中，演示故事的发展过程。水文化幻影成像可以绘声绘色、变幻莫测，非常直观，给人留下较深的印象。由立体模型场景、造型灯光系统、光学成像系统（应用幻影成像膜作为成像介质）、影视播放系统、计算机多媒体系统、音响系统及控制系统组成，可以实现大的场景、复杂的生产流水线、大型产品等的逼真展示。幻影成像采用影像合成技术，融声、光、电于静态场景中，产生虚实结合的特殊光影效果。这种技术在博物馆中应用广泛，是"实物模型"和"立体幻影"的光学成像结合。通过对指定实物进行拍摄，制作三维模型，将实拍影像融入虚拟场景，让影视画面动静结合、绘声绘色，给参观者留下深刻印象。

（四）AR 技术的应用

AR 是 Augmented Reality 的缩写，翻译为增强现实，它是通过电脑技术，借助 AR 眼镜、智能手机设备等，将虚拟与现实结合，刺激人体感官，形成亦真亦幻的感觉。

参观者在参观水文化主题展馆中，通过佩戴 AR 眼镜结合应用软件带来全新参观体验，带来更丰富的视觉体验和想象空间。目前，在许多海洋馆，AR 技术已经得到广泛应用，给人们带来了身临其境的感觉，让人们在城市生活也能感受到大自然的魅力。

（五）VR 技术的应用

VR 是 Virtual Reality 的缩写，可以翻译为虚拟现实，它是在一个独立的空间内，通过电脑模拟产生一个虚拟的世界，借助头戴式显示器、数据手套等设备，刺激不同感官，让参与者体验现实生活中不一样的场景。在水文化传播中 VR 技术可以实现人与水的互动，给人们全新的感受。目前，在北京、上海、杭州等 VR 技术已经得到大力推广，走进大学与中小学课堂，给水文化的传播提供了更多的手段，加快了水文化的传播与推广。

（六）二维码技术的应用

二维码作为一种通信应用技术，也开始应用到水文化展馆中传播水文化。二维码可以方便参观者随时随地查阅展品信息。此外，二维码拥有较大的存储量，将展品的文字介绍、图文照片、影音视频存储至相应二维码内，参观者通过扫描二维码即可方便获得展品信息，方便随时查看。通过手机软件的转化，还可丰富展品的展示形式。为增强与参观者的互动，可设置评论区，方便主办方及时掌握参观者的想法，并加以适当的改进。同时，二维码技术也可以用于展品讲解上，通过扫描二维码内的存储内容，参观者可不受干扰地接收展品信息。目前，许多博物馆和展览馆都普遍使用了二维码技术。

（七）地面互动投影

地面互动投影系统基于动作跟踪技术，适合任何投影机、液晶屏、LED 大屏幕、等离子、数字视频墙等。将互动参与者的动作转换成图形图像互动反馈。自带实用的 24 套互动效果和可定制的高分辨率内容，并且可以实现同行业中无与伦比的投影面积以此来满足不同用户的互动需求。水文化互动投影系统通过创建身临其境的互动体验，让用户感受前所未有的流畅互动体验。水文化地面互动投影是通过计算机将虚拟画面制作完成，然后通过投影设备将制作好的画作投影到相应位置，利用感应系统，当有人进入指定区域内，画作会随着人们的脚步而发生相应的变化。地面互动投影还可加入游戏元素，通过游戏的方式，增强水文化体验感。

（八）电子虚拟翻书

电子虚拟翻书（又可称空中翻书、隔空翻书、虚拟翻书、魔幻书）外形犹如一本打开的书，在参观者面前呈现一本等离子电视方式或以投影机投影成像方式的虚拟书，参观者只需站在展台前方，用手在空中挥动做出翻书的动作，电子书就会随着手臂的左右挥动进行前后的翻页，同时也可以触摸投影画面上设置的书签进行查询浏览。水文化融入电子翻书中可以包括有文字、图片、声音、图像、视频等多媒体信息，供参观者浏览。电子虚拟翻书在外观上是一本厚重的书籍，书籍的正文是所要展示的相应内容，内容包括文字、图片、视频、声音等。当参观者走到水文化书籍面前，做出翻书的动作时，虚拟翻书的感应系统会做出相应的内容显示。为增强感官体验，可在翻书的过程中加入流水的声音，让翻书的动作更加浑然天成。

（九）3D 影院

3D 影院是国际上新兴的特种影院，具有主体突出、科技含量高、效果逼真等特点。观众在体验过程中可以真实感受到影片中的各种物件扑面而来，仿佛置身于影片的环境中，感受高新技术带来的新奇体验。3D 影院是通过佩戴 3D 立体眼镜让人们看到立体图像。以水文化为主题的 3D 影片主体突出、效果逼真。相比于传统的 2D 效果，3D 影院可以增强参观者的体验感。

立体放映系统由立体影片和立体放映设备组成，立体影片通常采用数字电影特技技术制作，通过计算机相关软件建模、渲染，所生成的立体影片能够达到一般摄像机难以达到的机位和拍摄角度。表现内容也多是由于高温、高压、高危或不在同一空间等一般摄像机无法拍摄的事件，很适合水文化传播的需要。

（十）水幕电影

水幕电影技术是一束光束照射在水面，展示着较强立体电影效果的一种多媒体技术。水幕电影产生于 20 世纪 80 年代后期，但其早期仅仅出现在法国、日本等一些国家的大城市。由于水幕电影具有无与伦比的光学效应，当电影播放时，颜色新鲜生动，字幕清晰。水幕电影具有较强的立体感和空间感，借助水幕，通过投射到水幕上的光束，展示水文化的不同内容。近几年，水幕电影已经得到较为广泛的推广，在一些大的风景区已经开始使用。水幕电影的使用，提高了景区的品位，扩大了景区的影响，也吸引了更多的游人。

二、水文化传播中传统媒体与新媒体融合机制创新

在水文化传播中，随着科技水平的提高，依靠文字和视频为基础的传统传播方式显得过于单调，无法适应人们的多样化需求，因此除利用传统的媒体传播水文化的同时要适时吸纳新媒体，并做好新旧媒体融合创新的研究。

（一）传统媒体和新媒体的界定

以报纸、杂志、广播、电视等为代表的传统媒体，是定期向公众提供教育资讯和发布信息的媒体。水文化传播对传统媒体的应用主要有水利书籍报刊的出版，水利宣传教育片的播放等，以及水利相关学术活动的开展，在传播范围，传播内容以及传播形式上都有一定的局限性。新媒体可以通过网络的方式开展网络传播，也可以通过微视频等移动媒体的方式，达到水文化传播的即时、快捷、个性化，能让受众在获得水文化知识的同时得到多方位的感官体验，享受到更优质的精神食粮。

（二）传统媒体与新媒体融合是水文化传播的必然趋势

事物是普遍联系的，水文化传播亦是如此。在水文化传播中，单一

的传播方式不能充分展现水文化的深刻内涵，因此需要融合传统媒体和新媒体，形成传播合力，才能搞好水文化传播建设。

1.传统媒体发展受限于自身条件

报纸、广播、电视是传统媒体的三大主流，但在水文化传播中都存在不足。报纸主要是通过文字单向开展水文化传播，受众反馈渠道有限；受篇幅和报道体裁的限制，需要高度概括传播内容，对传播的内容有所取舍，致使受众无法全面了解传播内容；受发行时间限制，报纸对突发内容无法做到及时更新，无法满足信息化社会人们对信息快节奏的需求，后期检索查找繁琐。广播依靠声音传播，不易保存；缺少图片和录像，不生动形象；以单向传播为主，受众互动少；受时间、信号等外在因素影响，不能及时收听到传播内容。电视虽融入声音、视频，有一定生动性，但在表现形式上仍不及网络等新兴媒体丰富多样；节目的时长和内容安排严格受时间限制，且反馈渠道有限，受众参与度不高。正因为传统媒体在传播内容、传播方式、传播效果上都存在或多或少的不足，因此需要融合。

2.网络媒体需要传统媒体助力

新兴媒体作为一种新兴事物，发展还不完善，需要传统媒体的扶持。传统媒体经过长期发展，积累了一定的资源。如网络可以借助四通八达的有线电视网络，从而提高网络传输速度；传统媒体具有丰富的信息源和信息渠道，可以为网络提供鲜活的素材。此外，新兴媒体可以与在受众心中树立良好品牌形象的传统媒体强强联合，利用品牌效应，增强传播效果。

（三）传统媒体与新媒体融合创新的路径

1.推进媒介要素整合，促进"一体化"发展

水文化传播的过程是各要素发挥各自不同功效的过程，如何使水文化传播达到最大效应，需要将水文化传播中的各要素的功能发挥得淋漓尽致，积极使用传统媒介，鼓励创新使用新媒介，促进新旧媒介的良好融合。位于浙江省杭州市萧山区水博大道1号的中国水利博物馆，在场馆的建设中，就将新旧媒介两种媒体进行了充分的融合，形成一体化效应。通过文物陈列、图文展示、视频演绎的方式，展现中华民族5000多年水利历史和文化。通过多媒体特效、参与互动等，让参观者尽情遨游高科技再现的水资源的知识海洋中，感受中华水文化的无限魅力。陕西水利博物馆通过网络这一新媒体，开设网上展馆，将传统媒体中单纯的文字描述，结合图片、音乐、配音、多媒体展示、视频等全方位展示水文化及水利文物，让人们足不出户就可以感受到水文化的深刻内涵。

随着网络技术的发展，网络已经走进了大众的日常生活。智能手机的普及更是使网络变得老少皆宜，触手可及的网络也促使水文化传播开始实行线上和线下相结合。线下开展的活动及时形成文字和图片材料进行线上的宣传，使宣传范围和宣传效果达到最大化。在微信APP中，输入"水文化传播"搜索，出现的水文化相关的"公众号"达四五十个，通过开通微信公众号这一新媒介，巧妙利用人们碎片化的时间，打破时间和地域的限制，随时随地通过手中的手机就可搜索和了解水文化的相关信息，使新闻更"新"。近年来，随着智能手机的盛行，有大量的中青年受众体偏向于"微信"等平台，弥补了受时间和空间限制的电视群体的不足，实现了电视新闻与新媒体相辅相成。同时，还应加强与水利

政府网站、"微水利"及各个行业和地方宣传媒介等新媒体的合作，实现资源共享，形成宣传水利推介水利新的合力。

2.健全多层次全方位人才培养机制，打造"全媒体"队伍

任何行业的发展都离不开人才的培养，水文化的传播要建立专业的人才队伍。过去水文化教育传播的发展主要靠高校通过设立水文化专业培养水文化人才，水文化的传播主要是通过水文化的专业书籍、水文化学术论坛的召开等。日常水文化传播也主要是通过文字和图片进行传播。水文化主题场馆的建立主要以通过水文化文物的静态展览，通过文字的刻板介绍来传递水文化的精神内涵。虽然在有些场馆会配以讲解员生动的讲解，但是传播效果依然有限，水文化知识不能有效复制，参观者在单次参观之后不能做到水文化知识的有效迁移。究其根本，水文化传播中未充分吸纳掌握新技术的人才是其原因之一。

过去我们强调的是条块分明，不互相干涉，今天则强调学科的多栖。在网络互联网不断发展的今天，学校依然是培养专业化人才的主力军，但是这样的人才已经无法满足时代发展的要求，需要不断吸纳多样性的人才，成为"超级水文化传播者"和"全能水文化传播者"。

因此，要建立完善科学合理的人才机制，不断培养专业水文化传播人才，建立一支专业和技术过硬的水文化传播人才队伍。同时设立专项资金，与高校建立联系，打破传统用人机制，挖掘适应现代传播媒体需要的人才，充实到水文化传播队伍中，从而带来新的发展理念。

3.构建多种传播媒介融合的管理系统，发挥"新媒体"效能

网络、手机媒体等作为新的媒介形式，虽然技术先进，但与文字、实物的水文化传播相比，后者自身优势还有很多。一是文字更能直达受众的心灵，在传播过程中，受众通过对文字的阅读，更能形成无限联

想。二是我国高等教育经过多年的发展和完善，已经培养出一批有一定学术能力的水文化专业人才，他们通过著书立说使水文化大众化。三是互联网虽然发展很快，智能手机几乎人手一台，新媒体也得到了广泛的应用，但是向受众提供最多的依然是文字、图片类素材。

因此，传统媒介与新媒介在水文化传播中的融合，还应充分发挥传统媒介的三大优势和"新媒体"技术优势，取长补短，构建融合多种传播媒介的全新内容管理系统，让两者巧妙结合起来，让受众者更好地享受到媒体给水文化传播带来的便利，能更尽情地享受水文化的魅力。

第五节　持续开展各种水文化主题活动

水文化主题活动，包括以水文化为主题的各种宣传教育活动、礼仪活动、重大事件纪念活动、节庆活动、文化艺术活动、体育竞技活动、节日礼俗活动等。水文化主题活动或庄严肃穆，或轻松活泼，或静如止水，或气氛热烈，主题突出，形式多样，内容丰富，现实感强，形象直观，印象深刻，是水文化内涵的重要载体，具有其他宣传教育形式不可替代的作用。

一、开展水文化主题活动是水文化教育传播的传统方式

开展宣传教育的途径很多，但是开展主题活动是一个非常重要的形式。主题在宣传教育过程中发挥着很重要的作用，它能够通过一些程式化、规范化的活动场景，增强主题教育的效果。古往今来，主题活动在宣传教育工作中都具有重要的地位，发挥着重要的作用。以礼仪活动为例。中国是礼仪之邦，各种主题礼仪活动教育渗透在政治、经济、文化、军事、社会生活、宗教等各个方面。"国之大事，在祀与戎"，祭祀活动和军事活动的礼节就非常多。比如古代的军队出征有出征礼，军队

班师有班师礼，太子登基有登基大典，有祭天礼、祭地礼、祭社稷礼、祭神农礼等。在重要的节日，对一些重要的历史人物，如古代的文圣人孔子、武圣人关羽，各级政府都有祭祀的活动。民间的生老病死也有一系列礼俗活动，主要的有冠、婚、丧、祭、乡饮酒、相见礼等。比如婚姻，从订婚到举办婚礼当天，就有纳采、问名、纳吉、纳征、请期、亲迎等一系列礼俗，这是吉礼。丧葬活动也有以"五服"制度为核心的一整套完整的礼仪，这是丧礼。儿子成人以后有加冠礼，女孩成人有加笄礼。其他的各种节日也都有约定俗成的礼俗活动。这些礼俗活动，其实也是各种形式的主题活动，对于贯彻封建纲常名教、维护封建统治发挥了重要作用，其本质当然是腐朽反动的，但是从方法论角度来看，将统治阶级提倡的思想观念渗透到一些仪式化的主题活动中，对于教化人心、维持社会秩序、完成重要任务都发挥着非常重要的作用，对水文化宣传教育工作也具有一定借鉴意义。

古往今来，在人与水打交道的过程中，也开展了一系列水文化的主题活动，形成了内容丰富、各具特色的行为水文化形态。比如都江堰每年春天开始放水的时候都要举行一个盛大的"放水节"，进行一系列的祭祀活动和文体活动。其目的也就是为了纪念前人修建水利工程的功绩，追思前人修建水利工程的艰辛，激发人们对前人功德的感恩，以及对美好生活的憧憬，同时也发挥了对开闸放水之后的整修支渠、加强管理、节约水资源等工作任务的动员作用。古代在久旱不雨的时候人们要进行祈雨活动，人们把龙王或者其他水神的塑像抬出来在太阳下暴晒，还进行一系列的祭拜活动。这些都是对旱情带来的生产生活危机状态的夸张性宣扬，以及希望水神降雨的强烈愿望。一旦降雨以后，人们便又进行一系列盛大的庆祝活动，敲锣打鼓，载歌载舞，抬着龙神的塑像到各地举行庆祝活动，表达的是对水神的感谢之情和对丰收年景的期望。其他的像"泼水节"的泼水活动、端午节的龙舟竞赛活动等，都各有不同的文化内涵。

当代开展的水利工程的开工仪式、通水仪式、世界水日、中国水周、节水宣传活动，还有以水为主题的研讨会、座谈会、报告会、诗歌朗诵、歌曲比赛、绘画摄影展、文艺演出、体育赛事等活动，都在水文化的宣传教育过程中发挥着重要的作用。但是总体来讲，水文化主题活动开展得还不够多，水文化含量还不高，覆盖面还很有限，没有走向社会化、大众化、礼俗化，效果还不够理想。

二、水文化主题活动应坚持的基本原则

一是坚持科学性。坚持以马克思列宁主义、毛泽东思想、中国特色社会主义理论，尤其是习近平新时代中国特色社会主义思想为指导，与新时代中国特色社会主义建设事业相一致，杜绝封建迷信活动，通过各种水文化主题活动进一步增强人们对马克思主义理论和新时代中国特色社会主义思想的认同。

二是坚持时代性。水利部原部长陈雷指出，"积极推进水文化建设，既是摆在我们面前的一项重大而紧迫的任务，也是时代赋予我们的崇高使命"，人民群众"不仅对继承和弘扬优秀传统水文化提出了新的要求，而且对创新和发展现代水文化提出了新的期待"，应该通过我们的努力，"创造无愧于时代的先进水文化"[1]。开展水文化主题活动应该紧紧围绕

---

[1] 何平：《水利部部长陈雷：创造无愧于时代的先进水文化》，《光明日报》2011 年 10 月 31 日。

目前中国水利建设事业的根本任务，紧紧围绕我国当前的国情、水情、民情，自觉服务服从于当代水利事业的新形势、新任务、新要求，充分运用现代传媒和科技手段，为水生态文明建设提供理念引领、精神支柱、动力源泉。

三是坚持大众性。水利活动的主体是人民群众，水文化建设的主体也是人民群众，人民群众对水文化建设的要求日益提高。正如联合国 2008 年水会议所提出的："水文化是人民的文化。"[1] 开展水文化主题活动，应该在坚持先进性的基础上，充分考虑水文化普及与认同的社会化、大众化需要，最大限度地考虑科普性、群众性、时效性，突破水利行业性和官方性的限制，让更多的人民群众接受现代水文化的理念，认同水文化的价值，持续增强水文化传播教育的社会覆盖面和社会影响力。

四是坚持民族性。从一定意义上说，一部中国史，也是一部中华民族兴水利、除水害的历史，中华民族古往今来积累形成的水文化资源之丰厚，世所罕见。新中国成立以来，中国共产党领导中国人民开展水利建设困难之大、成就之大也是世所罕见。开展水文化主题活动，应充分挖掘中华民族长期以来在兴水利、除水害过程中形成的优秀文化传统，加以改造创新，运用中国人民喜闻乐见的形式和风格展现出来，弘扬下去。

五是坚持参与性。主题教育活动与其他宣传教育形式的根本差别就在于，主题教育活动主体可以在实际参与中获得更为直观、更为深刻的认识和体验。进入新时代，人民群众对水利建设的要求不仅是解决防洪

---

[1]　尉天骄：《水文化教育的三个层面》，《中国水利报》2012 年 6 月 28 日。

抗旱、水土保持、城乡供水、防治污染等，也更加希望从建设和谐的人水关系中获得精神的愉悦，在参与式、体验式、休闲式、个性化的水文化活动中得到理性的启迪、价值的认同。开展各类水文化主题活动，根本目的是让有关人员在参与中获得水文化理念的普及与认同，检验各类水文化主题活动的实效性，首先也应该看活动相关方人员的参与人数、参与程度、是否互动等。组织开展水文化主题活动的内容和形式，应该充分贯彻这一原则。

三、开展水文化主题活动应凸显的理念

应该通过各种水文化主题活动渗透以下理念：

一是水与人类生产生活休戚相关的理念。水是生命之源、生产之要、生态之基，兴水利、除水害历来都是治国安邦的大事。人类的生命离不开水，工农业生产离不开水，生态环境改善的基础要素是水。水利不仅是农业的命脉，而且关系经济安全、社会安全、国家安全。进入21世纪，水在政治、经济、文化、社会发展中的作用日益凸显，水利问题已经远远不是一个行业的问题，而日益成为公共性、社会性，甚至政治性问题。

二是水资源危机已经到来的理念。水资源是有限的，不是取之不尽、用之不竭的，水资源危机不是即将到来，而是早已到来。如果不采取有力措施加以解决，我们已经取得的经济建设的成果也会损失殆尽。现在，我国的节水措施、节水理念、节水行动与日益严重的水资源危机严重不相称，必须在全社会掀起一个惜水、节水的全民行动。

三是治理水污染是水治理重点的理念。中国不仅人均水资源很少，

而且水污染已经非常严重，水污染反过来加剧了水资源供需矛盾。通过实施"河长制"、水污染防治攻坚战等重点行动，虽然水质状况有所改善，但是水污染非常严重的现实仍未从根本上得以改变。各种水污染物排放，尤其是农业面源污染，仍严重制约着农副产品的质量，严重影响人民群众的生命健康。中央已经确定将污染物防治和脱贫攻坚、防范系统性风险作为新时期三大重点工作之一。

四是防治洪涝灾害依然是水利工作首要任务的理念。虽然新中国成立以来已经新建了一系列大中小水利工程，有效遏制了洪涝灾害的发生和危害，但是因为气候变化、河道被侵占等原因，局部性和全局性洪涝灾害仍时有发生，严重危害着人民群众的生命财产安全，洪涝灾害仍然是我们水利工作的头等大事。

五是治理水土流失必须长期坚持的理念。治理水土流失、加强水土保持是水生态文明建设的重要任务、长期任务之一，必须给予高度重视，立足长远，做好规划，一张蓝图绘到底，一任接着一任干。必须做好战略管理，把中长期规划分解到每个五年计划、每个年度计划、每个阶段计划，与实施最严格水资源管理制度的其他重点工作一并安排部署，一并督导检查，一并考评奖罚。

六是人水和谐的理念。建立人水和谐的生产生活方式是从根本上解决水危机、建设水生态文明的治本之策。既要反对不切实际的极端生态中心主义思想，更要反对极端人类沙文主义思想，不仅要"水利"，也要"利水"。对于水资源，既要在保护中利用，又要在利用中保护，坚持以水定城、以水定地、以水定人、以水定产的原则，在确保维持河湖健康生命的基础上促进经济社会持续健康发展。

七是建设涉水工程必须坚持实用功能与文化功能并重的理念。进入新时代，建设涉水工程不仅要考虑防洪、灌溉、排污等实用功能，也要考虑其亲水戏水、文化欣赏、休闲娱乐、放松心情等文化审美教育等功能，做到建一处工程、增一处文化景点，不断提高水工程的文化品位。必须从工程的规划、设计、施工、管理等各个环节考虑文化的功能，使文化元素与实用功能有机结合、浑然一体。

八是水生态文明制度建设应坚持有形无形并重的理念。加强水利法律法规建设是建设水生态文明制度体系的重要内容，同时一些非正式的惯例、规则、乡规民约等也是加强水生态文明建设的重要保障。在积极推进水利法规建设、坚持依法治水、推进有形制度文化建设的同时，应加强非正式水生态文明制度的建设，培养人民群众相关的水规则意识。

九是水文化教育要从娃娃抓起的理念。青年是祖国的希望和未来，今天的青少年学生就是明天的社会主义事业建设者和接班人。青少年时代是人的世界观、人生观、价值观形成的关键时期，应该进一步加强和改进学校水文化教育，按照分级、分类管理的原则，不断改进学校水文化教育的方式方法、内容载体，增强水文化教育的效果。

十是各级领导干部和工程技术人员是水文化建设主体力量的理念。相对而言，水文化宣传教育工作者对水文化建设重要性和基本规律的认识较高，如果水文化建设不能得到各级领导和工程技术人员的重视，也就难以形成巨大的社会影响。要想让水文化在全社会传播，首先要用先进水文化武装领导干部和工程技术人员的头脑，从战略规划、组织领导、项目审批、施工管理各环节，整体联动，才能形成水文化传播、教育、建设的合力。无论学习培训、督导督查还是考核奖惩，都要首先从领导干部和工程技术人员做起，通过各项主题活动，将这些理念渗透到广大干部群众的心目中。

四、开展水文化主题活动的主要形式和载体

一是要继续做好"世界水日""中国水周"主题宣传活动。每年的
3 月 22 日是"世界水日"，22 至 28 日，中国围绕"世界水日"开展前
后一周的水主题宣传活动已经进行多年，应该扩大参与面、聚焦前沿和
重点难点主题、加强组织领导，把这项工作扎扎实实地做好。不管什么
单位都和水有关系，都可以找到主题宣传的视角和素材。应该在活动期
间，通过各种载体、各种媒体，动员更多的人参与到这项活动中来，把
世界水日、中国水周的主题宣传活动的任务提前运作、提前谋划，把责
任分解到各部门、各个单位、各行业、各领域，开启为期一周的全国性
主题宣传活动。

二要广泛开展水利名人纪念表彰活动。中国水利史源远流长，水利
名人辈出，古代的大禹、孙叔敖、西门豹、李冰、郑国、贾让、召信
臣、杜诗、贾鲁、刘天和、潘季驯、朱之锡、靳辅、田文镜、郭大昌、
黎世序等近代以来的李仪祉、王化云、汪胡桢等当代对水利建设有卓越
成就的著名专家学者、工程建设管理领域的优秀干部等，这些都是开展
水文化教育的生动素材。在水利名人的诞辰日或者逝世日，或者重大事
件的发生日，进行专题性的纪念活动。可以分时段、分层次、分类别分
别进行纪念或者学习活动。分时段，就是古代的、近代的、当代的名人
都要有；分层次，就是要对水利名人进行分级，分别由中央、省、市、
县组织纪念活动，可以要求每个省、市、县找一位地方水利名人来进行
宣传纪念，开展相应的主题宣传纪念活动。纪念活动的主要形式，包括
召开专题座谈会、集中发表纪念性文章、开展集中表彰宣传、开展主题
学术研讨会、开展主题诗歌朗诵、设置名人雕塑等；分类别，就是要围

绕水文化的核心内涵，将水利名人的表彰纪念活动分为若干类别，如水利科技英才类、水文化研究专家类、水文化建设优秀干部类、水文化媒体达人类、水文化工程设计类、水文化工程施工类、水文化工程优秀管理者、水文化活动优秀组织者、水文化优秀教师类、水文化产业优秀企业家类、水文化活动优秀志愿者、水文化优秀科普工作者类等。

三要扎实开展重要涉水节日主题活动。水文化内涵非常丰富，除了节水之外，还有亲水、管水、均水、净水、治水、利水、美水、戏水、敬水、乐水、用水等内涵，可以设立一批新的水文化节日。在各地重大水利工程的开工日、竣工日、通水日、重要涉水法律法规文件颁布纪念日、重要涉水事件纪念日等组织相关主题教育活动。现在已经有节水日，但相关活动并不很丰富，仪式感并不很强烈。一方水土养一方人，孕育一方文化。全国性重大涉水节日固然有其重要的宣传教育作用，地方性的水节日礼俗活动及其蕴含的思想意识则更具特色、更令人难忘。应该深入挖掘各地地方性的水文化素材，开展多种地方性的水文化节庆活动。各地都要新设立一批水文化节日，坚持每年举行一定的仪式，开展相应的活动，将先进的水文化理念固化到各种仪式、形式中，渗透到行为习惯中。要加强对重要节日主题活动的宣传报道，扩大宣传教育覆盖面，增强社会认可度。

四要积极开展物态水文化主题活动。除了充分发挥好中国水利博物馆、中国水文化博物馆、黄河博物馆、京杭大运河博物馆等已有的水文化场馆开展水文化教育之外，还应该依托各地在建和已建的重要涉水工程，建设相应的主题水文化博物馆，开展相应的主题活动。在各地的引水工程、治污工程、排水工程、城市水景观、水文化遗址保护工程、水利风景区、水库、人工湖、湿地保护区等涉水工程，都要建立相应的水文化博物馆。场馆展览的主题应结合实际、突出特色，如黄河自然湿地保护区就围绕湿地开展展览，水文化遗址场馆就围绕该遗址的历史文化价值安排内容，排污工程就围绕水污染的形势及治理的成就安排内容等。要由专人负责义务讲解，开展相关的主题水文化教育。

五要开展经常性的水文化宣传教育活动。请进来、走出去，开展经常性的水文化宣传教育活动。结合大中小学校的不同特点，组织水文化专家、水文化建设工作者、水文化产业经营管理者、水文化媒体工作者等，到校园开展专题讲座、互动交流等活动。组织大中小学生利用假期，走向水利工程单位、基层民众、农村、城市社区、企事业单位，开展水文化建设志愿活动、水情调查活动、节水宣传活动、水诗歌水绘画创作活动等，通过双向交流活动，达成共识。

六要对传统涉水节日进行改造创新。中国传统的涉水节日活动既包含有感恩、敬水、爱水、亲水等优良的水文化传统，是中国特色社会主义文化的重要组成部分，应予以保护和弘扬。同时因其形成于漫长的不同历史阶段，应该结合新时代的新形势、新任务、新要求，剔除其封建性的糟粕，增加一些新的内容和载体，使节日文化不断发扬光大。结合不同地域、不同类型的涉水节日，把兴水利、除水害的新内容、新要求渗透到相关的涉水节日礼俗活动中，对传统涉水礼俗活动进行改造创新，以增强传统水文化节日活动的时代性，发挥其应有的时代教育作用。要通过对传统涉水节日的改造，让人水和谐的理念渗透到人们生产生活方式的各种行为中，固化到人们的日常习惯中，内化为人们的自觉追求。

七要让水文化元素广泛渗透到其他主题活动中。在统筹推进"五位一体"总体布局、协调推进"四个全面"战略布局中，需要重点支持的工作很多，但是涉水工作是重中之重。中央提了两个"最严格"的管理制度，一是实行最严格的土地资源管理制度，二是实行最严格的水资源管理制度。要把水文化的元素广泛渗透到经济、社会、生产、经营、服务等各种活动中。举办重大国际活动、全国性的重要会议、重要活动的文艺会演，可以把水的元素增加进去。如 2016 年在杭州举办的 G20 峰会文艺晚会《最忆是杭州》就是在西湖景区，以水为背景的大型实景表演，彰显了中华优秀传统文化与水文化的魅力，为中外嘉宾呈现了一幅流光溢彩的文化画卷。2010 年广州亚运会开幕式整场表演以水文化为主题，由"一滴水"拉开帷幕，以珠江为舞台，以城市为背景，融亚洲文化、中华文化、岭南文化、体育文化和水文化于一体，给观众奉献了一席水文化的视觉盛宴。在其他的工业生产、农业生产相关的主题教育活动中，增加一些饮水思源、水污染的危害、水与生命等相关内容的元素，都会增强水文化的宣传效果。

八要大力发展水文化产业以寓教于乐。应该把水文化元素渗透到相关产业中，并重点支持水文化产业发展。做大做强与水文化有关的影视作品、电商平台、网络文学、水幕电影、大型室外水景表演、广告、水利风景区开发、动画作品设计开发、水利科技产品开发等产业，扩大水文化的覆盖面。应该把水文化产业纳入经济社会发展规划予以重点扶持，享受有关财政、税收等优惠政策。通过做大做强水文化产业，扩大水文化的社会宣传面。

五、加强组织领导，为水文化主题活动提供有力保障

（一）加强学习，提高认识

思想认识是做好一切工作的首要前提条件，思想是一个"总开关"。各级党政机关、企事业单位、学校等领导干部，应该加强学习，尤其要重点学习十八大以来中央关于中国特色社会主义文化建设、水生态文明建设、河长制等有关精神，进一步深化对水文化建设重要性的认识，深化对水文化宣传教育规律的认识，切实把水文化主题活动列入重要议事日程，加强组织领导，提供必要支持，纳入政绩考评奖罚指标体系。

（二）加强建设，加大投入

应该进一步加强水文化主题队伍建设，在政府机关、企事业单位、高校，确保水文化主题活动责任到人。开展水文化主题活动头绪多、任务重、协调难度大，需要专门机构和专门人员从事这项工作。应该设立专门机构、充实专门人员组织水文化主题活动。配齐配强水文化建设机构的领导和业务人员，定期对他们进行组织管理和业务工作等方面的具体培训指导，保证优厚待遇，稳定这支队伍，让从事水文化建设的工作成为人人羡慕的工作岗位。要通过加强队伍建设的措施，建设一支政治可靠、思想坚定、组织服务能力强、业务能力强、乐于奉献的水文化建设骨干力量。开展水文化主题活动需要大量的经费支持，要把开展水文化主题活动所需的经费纳入各级党政机关、企事业单位、学校的年度经费预算中，专款专用。还要对开展水文化主题活动提供必要的设备和技术支持，提供最先进的通信、网络、远程传输、舞台设备、交通工具等

硬件设施，做好服务，提供支持，增强活动的宣传教育效果。

（三）健全体制，完善机制

应该把水文化主题活动纳入各部门、各单位的政绩考评体系中，与其他业务工作一并宣传发动、一并安排布置、一并督促检查、一并考核奖惩；把水文化主题活动开展工作进行长期、中期、短期规划，立足长远、一步一个脚印坚持抓下去。同时做好规划管理，明确不同时期的阶段性任务目标，拉出任务清单，建立工作台账，把任务落到实处；加强对水文化主题活动开展情况的督促检查工作，定期总结，定期通报，推动水文化主题活动开展工作不断向纵深开展；把水文化主题活动与干部政绩考核、职务晋升相结合，对重视水文化主题活动的（单位和个人）给予表彰和奖励，与各项业务经费增减挂钩，与干部晋升奖惩挂钩。对于不能很好完成任务的，要按照有关党纪政纪追究责任。

（四）广泛宣传，达成共识

要通过各种新闻媒体加强对水文化工作重要性的宣传，引起社会各界对水文化建设工作的重视，以达成广泛的社会共识，减少社会阻力，培育深厚的水文化建设土壤，营造积极有利的水文化教育氛围。要加强和改进对水文化主题活动的宣传报道工作，增强宣传实效性。要把握好宣传时机，在重要节庆活动、重大主题活动开展之前提前谋划，精心准备，届时集中报道、重点报道；要围绕重要主题活动，在事前事后深度挖掘开展活动的背景、主题活动的水文化元素、主题活动的后续影响等，深化宣传效果；要创新宣传体裁和形式，组织策划消息、评论、人物特写、报告文学、广播剧、诗歌、电影、电视、戏剧、谈话、歌曲、绘画、小视频等多种形式和体裁，强化宣传报道效果；要综合利用传统媒体和现代传播技术手段，增强互动性、即时性、生动性、便捷性，增强宣传实效性。

参 考 文 献

基础理论

1.《习近平谈治国理政》第一卷，外文出版社 2018 年版。

2.《习近平谈治国理政》第二卷，外文出版社 2017 年版。

3.《习近平谈治国理政》第三卷，外文出版社 2020 年版。

基本典籍

1. 梁启雄：《韩子浅解》，中华书局 1960 年版。

2. 杨伯峻：《孟子译注》，中华书局 1960 年版。

3.（唐）徐坚：《初学记》，中华书局 1962 年版。

4. 陈鼓应：《老子注译及评介》，中华书局 1984 年版。

5. 王锳、王天海译注：《说苑全译》，贵州人民出版社 1992 年版。

6.（明）李时珍：《本草纲目》，中国国际广播出版社 1994 年版。

7.（后魏）贾思勰：《齐民要术》，蓝天出版社 1999 年版。

8.（唐）房玄龄注，（明）刘绩补注，刘晓艺校点：《管子》，上海古籍出版社 2015 年版。

研究专著

1. 陈新夏、黄延敏：《马克思主义与当代中国文化建设》，社会科学文献出版社 2017 年版。

2. 周家骝译：《污染控制、污水系统、垃圾处理系统》，知识出版社 1980 年版。

3. 蔡文：《物元分析》，广东高等教育出版社 1987 年版。

4. 郑易生：《深度忧患》，今日中国出版社 1988 年版。

5. 李宗新等：《中华水文化概论》，黄河水利出版社 2008 年版。

6. 李宗新等：《水文化大众读本》，中国水利水电出版社 2015 年版。

7. 熊达成等：《中国水利科学技术史概论》，成都科技大学出版社 1989 年版。

8. 史梦熊：《中国水利百科全书》，水利出版社 1991 年版。

9. 张耀南、吴铭能编著：《水文化》，中国经济出版社 1995 年版。

10. 郑国铨：《水文化》，中国人民大学出版社 1998 年版。

11. 胡玉远主编：《春明叙旧》，北京燕山出版社 1999 年版。

12. 靳怀堾：《中华文化与水》，长江出版社 2005 年版。

13. 靳怀堾等：《中国水文化通论》，中国水利水电出版社 2015 年版。

14. 刘冠美：《水工美学概论》，中国水利水电出版社 2006 年版。

15. 缪启愉、缪桂龙撰：《齐民要术译注》，上海古籍出版社 2006 年版。

16. 郑通汉：《中国水危机》，中国水利水电出版社 2006 年版。

17. 郭维森、柳士镇：《图说中国文化基础》，新世界出版社 2007 年版。

18. 中国艺术研究院：《中国非物质文化遗产普查手册》，文化艺术出版社 2007 年版。

19. 董文虎：《水利发展与水文化研究》，黄河水利出版社 2008 年版。

20. 董文虎、刘冠美：《水工程文化内涵与品位的提升途径》，苏州大学出版社 2012 年版。

21. 董文虎、刘冠美：《水工程文化学》，黄河水利出版社 2017 年版。

22. 董晓萍等：《北京民间水治》，北京师范大学出版社 2009 年版。

23. 李鹰：《节水文化与节水行为规范》，长江出版社 2009 年版。

24 王耀希：《民族文化遗产数字化》，人民出版社 2009 年版。

25. 左其亭、张云：《人水和谐量化研究方法及应用》，中国水利水电出版社 2009 年版。

26. 孟建军主编：《现代农业新概念》，中国农业出版社 2010 年版。

27. 宋继峰等：《构建人水和谐社会的思考与实践》，中国水利水电出版社 2010 年版。

28. 沈满洪等主编：《环境经济研究进展》第三卷，中国环境科学出版社 2011 年版。

29. 吕娟主编：《水多水少话祸福——认识洪涝与干旱灾害》，科学普及出版社 2012 年版。

30. 人民日报理论部主编：《人民日报理论著述年编（2011）》，人民日报出版社 2012 年版。

31. 程树德：《论语集释》，中华书局 2013 年版。

32. 谭徐明等：《中国大运河文化遗产保护技术基础》，科学出版社 2013 年版。

33. 汪恕诚：《人水和谐科学发展》，中国水利水电出版社 2013 年版。

34. 王文章：《非物质文化遗产保护研究》，文化艺术出版社 2013 年版。

35. 陈耀华：《中国自然文化遗产的价值体系及保护利用》，北京大学出版社 2014 年版。

36. 贾兵强：《科技黄河研究》，中国社会科学出版社 2014 年版。

37. 荆晓莹：《五光十色的化学世界》，北京工业大学出版社 2014 年版。

38. 秦枫：《文化资源概论》，中国科学技术大学出版社 2014 年版。

39. 吴彩斌主编：《环境学概论》，中国环境科学出版社 2014 年版。

40. 徐行言主编：《中西文化比较》，北京大学出版社 2014 年版。

41. 陈超：《气候变化对太湖地区粮食生产的影响研究（960-1911）》，人民出版社 2015 年版。

42. 李红光等：《水与衣食住行》，中国水利水电出版社 2015 年版。

43. 廉慧：《历史文献检索与利用》，山东人民出版社 2015 年版。

44. 梁书民：《中国城镇化的资源瓶颈与破解方略》，中国农业出版社 2015 年版。

45. 刘伊生主编：《节水型社会建设研究》，北京交通大学出版社 2015 年版。

46. 王瑞平等：《水与民风习俗》，中国水利水电出版社 2015 年版。

47. 赵爱华等：《中原文化概论》，经济管理出版社 2015 年版。

48. 郑晓云：《水文化与水历史探索》，中国社会科学出版社 2015 年版。

49. 朱海风等：《水与文学艺术》，中国水利水电出版社 2015 年版。

50. 朱海风等：《图说水与文学艺术》，中国水利水电出版社 2015 年版。

51. 朱海风等：《南水北调工程文化初探》，人民出版社 2017 年版。

52. 王冠军：《水利科技贡献率测算及科研成果评价体系研究》，中国水利水电出版社 2016 年版。

53. 王浩等：《水生态文明建设规划理论与实践》，中国环境科学出版社 2016 年版。

54. 赵云：《文化遗产保护的数字化展示与传播》，学苑出版社 2011 年版。

55. 赵云：《文化遗产数字化展示研究》，中国地质大学出版社 2016 年版。

56. 史月梅：《宋代山水诗与人水情缘研究》，中国水利水电出版社 2017 年版。

研究论文

1. 熊达成：《浅谈中国水文化的内涵》，《文史知识》1992 年第 2 期。

2. 尉天骄：《水在中国文学中的审美意义》，《江苏社会科学》1998 年第 5 期。

3. 郑保卫、唐远清：《试论新闻传媒的公信力》，《新闻爱好者》2004 年第 3 期。

4. 尉天骄：《水文化理论研究的方法论问题》，《海河水利》2005 年第 5 期。

5. 刘星原：《浅议水文化分类结构大纲》，《湖南水利水电》2005 年第 1 期。

6. 袁志明：《水文化的理论探讨》，《水利发展研究》2005 年第 5 期。

7. 钱正英：《人与河流和谐发展》，《河海大学学报》2006 年第 1 期。

8. 姚羽中：《从传播学的角度看水文化的大众传播》，《北京水务》2007 年第 6 期。

9. 周小华：《水文化研究的现代视野》，《中国水利》2007 年第 16 期。

10. 陈阿江：《论人水和谐》，《河海大学学报》2008 年第 4 期。

11. 余达淮等：《人水和谐·水文化的核心价值》，《河海大学学报》2008 年第 2 期。

12. 王澍：《营造琐记》，《建筑学报》2008 年第 9 期。

13. 余达淮等：《文化理论下的新时期水文化架构形式与原则》，《水利发展研究》2011 年第 11 期。

14. 孟亚明等：《浅谈水文化内涵、研究方法和意义》，《江南大学学报（人文社会科学版）》2008 年第 4 期。

15. 陈雷：《弘扬和发展先进水文化 促进传统水利向现代水利转变》，《中国水利》2009 年第 22 期。

16. 王伟英：《论水文化建设的路径与措施》，《浙江水利水电专科学校学报》2009 年第 9 期。

17. 王伟英：《水文化传播教育的途径和方式》，《前沿》2014 年第 21 期。

18. 左其亭：《人水和谐论——从理念到理论体系》，《水利水电技术》2009

年第 8 期。

19. 左其亭：《人水和谐的中国古代水城》，《中国三峡》2013 年第 3 期。

20. 左其亭等：《水资源与经济社会和谐平衡研究》，《水利学报》2014 年第 7 期。

21. 左其亭：《水文化研究几个关键问题的讨论》，《中国水利》2014 年第 9 期。

22. 左其亭、张志强：《人水和谐理论在最严格水资源管理中的应用》，《人民黄河》2014 第 8 期。

23. 童妮燕：《新媒体时代的王者之争》，《互联网周刊》2010 年第 7 期。

24. 凌曦：《美国传统媒体应对新媒体竞争的启示——做内容提供商，实施多平台传播》，《传媒观察》2011 年第 3 期。

25. 毛春梅等：《新时期水文化的内涵及其与水利文化的关系》，《水利经济》2011 年第 4 期。

26. 王伟：《毛泽东的人水和谐思想及其现实意义》，《南通大学学报》2011 年第 6 期。

27. 岳法家：《亚运会开幕式的水文化传播》，《现代商贸工业》2011 年第 5 期。

28. 靳怀堾：《构建水文化教育体系》，《中国水利报》2012 年 9 月 27 日。

29. 靳怀堾：《大力提升水工程的文化内涵与品位》，《中国水利报》2013 年 1 月 31 日。

30. 刘晓林、邓利平：《传统媒体的传统优势》，《青年记者》2012 年第 7 期。

31. 谭徐明：《水文化遗产的定义、特点、类型与价值阐释》，《中国水利》2012 年第 21 期。

32. 田飞：《人水和谐刍议》，《重庆广播电视大学学报》2012 年第 4 期。

33. 尉天骄：《水文化教育的三个层面》，《中国水利报》2012 年 6 月 28 日。

34. 彦橹：《水文化研究相关理论参照系初步设想》，《中国水利报》2012 年

6 月 28 日。

35. 张翠英：《基于两级传播的水文化传播载体研究》，《华北水利水电学院学报（社会科学版）》2012 年第 1 期。

36. 张盛文：《关于人水关系的哲学思考》，《佳木斯大学社会科学学报》2012 年第 2 期。

37. 张盛文：《探析现代水文化内涵及其建设路径》，《水利经济》2012 年第 2 期。

38. 张志荣等：《简析京杭大运河（杭州段）水文化遗产的保护与开发》，《河海大学学报（哲学社会科学版）》2012 年第 2 期。

39. 陈梦辉：《关于加强水文化传播的思考与建议》，《山西水利》2013 年第 1 期。

40. 刘冠美：《中西水工程文化内涵比较初探》，《华北水利水电学院学报（社会科学版）》2013 年第 3 期。

41. 刘艳飞：《建设利水型社会·人水和谐重要途径》，《河南水利与南水北调》2013 年第 23 期。

42. 詹卫华等：《生态文明视角下的水生态文明建设》，《中国水利》2013 年第 4 期。

43. 张保祥、殷丽：《发挥水文化与水景观在水生态文明建设中的作用》，《中国水利报》2013 年 6 月 27 日。

44. 郑晓云：《水文化的理论与前景》，《思想战线》2013 年第 4 期。

45. 郑晓云：《气候变化中的水文化遗产保护——以云南为例的一个水文化前沿问题探讨》，《社会科学战线》2013 年第 10 期。

46. 戴锐：《水文化的传统形态及其现代跃迁》，《中国社会科学报》2014 年 8 月 8 日。

47. 太仓市水利局：《创新管理强化保障太仓全力打造人水和谐新农村》，《唯实》2014 年第 8 期。

48. 程得中：《水文化内涵探析及学科体系建设》，《黑龙江史志》2014 年第 9 期。

49. 康艳等：《宝鸡市人水和谐评价研究》，《自然资源学报》2014 年第 1 期。

50. 王瑞平：《从春秋战国时期的水利工程及其命名谈南水北调工程的命名》，《华北水利水电大学学报（社会科学版）》2014 年第 2 期。

51. 周爱山：《从"96·8"大洪水看人水和谐的重要性》，《中小企业管理与科技》2014 年第 10 期。

52. 周波等：《水利风景区水文化遗产保护利用现状、问题及对策》，《水利发展研究》2013 年第 12 期。

53. 朱海风：《关于南水北调工程命名的思考与建议》，《华北水利水电大学学报（社会科学版）》2014 年第 1 期。

54. 朱海风：《水文化与水科学融通共振是当代中国治水兴水的重要路径》，《中州学刊》2017 年第 8 期。

55. 边松涛、胡宏立：《扎实推进节水型社会建设　努力构建人水和谐美丽鹰城》，《治淮》2015 年第 11 期。

56. 陈渭忠、徐亿君：《四川成都市·促人水和谐创美丽蓉城》，《中国水利》2015 年第 22 期。

57. 楚行军：《国际视域下的中国水文化建设》，《北华大学学报（社会科学版）》2015 年第 4 期。

58. 楚行军：《西方水伦理研究的新进展》，《国外社会科学》2015 年第 5 期。

59. 黄龙光：《彝族水神话创世与灭世母题生态叙事》，《广西师范大学学报（哲学社会科学版）》2015 年第 6 期。

60. 李云鹏等：《灌溉工程遗产特性、价值及其保护策略探讨——以丽水通济堰为例》，《中国水利》2015 年第 1 期。

61. 涂师平：《论水文化遗产与水文化创意设计》，《浙江水利水电学院学报》2015 年第 1 期。

62. 彦橹：《对水文化传播问题的思考》，《中国水文化》2015 年第 6 期。

63. 张建松：《河南水文化遗产的价值及其开发利用》，《华北水利水电大学学报（社会科学版）》2015 年第 4 期。

64. 浙江省松阳县"五水共治"工作领导小组办公室课题组：《做活水文章，打造人水和谐田园新松阳》，《党政视野》2015 年第 12 期。

65. 郑大俊等：《基于水生态文明视角的都江堰水文化内涵与启示》，《河海大学学报（哲学社会科学版）》2015 年第 5 期。

66. 周魁一：《提倡学科交叉融合开展水文化研究》，《中国水利报》2015 年 6 月 25 日。

67. 蔡萍：《环境治理背景下的水文化社会学探究》，《安徽农业科学》2016 年第 6 期。

68. 陈超：《气候变化视野下的中国城市发展与城市水文化》，《城市发展研究》2016 年第 11 期。

69. 陈超：《气候变化视野下的中原水文化与生态文明建设研究》，《生态经济》2017 年第 9 期。

70. 陈超：《气候视野下五代北宋前期太湖地区的水利灌溉》，《中州学刊》2017 年第 12 期。

71. 贾兵强：《新常态下我国水文化研究综述》，《南水北调与水利科技》2016 年第 6 期。

72. 贾兵强：《基于文献计量方法的我国水文化研究态势分析》，《中州学刊》2017 年第 6 期。

73. 靳怀堾：《漫谈水文化内涵》，《中国水利》2016 年第 11 期。

74. 雷明霞：《最严格水资源管理促人水和谐——〈江西省水资源条例〉修订解读》，《时代主人》2016 年第 4 期。

75. 刘国栋等：《中国传统生态智慧及其现实意义——以丽江古城水系为例》，《生态学报》2016 年第 2 期。

76. 马中佳：《中国用水结构与节水策略研究》，《科技创新与应用》2016 年第 13 期。

77. 匡文波：《到底什么是新媒体》，《新闻与写作》2017 年第 7 期。

78. 史鸿文：《论中华水文化精髓的生成逻辑及其发展》，《中州学刊》2017 年第 5 期。

79. 梁筒：《文化凝聚力视阈下的广州城市水文化传播研究》，《浙江水利水电学院学报》2018 年第 1 期。

后 记

本书是国家社科基金重点项目"中国水文化发展前沿问题研究"（14AZD073）的最终成果。从 2014 年 11 月立项至今，课题组成员按照分工，做了大量的工作，包括资料的收集、整理、分类、归纳、分析工作，包括到涉水行业和地区地进行考察，走访专家进行咨询，参加学术会议进行交流等。课题组成员先后发表了《水文化与水科学融通共振是当代中国治水兴水的重要路径》《论中华水文化精髓的生成逻辑及其发展》《基于文献计量方法的我国水文化研究态势分析》《气候视野下五代北宋前期太湖地区的水利灌溉》等相关学术论文 10 余篇，出版了《南水北调工程文化初探》《水工程文化学：创建与发展》《大海的回响：西方海洋文学研究》等专著。还有《河南水文化史》已付大象出版社出版。同时，成功申报河南省高校哲学社会科学创新团队 1 个、河南省高校科技创新人才（人文社科类）支持计划项目 1 个、河南省科技智库调研课题 1 个、河南省社会科学决策咨询项目 1 个等。

经过共同努力，本书于 2018 年 2 月底前完成初稿，经由课题主持人统改，2018 年 11 月定稿后，即呈国家社科规划办审核鉴定。国家社科规划办于 2019 年 3 月以"免于鉴定"予以通过（证书号 20190888）。

本书是由原来 5 个子课题所写的 5 个专题研究报告组成的。第一章（专题研究一），负责人为靳怀堾。每节撰写人依次为：一、贾兵强；二、靳怀堾；三、李文芳；四、李文芳；五、步连增；六、贾兵强。第二章（专题研究二），负责人为朱海风。每节撰写人依次为：一、祁萌；二、朱海风；三、朱海风；四、史月梅；五、焦红波、陈超；六至八、陈超。第三章（专题研究三），负责人为李宗新，撰写人为董文虎，统稿人为李红光、李宗新。第四章（专题研究四），负责人为史鸿文，每节撰写人依次为：一至五、史鸿文；六、张艳斌；七、史鸿文。第五章（专题研究五），负责人为饶明奇，每节撰写人依次为：一、宋孝忠；二、王瑞平；三、刘明；四、王瑞平；五、饶明奇。各章负责人发挥了重要的学术引领作用，做了诸多督促协调及文稿审改工作。

在此，由衷地感谢华北水利水电大学、河南省教育厅社会科学处的大力支持；感谢河南省社科规划办的及时指导；感谢人民出版社编辑们的具体帮助。还要感谢毕雪燕教授、刘文霞教授、张富生教授、楚行军副教授在中华水文化教育教学、海洋文学水文化研究、国外水文化学术译介等方面对本课题前期成果的贡献，感谢张颖同志为课题组承担完成了诸多秘书事务。

毋庸讳言，我作为课题主持人，限于水平能力，致使目前本书仍存在一些不足与差距。一是对水文化学科建设、水文化发展规律和动力、中华优秀传统水文化传承创新等方面问题的论述不够充分。二是提出的一些新的观点、建议也是"一家之言"，有个别所持观点还有待更多新材料的支持与佐证；至于观点建议是否正确、严谨，还要接受时间、实践的检验。三是对国外水文化发展动态和研究成果关注不够全面等。尚需今后深入研究，就教于大家，以提升我们的学术水平。

朱海风

2019 年 7 月于华北水利水电大学岸舟斋

责任编辑：池　溢

装帧设计：胡欣欣

责任校对：余　佳

图书在版编目（CIP）数据

中国水文化发展前沿问题研究／朱海风　等著 . —北京：人民出版社，
　2020.9

ISBN 978－7－01－022518－0

I. ①中⋯　II. ①朱⋯　III. ①水－文化发展－研究－中国　IV. ① K928.4

中国版本图书馆 CIP 数据核字（2020）第 187276 号

中国水文化发展前沿问题研究

ZHONGGUO SHUIWENHUA FAZHAN QIANYAN WENTI YANJIU

朱海风　靳怀堾　饶明奇　等著

人民出版社 出版发行

（100706　北京市东城区隆福寺街 99 号）

中煤（北京）印务有限公司印刷　新华书店经销

2020 年 9 月第 1 版　2020 年 9 月北京第 1 次印刷
开本：710 毫米 ×1000 毫米 1/16　印张：24
字数：285 千字

ISBN 978－7－01－022518－0　定价：69.00 元

邮购地址 100706　北京市东城区隆福寺街 99 号
人民东方图书销售中心　电话（010）65250042　65289539